Heinz Fastenrath

ABITUR WISSEN

Glaube und Wissenschaft

Ernst Klett Verlag
Stuttgart Düsseldorf Leipzig

Herausgeber der Reihe Abiturwissen Religion: Dr. Uwe Stamer

Gedruckt auf Papier,
das aus Altpapier
hergestellt wurde.

9 783129 295762

Die deutsche Bibliothek – CIP-Einheitsaufnahme
Ein Titeldatensatz für diese Publikation
ist bei der Deutschen Bibliothek erhältlich.

Auflage 3. 2. 1. | 2003 2002 2001
Die letzten Zahlen bezeichnen jeweils die Auflage
und das Jahr des letzten Druckes.

Internetadresse: http://www.klett-verlag.de/klett-lerntraining
E-Mail: klett-kundenservice@klett-mail.de
Einbandgestaltung: Bayerl & Ost, Frankfurt a. M.
DTP: Kirsten Brückmann, Stuttgart
Druck: Auer, Donauwörth
ISBN 3-12-929576-3

Inhalt

Einleitung

Glaube und Wissen(schaft) umschreiben den Radius menschlichen Denkens im Kraftfeld zwischen Gott und Mitwelt:

- Das Wissen um Gott als Schöpfer und Erhalter der Welt entsteht aufgrund göttlicher Kundgaben, die einsichtsvoll in einen Bezug zur Realität als ganzer gesetzt worden sind.
  - Das Wissen um die Umwelt erwächst aus der planmäßigen Erforschung der gesetzmäßigen Wirkweisen separater Kräfte in Natur und Gesellschaft.
- In der Rede von Gott wird von einer personalen Wirklichkeit gesprochen, welche Mensch und Natur in ein Gefüge von Bindungen und Ordnungen hineinstellt.
  - Die Artikulation von Weltwirklichkeit durch Wissenschaft demgegenüber ist charakterisiert als objektsprachliche Aussage; sie erfolgt in Feststellungen über empirisch Vorhandenes, wobei das forschende Subjekt selbst distanziert bleibt.
- Die Wahrheit des Glaubens liegt in der Gewissheit, dass Gottes Handeln in der Welt spürbar, dass der ferne Gott in letztgültiger Weise der nahe ist.
  - Die Wahrheit der Wissenschaft gründet dagegen in ihrer *intersubjektiven Überprüfbarkeit bzw. ihrem prognostischen Erfolg, in der effektiven und folgerichtigen Lösung von Problemstellungen.

„Als wissenschaftlich begründet beansprucht es (das aufgeklärte Denken) allgemeine Geltung, ohne Berufung auf eine Autorität, sondern kraft Rationalität und Empirie.“ (Ebeling, a. a. O., S. 392)

„Im Großen und Ganzen sind wir Physiker äußerst anmaßend. Unsere Arroganz ... ruhrt von den unzweifelhaften Erfolgen her, die wir in den letzten paar Jahrhunderten erzielt haben.“ (Tipler, a. a. O., S. 18)

Diese Antithesen lassen sich beispielhaft an einem Gleichnis des Mathematikers und Philosophen Blaise Pascal (1623–62) über die Situation der Menschen belegen: Man stelle sich eine Anzahl von Menschen vor, alle zum Tode verurteilt, in Ketten geschlagen. Jeden Tag werden einige vor den Augen der anderen erdrosselt. Die Übrigbleibenden erkennen daran ihre eigene Lage, sie betrachten einander mit Schmerz und ohne Hoffnung, wartend, bis die Reihe an ihnen ist.

vgl. Pascals Pensées, Fragment 6

Empirisch-wissenschaftlich ist die in dem Gleichnis enthaltene Ist-Aussage zu bestätigen: Animalische Organismen sind sterblich. Biologisch ließen sich auch Gründe nennen: beispielsweise dass diejenige Spezies, die viele Mutationen ausprobieren kann, Selektionsvorteile besitze. Eine schnelle Abfolge der Generationen diene also der

*Evolution. Es lassen sich also Gesetzmäßigkeiten konstatieren und erläutern. Aber Ursachen und Sinnbezüge, welche *irgendwie hinter* den wissenschaftlich fassbaren Ereignissen und Vorgängen stehen müssten, werden abgeblendet. Sie sind nicht Gegenstand objektiver Beobachtung oder kausaler Erklärung.
Die existenziell relevante Frage nach der Sinnhaftigkeit *meines* Todes – weshalb mein Leben mit allen seinen Taten, Zielsetzungen und Hoffnungen von so kurzer Dauer ist – steht also außerhalb wissenschaftlicher Intentionen. Sie bleibt aber ein beunruhigendes Rätsel. Ob es gelingt, dieses in einen gedanklichen Horizont zu bringen, ist damit konstituierendes Problem eines nicht-empirischen Denkens. Zugespitzt: Wissenschaft ignoriert das je mich bedrängende Problem meines Todes, der Glaube *deutet* dessen Tragweite mithilfe des Satzes von der Auferstehung in einem neuen Leben.

„Der Gedanke, der Tod sei das schlechthin Letzte, (ist) unausdenkbar. Versuche der Sprache, den Tod auszudrücken, sind vergebens bis in die Logik hinein ... Nicht nur die Lust, die, nach Nietzsches erleuchtetem Wort, Ewigkeit will, sträubt sich gegen Vergängnis. Wäre der Tod (das) Absolute ..., so ist alles überhaupt nichts, auch jeder Gedanke ins Leere gedacht, keiner lässt mit Wahrheit irgend sich denken.“ (Th. W. Adorno, Negative Dialektik, Frankfurt/M. 1973, S. 364)

Grundsätzlicher gesprochen: Beide Perspektiven, deren Ansatz so unterschiedlich ist, betreffen unmittelbar das Selbst- und Weltverständnis des Menschen, seinen Realitätsbegriff.
- Unsere Vorstellungen über das Seiende sind von wissenschaftlichen Erkenntnissen geprägt.
- Glaube ist „eine die konkrete Erfahrung der Wirklichkeit begleitende, aufschlüsselnde, ausleuchtende, nachdenkliche Reflexion mit praktischer Absicht“ (H. Küng, Existiert Gott? München 1978, S. 603). Glaube setzt damit die *Einheit* von theoretischer und praktischer Vernunft voraus – von beobachtendem und rechnendem Verstand einerseits sowie von ganzheitlichem Erkennen und Handeln andererseits.

vgl. dazu Kant: AW Religion, 1999, S. 37f.

Wenn wir im Folgenden diese uneinheitlichen Dimensionen abklären, die – widerstreitend oder ergänzend – menschliche Kultur in ihrer Gesamtheit prägen, so ergeben sich als Themenfelder:
- Überblick über konventionelle Verhältnisbestimmungen (Kapitel 1);
- Analyse jeweiliger spezifischer Aussagen, ihrer zugrunde liegenden Erkenntnismittel sowie ihrer Reichweite. Diese Zergliederung ist für jede der beiden Arten des Wissens gesondert durchzuführen (Kapitel 2 und 3);
- Skizzierung von Gesprächsmöglichkeiten und -ebenen, in denen einerseits das Auseinandertreten von Materia-

lismus und Glaube seinen Niederschlag findet, andererseits aber auch Gemeinsamkeiten und Kooperationsfelder sichtbar werden (Kapitel 4).

Einige im Text erwähnte Begriffe oder Personen oder Positionen werden im angefügten Glossar erläutert. Das Hinweiszeichen stellt in diesen Fällen ein * vor dem entsprechenden Wort dar.

1 Verhältnisbestimmungen von Glaube und Wissenschaft

Will man näherungsweise die Beziehung von Glauben und Wissenschaften beschreiben, so sind unterschiedliche Denkmodelle möglich:

Das Dominanzmodell

Eine der beiden Seiten beansprucht für sich normativ gesetzte Autorität. Sie reduziert darum die andere Seite zu einer als gering einzuschätzenden bzw. gar zu vernachlässigenden Größe.

„Der biblische Theolog, um den Stolz der Wissenschaften zu demütigen und sich selbst die Bemühung mit denselben zu ersparen, (wagte Einbrüche) wohl gar in die Astronomie." (Kant, Werke Bd. IV, S. 654f.)

Dies war beispielsweise im 17. Jahrhundert – beim Prozess gegen *Galilei – der Fall, als Theologen sich ein Urteil über eine neue Methode anmaßten und beanspruchten, eine wissenschaftliche Streitfrage über Stellung und Bewegung der Erde innerhalb des Kosmos begutachten zu können. Die Bibel sowie die auf Aristoteles beruhende Tradition erschienen nämlich damals noch als unerschütterliche kosmologische Informationsquellen; kirchliche Instanzen definierten Möglichkeiten und Grenzen von empirischer Wahrheit. – Eine ähnliche Denkweise zeigte sich allerdings auch im 20. Jh., im „Affenprozess" 1925: Ein Biologielehrer wurde verurteilt, weil er entgegen einer Gesetzesvorschrift des US-Staates Tennessee die Evolutionslehre *Darwins im Unterricht durchgenommen hatte.

*Zur Erklärung von Welt bedarf es ebensowenig des Hinweises auf deren Schöpfer, als es zum Verständnis einer Maschine notwendig ist, deren Ingenieur zu kennen. Man will nämlich lediglich wissen, **wie** das Untersuchte funktioniert – nicht, wer es konstruiert hat. Der **methodische Atheismus** erwächst also daraus, dass Gott weder ein Erkenntnismittel zur Erforschung der Wirklichkeit ist noch einer ihrer Bestandteile.*

Auf der Gegenseite haben Naturwissenschaftler ihre empirische Vorgehensweise zu einer materialistischen Weltanschauung verabsolutiert; anders: Sie erweiterten den *methodischen* Atheismus der Wissenschaften zu einem *inhaltlichen* Atheismus. Zur Welterklärung reiche es demnach völlig aus, Material- und Energiequanten zu messen (d.h. in allem Geschehen werde Materie als passive Ansammlung von festen Teilchen durch äußere Kräfte bewegt). Eine Verdoppelung der Kausalität durch die Hinzunahme einer göttlichen Kraft sei deshalb sachlich und logisch sinnlos. Dementsprechend würden „alle bisher analysierten Lebensäußerungen als biochemische Prozesse" (Löbsack, a.a.O., S. 99) zu gelten haben. Wissenschaft erweiterte sich zum Szientismus: zum *Glauben,* dass es keine Wirklichkeit gäbe außer der von der Wissenschaft enthüllten, keine Wahrheit außer derjenigen, welche die Wissenschaft öffne. „Im Grunde genommen meinen (solche) Wissenschaftler, ... Religion sei Gefühlsduselei, und in ihr komme lediglich unsere Furcht vor dem Tode und die primitive Ansicht von der Beseeltheit der natürlichen Welt zum Ausdruck." (Tipler, a. a. O., S. 29) Religion entspricht in dieser Sicht nicht den von der Wissenschaft festgesetzten – streng empirischen – Standards.

Das Spaltungsmodell

Im 19. Jahrhundert wurden die beiden Bereiche als *gegensätzliche* Sichten voneinander geschieden:
- Die Naturwissenschaften waren danach zuständig für den Bereich der Natur, der Naturgesetze und des Kausalprinzips. Sie verstanden sich deshalb als „objektiv", denn ihre Gesetze waren aus der Beobachtung abgeleitet, *intersubjektiv nachprüfbar und von einer kritischen Fachöffentlichkeit akzeptiert.
- Der Religion demgegenüber war das Nachdenken über das menschliche Dasein aufgetragen: Sie hatte sich an der Frage nach der *Eschatologie sowie nach der Gestaltung menschlicher Existenz und menschlicher Geschichte zu orientieren. Dementsprechend galt der Glaube als subjektiv angelegt, als auf nicht verbürgte Weltanschauungen und auf nicht gesicherte Menschenbilder fixiert – und das heißt, auf bloße Meinungen reduziert.

__Glaube__ ist die existenzielle Aneignung der Offenbarung, __Religion__ die zeit- und umweltbedingte Erscheinungsform dieses Ergriffenseins, dasjenige geschichtliche Gebilde also, das dem Glauben ein Dach bietet.

Da die Arbeitsfelder so weit auseinanderlagen, kam der Streit zwischen Glaube und Wissenschaft zu einem Ende. Denn, so der Philosoph Ernst Bloch (1885–1977), der Hai und der Löwe können darum nicht in Konflikt geraten, weil beide sich innerhalb völlig unterschiedlicher Elemente bewegen. Als exemplarisch für dieses sprach- und beziehungslose Nebeneinander gilt der Begründer der modernen Elektrizitätslehre, Michael Faraday (1791–1867), der die Tür seines Labors zuschloss, wenn er seine Betkammer betrat, und der seine Tätigkeit als Laienprediger scharf von seinen naturwissenschaftlichen Experimenten trennte. Auf der anderen Seite soll der Mathematiker Pierre-Simon Laplace (1749–1827) auf die Frage Napoleons, wo in seiner Theorie der Planetenentstehung Gott vorkomme, mit dem berühmten Diktum geantwortet haben: „Sire, ich habe diese Hypothese nicht nötig."

„Hinsichtlich dessen, was die heilige Schrift und die christliche Kirche unter Gottes Schöpfungswerk versteht, (kann) es schlechterdings keine naturwissenschaftlichen Fragen, Einwände oder auch Hilfestellungen geben ... Die Naturwissenschaft hat freien Raum jenseits dessen, was die Theologie als das Werk des Schöpfers zu beschreiben hat. Und die Theologie darf und muss sich da frei bewegen, wo eine Naturwissenschaft ... ihre Grenzen hat." (Karl Barth, Kirchliche Dogmatik III/1, Zollikon-Zürich 1945, Vorwort)

- Eine Aussage über die Entstehung der Welt beispielsweise wurde also allein mit Hilfe von Naturgesetzen sowie entsprechenden Messungen in Geltung gesetzt; zusätzliche Annahmen *metaphysischer oder theologischer Herkunft erschienen entbehrlich, unlogisch, unsachgemäß.
- Umgekehrt verhalte sich, so spottet der Theologe Adolf Schlatter (1852–1938), der religiöse Mensch so, als „ob er sie (Leute und Natur) nie sähe, sondern einzig durch die Sprüche der Schrift von ihnen hörte" (Das christliche Dogma. Stuttgart 1923, S. 556).

Das Komplementärmodell

Nach dieser Vorstellung sind Glaube und Wissenschaft zwar aufgrund abweichender Erkenntnismethoden und differierender Beschreibungsformen zu unterscheiden. Aber ihr „tertium comparationis", dasjenige, worin beide übereinstimmen, ist ihre Auseinandersetzung mit *derselben* Wirklichkeit. Die Themen stehen also nicht berührungslos nebeneinander, sondern beziehen sich mit unterschiedlichen Fragestellungen – bzw. von zwei Einfallswinkeln aus – auf denselben Bereich, denselben Gegenstand. „Letztlich geht es ja um das gleiche Leben, das in der Religion verehrt wird, das der Glaube befreit, das die Wissenschaft zu erkennen versucht und das die Technik zu gestalten hilft." (J. Hübner in: Gräb, a.a.O., S. 100)

„Das Bekenntnis zu dem Gott der christlichen Botschaft als dem Schöpfer von Himmel und Erde bleibt leer, bleibt ein bloßes Lippenbekenntnis, solange nicht mit guten Gründen behauptet werden kann, dass die Natur, mit der sich der Naturwissenschaftler befasst, etwas mit Gott zu tun habe." (W. Pannenberg in: Gräb, a.a.O., S. 64)

- Der Glaube gilt darum, so kann man folgern, als lebensoffen und weltbezogen.
  - Und das Denken kann sich nicht von der Suche nach Grund, Sinn und Ziel von „Welt" dispensieren.
- Denn der Mensch sucht zwar im Bereich der Wie-, Wieviel- und Warum-Fragen nach Lösungen.
  - Aber er bewegt sich auch im Wirkungskreis von *existenziellen* Nachforschungen über die Wesen- und Sinnhaftigkeit seiner Welt und seines eigenen Daseins.

Es gibt „zumindest ein philosophisches Problem, das alle denkenden Menschen interessiert. Es ist das Problem der Kosmologie: das Problem, die Welt zu verstehen – auch uns selbst, die wir ja zu dieser Welt gehören, und unser Wissen". (Kanitscheider, a.a.O., S. 4 zitiert den Philosophen Karl R. Popper)

Kurz: Wissenschaftliches Denken und menschliche Praxis, Forschung und lebensweltliche Zusammenhänge durchdringen einander. Sie stellen komplementäre Sichtweisen dar, die einer integrierenden Verbindung bedürfen. Anders: Wissenschaft benennt Fakten auf der Basis experimenteller Verfahren; Religion fragt nach dem klugen und weisen Umgang mit diesen Wahrheiten.

Die in der abendländischen Tradition durchgesetzte Trennung von Natur und (menschlichem) Geist wird durch die Erkenntnis ergänzt, dass der Mensch in existenziell bedeutsamen Situationsbezügen lebt, sein **Denken als Vorgang in der Welt** begriffen werden muss.

Die These, die unserem Band zugrunde liegt, lautet: Nur das letztgenannte Modell lässt die Frage nach dem Verhältnis von Wissenschaft und Glauben als sinnvoll erscheinen; nur dieses Modell überwindet die Schizophrenie einer Aufteilung in unterschiedliche Sphären.

„Wem es um den Glauben zu tun ist, dem sollte es auch um den rechten Gebrauch der Vernunft zu tun sein." (Ebeling, a. a. O., S. 153)

Damit stellen sich allerdings Fragen:

- Der Physiker *Max Planck charakterisiert die eine Betrachtungsweise als eine subjektive, bei der der Mensch – ethisch handelnd – innerhalb des Weltzusammenhangs steht; die andere als eine objektive, bei der der Mensch von außen die materielle Welt beobachtet, sich methodisch aus dem Weltzusammenhang herausgenommen hat. Im ersten Fall ist der Mensch Akteur, im zweiten Publikum.
  - Sind also der Wirklichkeits- und Erfahrungsbegriff der beiden Seiten kompatibel? Sind Recherchen nach Kausalitäten – als Frage nach dem, was aus Gesehenem und Gehörtem gesetzmäßig folgt – mit der Behauptung zu vereinbaren, Natur sei von einer Übernatur umgriffen? Anders: lassen sich naturwissenschaftliche Weltbeschreibungen sowie Daten empirischer Analyse beziehen auf Aussagen über die Welt als Schöpfung Gottes, über Gottes Mitwirkung im weltlichen Geschehen?

*„Gelänge es den Theologen, Wissenschaft und Religion streng voneinander zu trennen, dann würde dies das Ende der Religion bedeuten. Wenn sie überleben will, **muss** die Theologie ein Teilbereich der Physik werden." (Tipler, a. a. O., S. 34f.)*

- Philosophierende Naturwissenschaftler werden ebenso kritisiert wie Theologen bzw. Philosophen, die Resultate experimenteller naturwissenschaftlicher Forschungen reflektieren. Der Einwand lautet, dies sei alles frei schwebende Spekulation.
  - Ist es aber nicht folgerichtig, dass die Klärung der Probleme von der Entstehung der Welt und des Lebens oder von der Funktionsweise der Organismen auch zu der Frage führt, wie diese Fakten zu interpretieren sind? Muss nicht die objekttheoretische Klärung derartiger Phänomene denkerisch *und* existenzial reflektiert werden? Müssen Grundbestim-

Solche Naturwissenschaftler „reichern nur die formalen Modelle der Physik mit Inhalten aus ihrer Lebenswelt an. Sie streichen das Gefängnis unserer (wissenschaftlichen) Engführungen rosarot an und träumen eine Einheit der Natur- und Geisteswissenschaften, die die Einheit des Wolfes mit dem Lamm ist (nachdem er es gefressen hat)". (H. D. Mutschler in: Gräb, a. a. O., S. 48) mungen der Natur und des Daseins nicht auch als Rahmenbedingungen für Geschöpfe gedeutet werden?

- Andererseits aber: wird diese Interpretation dann nicht als etwas Sekundäres verstanden werden müssen, das zu den „harten" wissenschaftlichen Fakten lediglich im Nachhinein hinzugefügt, angeheftet wird? Noch schärfer: Wird dieses Aufgeklebte nicht als etwas Beliebiges, Subjektives, als Produkt einer bloßen Überzeugung betrachtet werden müssen? Sind beide Perspektiven zur Welt hin überhaupt gleichberechtigt?

Wissenschaftliches Erkennen

2

- Bereits im *vor*wissenschaftlichen Leben versucht der Mensch, Dinge seiner Umwelt zu erklären und zu verstehen. Denn andernfalls wäre alles um ihn herum ein Sinnchaos.
- Wissenschaftliches Denken jedoch unterscheidet sich vom vorwissenschaftlichen Erfassen (das heißt: von individueller Erfahrung bzw. von in Geltung gesetzten Konventionen und Überzeugungen) insofern, als es hier um die planmäßig gestaltete, systematisch geordnete Annäherung der gedanklichen Wirklichkeit des Menschen an die Realität der Welt geht. Erfahrung soll gesammelt, logisch strukturiert und in einem System von Aussagen präzise ausgedrückt werden.
- Das *Mittel,* um Phänomene zu analysieren und Probleme zu lösen, stellen adäquate Methoden dar.

„Die Wissenschaft arbeitet begrifflich, und der Begriff beruht auf der Unterscheidung und der überwölbenden Zusammenfassung. Wenn ich sage: ‚Dieses Tier ist eine Katze', dann habe ich es unterschieden von Hunden, von Vögeln und allem; aber ich habe es zusammengefasst mit allen Katzen. Diese Methode, mit dem Begriff die Wirklichkeit zu zerschneiden und das Zerschnittene wieder zusammenzufassen, scheint mir hinter dem ganzen wissenschaftlichen Verfahren zu stehen." (C. F. v. Weizsäcker, Der Garten des Menschlichen. München / Wien 1977, S. 538)

Wissenschaft ist insofern zu charakterisieren als objektbezogenes bzw. gegenständliches und gleichzeitig methodisch geregeltes Denken.

Wissenschaftliche Aussagen sind Urteile von Menschen über Sachverhalte, die mit Hilfe von Methoden bestätigt worden sind. Es werden **konstante Beziehungsverhältnisse** zwischen einzelnen Faktoren erforscht, und diese werden exakt – in eindeutiger Sprache und Begrifflichkeit – nachgebildet. Es werden Formeln aufgestellt, die wiedergeben, wie die empirische Wirklichkeit funktioniert.

„Die wissenschaftliche Methode kann uns nichts weiter lehren, als Tatsachen in ihrer gegenseitigen Bedingtheit begrifflich zu erfassen." (Einstein in: Dürr, a. a. O., S. 71)

Legt man diese Umschreibung zugrunde, so ergeben sich allerdings mehrere Problemzusammenhänge:

1. Es besteht eine prinzipielle, unaufhebbare Inkongruenz zwischen der Realität und unserem Denk- und Vorstellungsvermögen.

- Dass die „physikalische" Realität eine andere ist als die „menschliche", die unmittelbar zugängliche Wirklichkeit, zeigt sich beispielsweise an den Planetenbahnen: Es widerspricht nämlich unserer direkten Anschauung, dass die Erde sich um die Sonne bewegt – und nicht umgekehrt. Der Satz „die Sonne geht auf" spiegelt dieses falsche Wahrnehmungsvermögen.

Im sichtbaren Universum gibt es ungefähr 10^{20} Sterne.

1 Lichtjahr = $9{,}4 \cdot 10^{12}$ km

- Ähnlich unvorstellbar ist, dass die Sterne am nächtlichen Himmel keineswegs so dicht gedrängt sind, wie es den Anschein hat, sondern Lichtjahre voneinander entfernt.
- Die *Einsteinsche Relativitätstheorie postuliert, dass in der Umgebung von Massen aufgrund der *Gravitation die Raumzeit mehr oder weniger stark gekrümmt wird. Das heißt, die Theorie geht davon aus, dass der Weltraum mindestens eine Dimension mehr aufweist, als uns unsere Raumvorstellung *a priori – und das heißt: unkorrigierbar – zugesteht. Wir denken nämlich dreidimensional:
  - Ein dreidimensionaler Raum wird konstituiert durch drei rechtwinklig aufeinander stehenden Achsen (Höhe, Breite, Tiefe).
  - Zeit gilt uns als eindimensional: Sie verläuft geradlinig von der Vergangenheit über die Gegenwart zur Zukunft.

Die Menge und die Bewegung von Materie im Raum bewirken, dass dieser gekrümmt ist bzw. erscheint, und alle Körper folgen dann der Linie des geringsten Widerstandes zwischen den Krümmungskurven. Damit wird beispielsweise erklärt, dass sich beim Merkur – dem sonnennächsten Planeten – der der Sonne am nächsten kommende Punkt (= Perihel; vgl. unten, S. 40f.) bei jedem Umlauf ein Stück weit entlang der Umlaufrichtung des Planeten verschiebt. Bei den sonnenferneren Planeten (z. B. Venus) rückt dieser Punkt in geringerem Maße vor.

Eine gekrümmte Raumzeit ist deshalb zwar mathematisch exakt, aber nicht vorstellbar. Wir können zwar auf den Krücken mathematischer Symbole und anspruchsvoller, komplexer Abstraktionen über unseren Erkenntnishorizont hinausreichen, aber die vierdimensionale Verflochtenheit dreidimensionaler Größen vermögen wir mit den uns gegebenen Denkkategorien nicht zu erfassen.

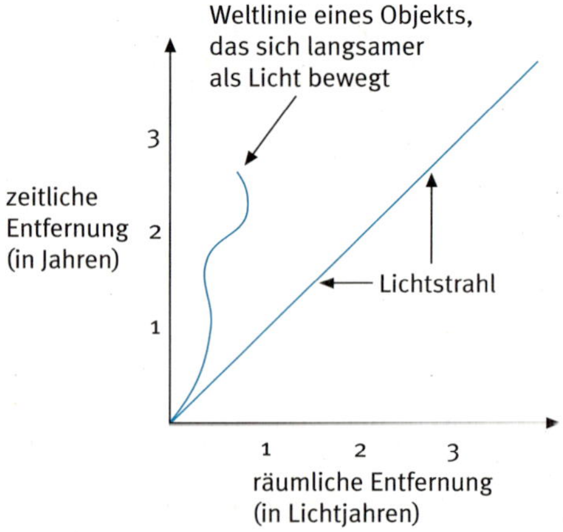

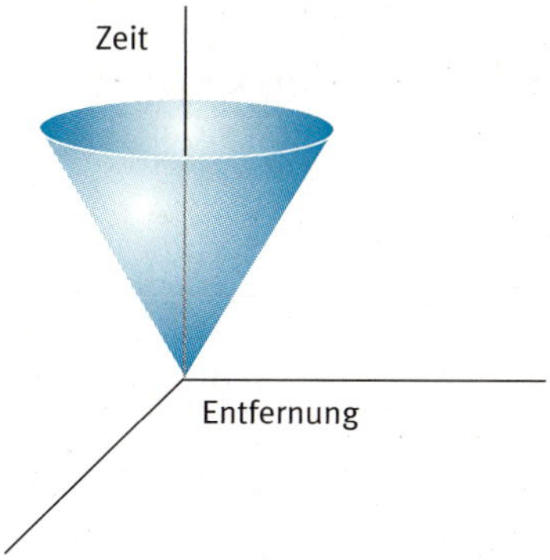

Die Raumzeit wird im Allgemeinen in einem Diagramm mit vertikaler Zeit- und horizontaler Raumachse dargestellt.
In dem auf Seite 14 unten abgebildeten „Minkowsky-Diagramm“ erscheint Licht (dieses bewegt sich mit einer Geschwindigkeit von 1 Lichtjahr pro 1 Jahr) als eine um 45° gegen die vertikale Zeitachse geneigte Gerade. Ein Objekt dagegen, das sich mit weniger als Lichtgeschwindigkeit verschiebt, bewegt sich entlang einer Kurve, deren Tangente immer um weniger als 45° gegen die Vertikale geneigt ist. – Diese Abbildung ist deshalb irreführend, weil sie nur *eine* Raumachse aufweist; in der Realität gibt es aber *drei*.
Die Abbildung oben weist darum zwei Raum-Dimensionen auf. Lichtstrahlen, die von einem bestimmten Punkt im Raum ausgehen, breiten sich in diesem Schema auf der Mantelfläche eines nach oben offenen Kegels aus.

Wenn man sich beispielsweise ein Wesen konstruiert, das nur zweidimensional denken kann, so würde dieses behaupten: Wenn auf einer Geraden die Punkte A, B und C hintereinander liegen, so gibt es für den Weg von A nach C (wenn der Weg durch B hindurch verschlossen ist) nur zwei Möglichkeiten: entweder links oder rechts um B herum. Tertium non datur (eine dritte Möglichkeit existiert nicht). In einer dritten Dimension jedoch gibt es weitere Optionen: nämlich Wege ober- bzw. unterhalb von B. In dieser neuen Dimension wird also das Entweder-Oder des zweidimensionalen Denkens durch weitere Eventualitäten gesprengt; der logisch ausgeschlossene dritte Weg ist nun doch realistisch. Also, kann man folgern, würden höher dimensionale Denkformen als unsere dreidimensionalen uns Horizonte zum authentischen Verständnis des Universums erschließen, die uns jetzt unzugänglich sind. Der Besitz letztgültiger Wahrheiten über das, „was die Welt im Innersten zusammenhält“ (Faust), bleibt uns unerreichbar.

- Die Logik, von der aus wir denken, wird u.a. bestimmt von dem soeben zitierten Prinzip des ausgeschlossenen Dritten. Nun aber gilt, dass

*„In Dunkel barg Natur ihr Angesicht. / Gott sprach: ‚Es werde *Newton!‘ Da ward Licht / Nicht lange. Denn des Satans ‚Ho! / Es werde *Einstein!‘ stellte her den Status quo.“ (A. Eddington in: Dürr, a. a. O., S. 136)*
Ernsthafter K. Heim, a. a. O., S. 142f.: Wir versuchen, „auf Flügeln der dichterischen Phantasie die Grenzen des euklidischen Raumes zu überfliegen und ... uns einen Raum vorzustellen, in dem mehr als drei Koordinaten aufeinander stehen. Aber alle diese Versuche ... enden immer nur damit, dass wir mit versengten Flügeln auf den Boden unseres euklidischen Körperraums zurückfallen.“

Der Satz vom ausgeschlossenen Dritten stellt fest, dass es zwischen der einen sowie deren entgegengesetzten Möglichkeit (d.h. zwischen „ja“ und „nein“) kein Mittleres geben kann. Der Freund ist hier und jetzt da, oder er ist es nicht. Eine weitere Alternative bleibt undenkbar.

- das Benzolmolekül aus sechs Kohlenstoffatomen besteht, die in einem regulären Sechseck angeordnet sind und an die jeweils ein Wasserstoffatom angelagert ist (C_6H_6);
- die Strukturformel mit drei Einfach- und drei Doppelbindungen zwar gebräuchlich ist, jedoch den Bindungszustand nicht exakt wiedergibt;
- vielmehr jedes C-Atom in *einer* Ebene drei Bindungen (je eine zu seinen beiden Nachbarn und eine zu einem H-Atom) mit lokalisierten Elektronen unterhält. *Über* dieses Grundgerüst sind die übrigen sechs Elektronen (als Elektronenwolke) verteilt („verschmiert“). Letztere sind also nicht an ein bestimmtes C-Atom gebunden, sondern im Ring frei beweglich – wenn auch mit einer etwas höheren Aufenthaltswahrscheinlichkeit an die C-Atome (nicht aber an ein einzelnes) gebunden. Für jedes einzelne C-Atom sinkt damit die Wahrscheinlichkeit, dass sich ein solches Elektron an ihm aufhält.

vgl. unten, S. 22f.

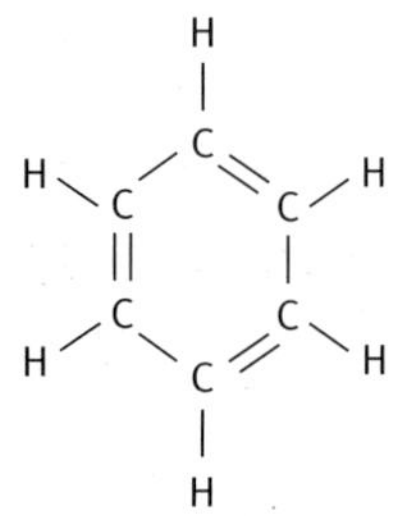

Strukturformel von Benzol

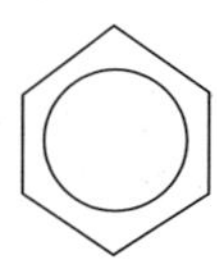

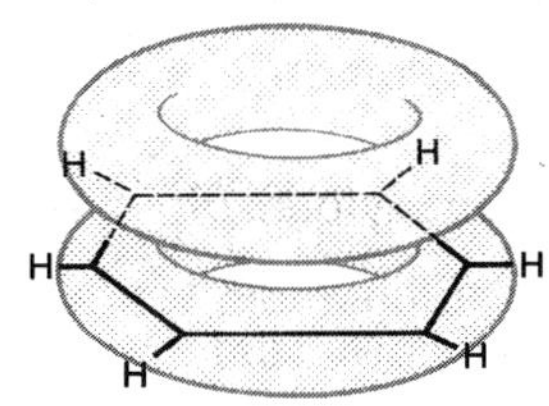

Sechs im Ring frei bewegliche Elektronen

Mit den Mitteln unserer Logik kann man sich aber schwer vorstellen, was der Satz überhaupt bedeuten solle, dass die genannten sechs mikroskopischen Substanzen nicht den definierten C-Atomen, sondern der Gesamtheit der C-Atome angehören. Die Aufenthaltswahrscheinlichkeit lässt sich zwar als Kreis innerhalb des Ringes modellieren, aber es erscheint uns ungewohnt, wenn es heißt, ein Elektron sei nicht lokalisierbar, nicht einem bestimmten Raumzeitpunkt zugeordnet. An die Stelle der Alternative „ist“ bzw. „ist nicht“ tritt die Aussage „es besteht eine errechenbare Möglichkeit bzw. Wahrscheinlichkeit“ bzw. eine „höhere“ Wahrscheinlichkeit. Das zweiwertige logische System wird durch ein mehrwertiges Kalkül ersetzt. Anders: Zwischen Wahrheit und Falschheit gibt es ein Drittes, Viertes, Fünftes.

Bereits der Begriff „Substanz“ ist ein Zugeständnis an das menschliche Vorstellungsvermögen; vgl. unten, S. 35ff.

- In der Quantenmechanik nehmen die dynamischen Größen der klassischen Mechanik – wie Ort und Impuls – keine eindeutig bestimmten Werte an; sie werden vielmehr durch eine Wahrscheinlichkeitsverteilung beschrieben, die man „Wellenfunktion" nennt.
  – Ort und Impuls lassen sich für einen bestimmten Zeitpunkt gemäß diesem Unbestimmtheitsprinzip nur wahrscheinlichkeitstheoretisch vorhersagen. Die Wellenfunktion beschreibt also keine „reale" Mikrowelt, keine „objektive Wirklichkeit", sondern nur ein statistisches „Wissen", das für Vorhersagen nützlich ist. Anders: die Wellenfunktion bestimmt nur, welche Zustände *möglich* sind.

Zweiwertig ist die Formulierung: „Die Negation einer wahren Aussage ist eine falsche." Dreiwertig ist die Behauptung eines Zwischenzustands, mit Wahrheitswerten wie „möglich, unbestimmt, zu einem bestimmten Prozentsatz entscheidbar".

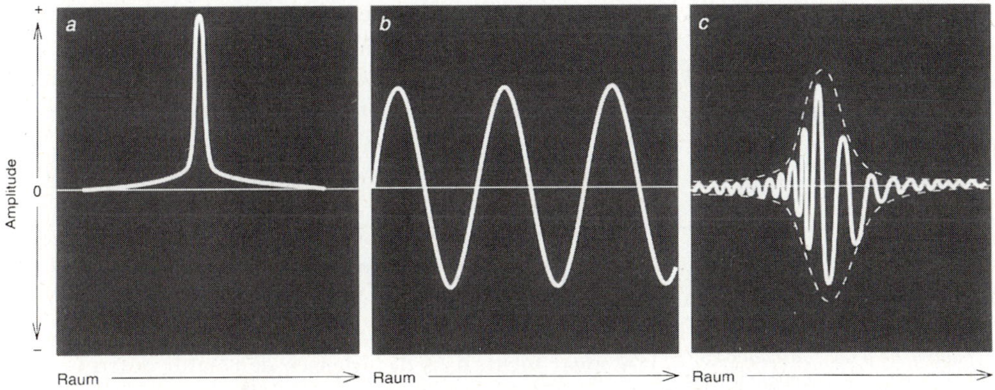

Je genauer man einen dieser *Parameter kennt, umso mehr verschwindet der Wert des anderen. Ist etwa die Position des Teilchens aufgrund einer Messung (Leuchtschirm) bekannt, so ist sein Impuls lediglich als Energieverteilung (Wahrscheinlichkeitswellen) zu bestimmen (a). Die Geschwindigkeit des Elektrons lässt sich also nicht präzise bestimmen. Hat man umgekehrt den Impuls des Objekts gemessen, so lässt sich dessen Position nicht angeben; die zugehörige Wellenfunktion ist über den Raum verschmiert und weist eine bestimmte Wellenlänge und eine konstante Amplitude auf (b). Das heißt, die Wahrscheinlichkeit, das Elektron „anzutreffen", ist für alle dargestellten Punkte gleich groß. Die Darstellung eines Teilchens als Wellenpaket (c) ist gleichsam ein Kompromiss: Ort und Impuls sind beide nicht exakt bekannt.

*Trotz dieser Unbestimmtheit im Kleinen ist das Geschehen im Großen vorhersagbar. Naturgesetze sind formulierbar. Dieses Faktum beruht auf dem Gesetz der großen Zahl: Die unterschiedlichen Reaktionen der ungeheuren Anzahl von Elementarteilchen verdichten sich im Makrobereich zu einem ganz bestimmten **Durchschnittsverhalten.***

Im mikrophysikalischen Bereich gibt es somit Vorgänge, die nur Voraussagen *statistischer* Art zulassen. Dies widerspricht unserer Denktradition, nach der es für jedes Ereignis eine bestimmte Ursache geben muss, so dass gesicherte Prognosen möglich sind. In der Quantenphysik jedoch wurde dieses Kausalitätsprinzip „definitiv widerlegt“ (Heisenberg): Es gibt dort zwar zwingende statistische Gesetze, aber das Verhalten der einzelnen Elementarteilchen ist weder restlos voraussehbar noch objektiv vorausbestimmt. Für einen definierten Zeitpunkt sind endlich viele wahrscheinliche Zustände des Systems möglich.

Je weiter wir uns also von Erfahrungen und Größenmaßstäben des täglichen Lebens entfernen, desto fremder, unverständlicher, unanschaulicher wird uns die Natur.

2. Die vorgestellte Realität hat eine interpretative und eine objektive Komponente.

In seiner Analyse des menschlichen Erkenntnisvermögens hatte Immanuel Kant (1724–1804) herausgestellt, dass der menschliche Verstand die Welt nicht so erfassen kann, wie diese ist. Vielmehr errichtet der Mensch mit Hilfe seiner ihm *a priori *vorgegebenen* Denkkategorien die Welt so, wie sie ihm *erscheint*. Die Welt unseres Vorstellens hat deshalb als eine durch den menschlichen Denkapparat konzipierte Montage zu gelten. Wissenschaftliche Theorien konstruieren demgemäß Wahrgenommenes; sie sind durch das Medium menschlicher Sinnesempfindung und Begriffskompetenz vermittelt und gestaltet. Dies heißt

zu Kant und Descartes vgl. AW Religion, 1999, Kap. 1.1.2

– zwar nicht, dass der Mensch der Natur deren Gesetze schlechthin vorschreibt,
– wohl aber, dass Naturgesetze menschliche Denkgesetze spiegeln.

„Der ganzen modernen Weltanschauung liegt die Täuschung zugrunde, dass die so genannten Naturgesetze die Erklärungen der Naturerscheinungen seien.“ (L. Wittgenstein, Werkausgabe stw 501, TLP 6.371, Frankfurt/M. 1984)

In der klassischen Physik dagegen ging man seit Descartes (1596–1650) vom Subjekt-Objekt-Schema aus. Das Subjekt galt als „res cogitans“ (denkende Substanz), die über das Vermögen verfüge, die „res extensae“ (die ausgedehnten, räumlich und das heißt quantitativ zu beschreibenden Substanzen) zu erfassen.

vgl. unten, S. 94f.

– Man setzte also voraus, dass das erkennende Subjekt sich von den Dingen distanzieren und die Welt in den Griff bekommen könne.
– Und darüber hinaus glaubte man, dass es möglich sei, mit Hilfe der mechanistischen Grundbegriffe Körper/Kraft/Raum/Zeit (Körper ändern aufgrund einwirkender Kräfte ihren Ort im Verlauf der Zeit) Bewegungen in der Natur nicht allein begreifen, sondern auch beeinflussen zu können.

Heute ist „die Illusion aufzugeben, es gäbe eine deckungsgleiche Entsprechung zwischen wissenschaftlichen Aussagen und der Wirklichkeit“. (Brief von Naturwissenschaftlern in: Beier, a. a. O., S. 13)

Es ergeben sich zwei wesentliche Aspekte für das Verständnis von Wissenschaft:

a) Wissenschaften können – dies wäre eine Synthese zwischen Kant und Descartes – nicht „Welt" insgesamt erklären, wohl aber ausgesuchte Regularitäten untersuchen. Diese These wird durch Erkenntnisse der Biologie unterstützt. Danach ist unsere Wahrnehmung durch die *Evolution geprägt:

- Wir registrieren bestimmte Aspekte der Wirklichkeit,
- aber dies sind nur diejenigen Teile, die für unser Überleben wichtig sind (bzw. waren).

„Das Gehirn ist ursprünglich eben kein Organ zum Erkennen der Welt, sondern bloß ein Organ zum Überleben ... Die Welt, wie sie uns unser Gehirn erschließt und wie wir sie bewusst erleben, ist ... nicht die Welt schlechthin." (E. Chr. Hirsch, Expedition in die Glaubenswelt, Hamburg 1981, S. 37, 40 zitiert den Wissenschaftsautor H. v. Ditfurth)

Wir legen uns die Welt zurecht, damit wir in ihr fortbestehen können.

Ein Experiment entspricht diesem menschlichen Erkenntnisvermögen. Es stellt eine vom Menschen hergestellte kleine Kunstwelt dar: Durch eine bestimmte Anordnung von *Parametern soll *eine* Frage, ein enger Ausschnitt aus der unübersehbar komplexen Wirklichkeit ausgeblendet werden, um diese künstlich isolierte Teilfrage dann exakt beantworten zu können.

Wissenschaftliche, experimentelle Methodik besteht dementsprechend darin, sorgfältig ausgewählte Bedingungen zu schaffen, um bestimmte Vorgänge aus dem Gesamtzusammenhang der Welt herauszupräparieren und einzelne Phänomene in kausale Zusammenhänge zu bringen.

Man geht dabei so vor, dass diejenige Variable, deren kausale Wirkung überprüft werden soll, verändert wird, um herauszufinden, welche Effekte bei einer zweiten Variablen erzeugt werden.

- Als *exemplarisch* für die Methode experimenteller Naturerklärung steht der Versuch *Galileis, den Zusammenhang zwischen der Zeit, die ein Körper frei herabfällt, und der Strecke, die er in diesem Zeitraum zurücklegt, herauszufinden. Zu jener Zeit gab es noch keine Möglichkeit, extrem kurze Zeiten zu messen. Infolgedessen zwang Galilei die freie Fallbewegung in eine Form, die es ermöglichte, dennoch präzise Zeiten zu ermitteln: Er ließ verschieden große Kugeln auf schwach geneigten Rinnen abrollen. Er ging dabei von der begründeten Vermutung aus, dass dieses Abrollen

„Durch Denken zerlegen wir die Welt in Teile, wir analysieren sie ... Der Vorgang des Teilens ist eine Weise, ... über die Dinge zu denken. Das fragmentierte Selbst-Weltbild verleitet den Menschen zu Handlungen, die darauf hinauslaufen, dass er sich selbst und die Welt fragmentiert, damit alles seiner Denkweise entspricht. Der Mensch verschafft sich so einen scheinbaren Beweis für die Richtigkeit seines fragmentarischen Selbst-Weltbildes, obwohl er natürlich die Tatsache übersieht,

dass mit dem Handeln, das auf sein Denken folgt, er selbst es ist, der die Fragmentierung herbeigeführt hat." (Dürr in: Dürr u. a., a. a. O., S. 166)

nach denselben Gesetzen vor sich geht wie der freie Fall – nur entsprechend langsamer; denn eine Variation des Neigungswinkels verändert zwar die Geschwindigkeit, nicht aber die allgemeine Form des Zusammenhangs zwischen Zeit, Weg und Geschwindigkeit. Galileis Aufgabe bestand nun darin, Längen- und Zeitmessungen vorzunehmen, um eine quantitative Beziehung zwischen diesen beiden Größen herzustellen: In einer Wertetabelle trug er einerseits die gemessenen Zeiten ein, andererseits die Längen der durchlaufenen Wege. Das signifikant Besondere und Beispielhafte seiner Methode war nicht allein die Genauigkeit seiner Messungen sowie die mathematisierte Beschreibung des Vorgangs (entsprechend dem Fallgesetz ist die zurückgelegte Wegstrecke proportional dem Quadrat der Fall-Zeit: $s = \frac{1}{2} \cdot g \cdot t^2$; g = Schwerkraft), sondern insbesondere auch das *aktive* Moment seines Vorgehens: Er produzierte eine Versuchsanordnung, die es erlaubte, den freien Fall im experimentellen Prozess zu entschlüsseln.

- Auch *Newton manipulierte, als er das Sonnenlicht analysierte, die naturgegebenen Zustände; anders: er stellte *formierte* Experimentalbedingungen her. Dazu verdunkelte er sein Laboratorium, schnitt aber einen kleinen Schlitz in den Fensterladen, so dass nur ein dünner Lichtstrahl in das verdunkelte Zimmer gelangen konnte. Wenn dieser künstlich reduzierte Sonnenschein auf ein Glasprisma auftraf, dann zeigte sich auf einem dahinter aufgestellten Schirm ein Muster verschiedener Farben von rot bis violett. Newton maß die Brechungswinkel im Prisma und stellte fest, dass diese für die jeweiligen Farben verschieden waren, am kleinsten für rot, am größten für violett. Die Konsequenz seiner Beobachtung lautete, dass das Prisma die Farben nicht erzeugt, sondern nur in seine unterschiedlichen Regenbogenfarben – das heißt: unterschiedliche Wellenlängen – zerlegt. Die Farbwerte (*Spektren) können einer bestimmten Frequenz des (Sonnen-)Lichts zugeordnet werden.

„Wir müssen anerkennen, dass das besondere Wissen, um das die Physik ringt, viel zu eng begrenzt und auf zu weniges beschränkt ist, als dass es ein vollständiges Verständnis für die Umwelt des Menschengeistes vermitteln könnte." (A. Eddington in: Dürr, a. a. O., S. 128)

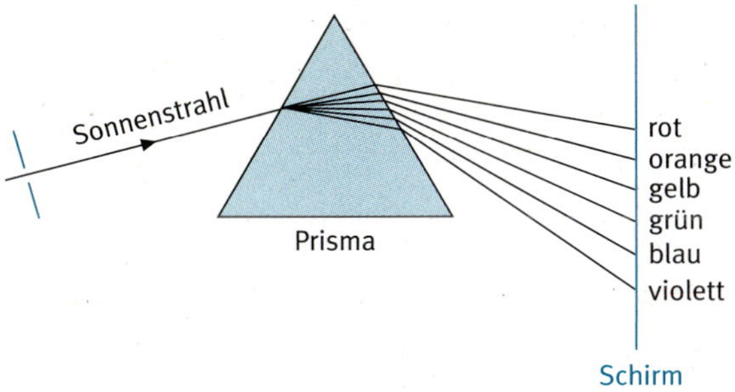

- Will man – um ein drittes Beispiel anzufügen – feststellen, ob eine bestimmte Drüse Wachstum fördert, entfernt man bei Versuchstieren diese Drüse und beobachtet, ob deren Wachstum aufhört. Ist dies der Fall, so sucht man nach dem wachstumsfördernden Inhaltsstoff, indem man aus der Drüse eine Reihe von solchen isoliert und den Tieren nacheinander einspritzt. Derjenige, der das Wachstum anregt, ist die gesuchte Substanz oder enthält diese.

Deutlich ist also, dass der Wissenschaftler nicht lediglich die Rolle des unbeteiligten Beobachters und Zuschauers einnimmt. Vielmehr gewinnt er seine Erkenntnisse durch aktives Eingreifen und konstruktives Gestalten. Anders: Er stellt – in von ihm entworfenen Versuchsanordnungen – der Natur Fragen und beantwortet diese aufgrund seiner Messungen. Er rekonstruiert also Naturvorgänge.

Grundsätzlicher: Pure empirische Daten gibt es überhaupt nicht.
- Jede *Fragestellung* ist bereits durch eine bestimmte Sichtweise oder durch eine Präferenz,
- jede *Beobachtung* durch die Auswahl des methodischen Instrumentariums oder durch eine theoretische Voraussetzung vorgeprägt.

Das Subjekt spielt bei Auswahl und Durchdringung der jeweiligen Gegenstände eine entscheidende Rolle: Ein scheinbar bloß Zuschauender ist in Wirklichkeit gleichzeitig ein intervenierender Akteur.

„Jeder Erkenntnisvorgang abstrahiert in doppelter Weise: Er hebt aus der Fülle ‚des Wirklichen' einen besonderen Teil heraus, um diesen Teil dann unter einem spezifischen Aspekt zu untersuchen ... Der doppelte Abstraktionsvorgang setzt also (1.) eine Auswahl des Objektes aus der Fülle der gegebenen möglichen Objekte voraus und (2.) im Zusammenhang damit eine ... Fragestellung, eine Perspektive."
(G. Kress/D. Senghaas, Politikwissenschaft, Frankfurt 1972, S. 13, Fischer TB 6150)

Beobachtung zerstört die Einheit der Natur, indem sie einzelne Aspekte eines Systems herausschneidet und diese erforscht. Pointiert: Dieselbe Wirklichkeit (z. B. ein Mensch) wird von einem Mediziner anders spezifiziert als von einem Chemiker.

Ein Teilchen ist an einem festen Ort lokalisiert, besitzt eine bestimmte Masse und Größe. Eine elektromagnetische Welle dagegen ist über einen Raumbereich ausgedehnt und masselos; ihre Merkmale sind: Wellenlänge, Frequenz und Amplitude.

- Ein drastisches Beispiel für dieses Phänomen stellt das Komplementaritätsprinzip dar, das vor allem als Welle-Teilchen-Dualismus bekannt ist. Danach kann sich ein mikroskopisches Teilchen – ein Photon (das elektromagnetische Kraft übermittelt) oder Elektron – einmal wie eine Welle, bei einem anderen Experiment wie ein Partikel verhalten:
  - Der Wellenaspekt zeigt sich in Form von Interferenzmustern: Wirft man beispielsweise zwei Steine in ein ruhiges Gewässer, so überlagern sich deren Wellen. Wo zwei Wellenberge zusammentreffen, verstärken sie sich; ein Wellenberg und ein Wellental löschen demgegenüber einander aus. Das Gleiche geschieht, wenn zwei schmale Spalte beleuchtet werden: Die sie durchquerende Lichtwelle erzeugt zwei kleinere Wellen, die sich hinter der Spaltplatte kreisförmig ausbreiten. Diese interferieren und erzeugen auf einem Projektionsschirm eine Folge von abwechselnd hellen und dunklen Streifen (s. Abb. unten).
  - Lässt man dagegen Licht auf einer Metallplatte aufprallen, dann werden aus dieser Oberfläche Elektronen freigesetzt. Der Effekt des Licht(quant)s ist also offensichtlich lokalisiert. Dies lässt sich nachweisen, indem die Metallplatte mit einem negativ geladenen Elektroskop verbunden und die Oberfläche dann

Würde Licht nur aus Korpuskeln bzw. Partikeln bestehen, wäre das Abbild des Lichtstrahls hinter der Spaltplatte rechteckig wie die Spalten. Als Welle besteht es aus konzentrischen Ringen. Die zwei Ringmuster erzeugen dunkle Bänder, wenn sie sich gegenseitig aufheben, und helle, wenn sie sich verstärken.

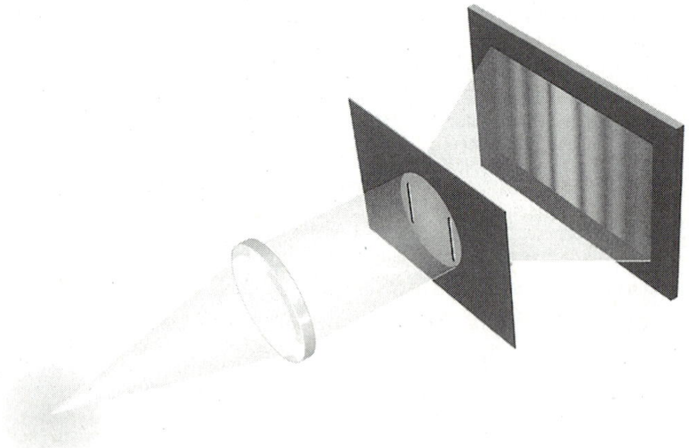

Lichtstrahlen ausgesetzt wird: Durch das Freiwerden negativ geladener Elektronen geht die elektrische Ladung auf der Platte verloren.

Bei der Festlegung der Wirklichkeit auf der Ebene der Elementarteilchen spielt also der Beobachter eine zentrale Rolle. Er gibt vor, was er am Licht sehen will: Charakteristika von Korpuskeln oder von Wellen. Umgekehrt: die Elementarteilchen entziehen sich einer eindeutigen Bestimmung, sind vielmehr komplementär. Je nach Untersuchungsmethode erscheinen sie in der einen oder in der anderen Weise. Sie „sind" weder Teilchen noch Welle, sondern ihr Wesen liegt jenseits davon.
Fazit: Bilder (wie Welle, aber auch Ort, Impuls, Energie) lassen sich nicht in voller Schärfe auf die Prozesse im Mikrobereich anwenden; dennoch ist unser Sprechen über diese Vorgänge an jene unzureichenden Begriffe gebunden. Die Wirklichkeit, die wir beobachten, ist nicht eine Wirklichkeit an sich, sondern sie ist vorgeprägt von unserer Fähigkeit, Erfahrung zu machen. Menschliches Bild und Quantenwelt passen nicht genau zusammen.

„Wir können den Beobachter einer physikalischen Erscheinung mit dem ... Publikum bei einem Fußballspiel vergleichen, wo der Akt des Zusehens, der von Applaus oder Pfeifen begleitet wird, einen ausgeprägten Einfluss auf die Schnelligkeit und Konzentration der Spieler und damit auf den beobachteten Vorgang hat." (M. Born in: Dürr, a. a. O., S. 92)

b) Zweiter Aspekt der Dialektik von Objektivität und Interpretation: Dass Beobachtungen durch perspektivische Verengungen bzw. Interessenhorizonte geprägt werden, lässt sich auch daran deutlich machen, dass Wissenschaften bestimmte Phänomene aus den Untersuchungen ausblenden.

Im Experiment werden *ausgewählte* Größen in Relation gesetzt; die **Randbedingungen** dagegen, an deren Einfluss man zurzeit nicht interessiert ist, werden demgegenüber als konstant gesehen. Sie erscheinen marginal.

„Die Präparierung des Objekts bedeutet dessen Dekontextualisierung." (H. J. Fischbeck in: Beier, a. a. O., S. 75)

Es kann allerdings sein, dass deren Einfluss auf das Phänomen nicht richtig eingeschätzt wurde.

- Vermehrt sich beispielsweise innerhalb eines Ökosystems eine bestimmte Tierart, so kann der Grund Umweltverschmutzung sein, die die Nahrungsgrundlage dieser Tierart verbessert, bzw. die die Population derjenigen Tiere minimiert, die bisher die jetzt begünstigte Tierart gefressen haben. Um diese Fragen zu klären, sind aufwendige Messungen ebenso erforderlich wie Laboruntersuchungen und Computersimulationen, um die vielen Einzelprozesse, die gleichzeitig ablaufen und sich gegenseitig beeinflussen, hinreichend nachzubilden. Andere mögliche Ursachen – wie Witterung, andere räuberische Tiere oder auch menschliche Bauarbeiten innerhalb dieses Ökosystems – werden im Modell nicht erfasst, um dieses nicht noch weiter zu komplizieren. Das Ergebnis der Berechnungen kann dann aber nur so lange richtig sein, als die vorgenommenen Vereinfachungen zulässig waren. Grundsätzlicher: Wissenschaft zerlegt komplexe Gefüge in Einzelelemente und bestimmt deren Verhältnis zueinander. Sie atomisiert die Natur. Dabei werden zwar Beziehungsgesetze erfasst und quantitativ errechnet, aber inwiefern damit ein Abbild des Seienden erreicht wird, bleibt häufig unklar. Wissenschaft beschäftigt sich mit dem, was *der Mensch* als wirksam erfasst hat.

„In jedem Augenblick unseres Lebens ist unsere Aufmerksamkeit auf einen bestimmten Punkt konzentriert, sind uns einige Objekte klar bewusst, die dann ihrerseits aber wieder auf eine ebenso verschwommene wie nicht wegzudiskutierende Weise mit anderen Objekten verbunden sind, die wir nur undeutlich erfassen." (Whitehead, a. a. O., S. 64)

- In den Wirtschaftswisssenschaften steht man vor demselben Problem: dass man sich auf einige Dinge konzentriert, andere Objekte jedoch verschwommen bleiben. Will man beispielsweise Maßnahmen gegen Arbeitslosigkeit entwickeln, so wäre eine Vielzahl von Faktoren zu berücksichtigen:
  - Struktur der Arbeitslosigkeit: deren Abhängigkeit von Qualifikation, Alter, ethnischer Zugehörigkeit; Anzahl der Langzeitarbeitslosen
  - Angebot auf dem Arbeitsmarkt: Bevölkerungswachstum (Geburtenrate, Zuwanderung), Erwerbsquote (Ausbildungsdauer, Anteil der Frauen, Beginn des Ruhestandes), Erwerbsverhalten (Anteil der Teilzeitarbeit, Arbeitszeit der Vollbeschäftigten)
  - Nachfrage auf dem Arbeitsmarkt: Zunahme der Rationalisierung sowie der Produktivität (diese sind im verarbeitenden Gewerbe in wesentlich höherem Maße möglich als bei Dienstleistungen)
  - Lohnspreizung: Anteil der Arbeitnehmer mit sehr hohem / mittlerem / unterdurchschnittlichem Einkommen (als Kennzeichen einer einkommensmäßig auseinanderdriftenden Gesellschaft)
  - Sozialsystem: Höhe der Arbeitslosenunterstützung, Krankenversicherungsschutz (ggf. kann auf diese Weise die Aufnahme einer schlecht bezahlten Beschäftigung erzwungen werden)

- institutionelle Regelungen: Kündigungsschutz
- Wettbewerbssituation, die dazu führt, entweder – durch permanenten technischen Fortschritt – die Produktivität zu steigern oder durch Lohnsenkungen dem Konkurrenzdruck standzuhalten
- Rolle der Gewerkschaften bei der Lohnfindung u. v. a. m.

Je nach normativer Zielsetzung wird man unterschiedliche Dinge ansprechen. Folglich ist in diesen Modellanalysen eine Vielzahl von Elementen als konstant angesetzt („ceteris-paribus“-Prinzip, lat.: alle Größen – außer den speziell zu untersuchenden – werden für beständig erklärt).

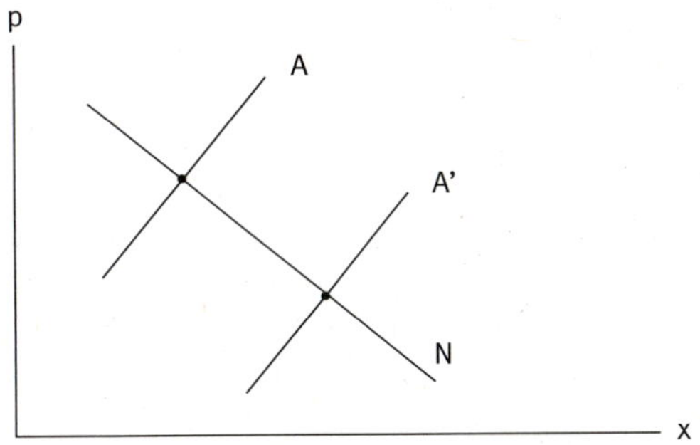

In dem Angebots-Nachfrage-Diagramm geht man von folgender Vorstellung aus: Die Nachfrage (N) nach Arbeitskräften gründet auf der Tatsache, dass die Unternehmen bei gegebenem Preis (= Lohn) sich jene Anzahl von Arbeitskräften auswählen, die ihnen die erwarteten Produktionsmengen ermöglichen. Die Anbieter (A) von Arbeitskraft stellen dasjenige Arbeitsvolumen zur Verfügung, das bei dieser Marktlage ihren Lohnerwartungen entspricht. Jede dieser beiden Verhaltensweisen lässt sich als Kurve darstellen:

- Die Unternehmen werden bei steigenden Löhnen weniger, bei sinkenden Löhnen mehr Arbeiter einstellen,
- die Arbeitnehmer werden bei hohen Löhnen in großer Zahl, bei sinkenden Löhnen in geringerer Zahl zur Verfügung stehen.

Wenn der Staat diese Situation jedoch verändert (z. B. durch Senkung der Lohnnebenkosten), dann erklärt die Volkswirtschaft diesen neuen Sachverhalt so, dass sich die Angebotskurve verschoben hat (A'): Weil der Staat weniger Abgaben fordert als zuvor, wird Lohnarbeit attraktiver, obwohl der Lohnsatz reduziert ist.

Von den oben genannten Einflussfaktoren ist also *eine* Maßnahme herausgestellt und isoliert worden. Ob diese die Arbeitslosigkeit tatsächlich zurückgehen lässt, bleibt offen: Dies trifft nur dann zu, wenn man mit den Sozialbeiträgen *den* relevanten Faktor getroffen hat. Vielleicht aber ist die Reduzierung der Komplexität doch zu simpel

*„‚Fakten‘ (zeigen sich) immer schon in einer **interpretierten** Form, in einer **gedachten** Form. Es gibt für die Wissenschaft keine **vorsprachliche** Welt ... Selbst einfache Modelle (enthalten) **theoretische Elemente.**“ (Brodbeck, a. a. O., S. 7)*

„Ursache und Wirkung: eine solche Zweiheit gibt es wahrscheinlich nie – in Wahrheit steht ein Kontinuum vor uns, von dem wir ein paar Stücke isolieren; so wie wir eine Bewegung immer nur als isolierte Punkte wahrnehmen, also eigent-

lich nicht sehen, sondern erschließen." (F. Nietzsche, Fröhliche Wissenschaft 112, München/Wien 1980)

geraten. Hinzu kommt ein weiterer Aspekt: „Lohn" ist im Schaubild zu einem *Durchschnittslohn* nivelliert worden. Die genannten Einflussfaktoren, die ja auch differenzierte Löhne bewirken, sind nicht berücksichtigt.

Beschreibungen von Sachverhalten sind also nicht mit den Sachverhalten selbst zu *identifizieren.* Wir legen beobachtete und ermittelte Datenkomplexe vielmehr nur aus, interpretieren sie.

3. Wissenschaft überzeugt, weil Behauptungen begründet und bestätigt werden.

„Wir können Erkenntnis, und zwar sowohl Erfahrungs- als auch theoretische Erkenntnis, als eine spezifische Wechselwirkung der organischen Systeme mit ihrer Umgebung auffassen ... Anders gesagt, die Erfahrung, das Wissen von den Dingen, ist ... eine Repräsentation der Welt im Innenraum des erkennenden Systems." (Kanitscheider, a. a. O., S. 21)

- Wenn Wissenschaft, wie dargelegt, auf *sinnlich* wahrgenommenen Abläufen aufruht,
- wenn die Auswahl bestimmter Gegenständlichkeiten auf spezifischen Sichtweisen aufbaut,
- wenn die Methoden aufgrund von kennzeichnenden Eindrücken ausgearbeitet werden,

dann kann Wissenschaft nicht „objektiv" sein, können gültige wissenschaftliche Aussagen nicht als „wahr" charakterisiert werden. Wissenschaft gründet vielmehr auf der selektiven Wahrnehmung eines Sachverhaltes sowie auf einer Beobachtungstätigkeit, die zu der Behauptung veranlasst, es gäbe bestimmte Regelmäßigkeiten.

*„Wissenschaft hat es nicht mit der Wirklichkeit, **dem** Faktum, sondern mit beobachteter Wirklichkeit und dem beobachteten Faktum zu tun. ‚Beobachtet' aber kann nur heißen, dass wir Wirklichkeit mit unserer sprachlichen Aufgliederung ... und aufgrund unseres gewählten methodischen Zugangs in bestimmter Erfahrungsperspektive erschließen." (J. Track in: H. Fischer, Anthropologie als Thema der Theologie. Göttingen 1978, S. 135)*

Die Erfolge der Wissenschaften zeigen allerdings, dass ihre Ergebnisse unter der eingenommenen Perspektive und trotz ihrer methodischen Abblendungen nachweisbar „richtig" sind. Der Mensch vermag aufgrund der festgestellten Beziehungsverhältnisse einzelne fragmentierte Ereignisse herbeizuführen, das heißt, die Realität menschlichen Zielsetzungen unterzuordnen.

Denkmodelle sind somit *insofern* „wahr", als die wissenschaftliche Methode erfolgreich ist. Das heißt, es werden gültige Zusammenhänge erarbeitet; die daraus abgeleiteten partikularen Gesetzmäßigkeiten haben durchaus als „objektiv" zu gelten. Es „gibt" also eine erfassbare Außenwelt.

Da allerdings subjektive Zielsetzungen und individuelles Gutdünken die wissenschaftliche Arbeit verfälschen können, geht man von der Prämisse aus, dass dieselbe Beobachtung mehrerer Menschen eine prinzipiell wirklichkeitsnahe Erfahrung begründet.

- In der Praxis nimmt man im Alltag und in der Rechtsprechung ebenso wie in den Wissenschaften an, dass Sinneswahrnehmungen als realistisch zu gelten haben, sofern verschiedene Menschen dieselbe Wahrnehmung machen.
- Dazu ist es notwendig, dass die Beobachter einander über das Erlebte berichten, sie den Augenschein in eine adäquate Sprache transformieren.

Wissenschaftliche Aussagen sind dementsprechend allein dadurch zu rechtfertigen und zu verantworten, dass mehrere Zeugen von demselben Phänomen unter den in der Versuchsbeschreibung genannten experimentellen Bedingungen die gleichen Effekte beobachten können. Denn die Kausalität der Ereignisse, die festgestellt wurde, wird auf diese Weise von unterschiedlichen Seiten her bestätigt.
Um diese Intention zu ermöglichen, sind notwendig:

- intellektuelle Redlichkeit (Angabe der Prämissen, der Methoden, der Hilfsmittel),
- *Reproduzierbarkeit und Exaktheit der Messungen,
- eindeutige Sprache,
- Korrekturbereitschaft,
- logische Widerspruchsfreiheit u. a. m.

*„Ein Naturgesetz ‚gilt', wenn seine Geltung wiederholt in entsprechender Situation **hergestellt** werden kann." (Brodbeck, a. a. O., S. 151)*

- Kriterium wissenschaftlicher Arbeit ist also die Methodik der *intersubjektiven Prüfbarkeit, die es ermöglicht, wissenschaftliche Antworten zu bestatigen, zu korrigieren oder ggf. neu zu konzipieren.
- Wissenschaftliche Erkenntnis ist damit jedoch unaufhebbar *hypothetisch, ein Konstrukt menschlicher Tätigkeit. Festgestellte Gesetze und wissenschaftliche Theorien sind Teil der menschlichen Wirklichkeit, nicht Teil der Realität; die „Welt" muss sich nicht an diesen konstatierten Kausalbeziehungen orientieren.

Wissenschaftliche Aussagen sind gültig, weil sie *bisherigen* Prüfungen standgehalten und sich an der überindividuellen Erfahrung bewährt haben. Damit sind sie grundsätzlich als vorläufig zu beschreiben. Sie formulieren Regelmäßigkeiten, die der Mensch anhand seiner momentanen Möglichkeiten erkannt hat.

„Behaftet mit dem Risiko, dass neuartige Erkenntnisse zu ihrer (der wissenschaftlichen Theorie) Modifikation oder auch zu ihrer Preisgabe zwingen, (beansprucht) sie von vornherein nicht, absolut gewisse Erkenntnis zu sein ... Die Gültigkeit wissenschaftlicher Aussagen ist somit eine grundsätzlich vorläufige,

präsumtive (vorausgesetzte, vermutete, wahrscheinliche)." (Ströker, a. a. O., S. 78); vgl. unten, S. 42ff.

Es zeigt sich an der Geschichte der Wissenschaft, dass dieser Weg erfolgreich ist: Die Kenntnisse wurden in atemberaubender Weise erweitert, die Erkenntnis schritt immer weiter fort. Es wurde klar, dass den wissenschaftlichen Begriffen in der Natur tatsächliche Korrelate gegenüberstehen, jene also „der Wahrheit" näherkommen:

– Die Autorität der *Naturwissenschaft* wuchs darum immer mehr. Dem Homo sapiens gelangen erstaunliche und gewaltige Leistungen: Heilung von Krankheiten wie Typhus, Malaria, Pocken; technische Wunderwerke vom Eiffelturm bis zur Raumfähre; Fortschritte, die das Dasein buchstäblich revolutionierten und von den Zwängen unmittelbarer materieller Lebenssicherung befreiten. Der Mensch lernte, die Natur seinen Zwecken und Zielen zu unterwerfen.
– *Humanwissenschaften* versuchten, diese erfolgreichen Methoden zu übernehmen. Wo dies nicht gelang, erschienen sie blass, blutleer, spekulativ.

„Wissen bedeutet, durch die Oberfläche zu den Wurzeln und damit zu den Ursachen vordringen, die Realität in ihrer Nacktheit ‚sehen'". (Fromm, a. a. O., S. 48)

2.1 Naturwissenschaften

Das Konstituierende von Wissenschaft ist, wie gesagt, ihr planmäßiges Vorgehen bei Beobachtung und Erklärung der Phänomene. *Natur*wissenschaften – als die Avantgarde innerhalb dieser markanten Phalanx der Moderne – zielen demgemäß darauf, das dem Menschen zugängliche Wissen von Natur-Phänomenen so weit als möglich zu erschließen, zu systematisieren und präzise darzustellen. Sie stellen somit den Versuch dar, „das Kryptogramm (= Geheimtext) der Erfahrung zu entziffern" (A. Eddington). Dazu vergleichen sie ihre *Hypothesen mit den Ergebnissen von Experimenten und quantitativen Messungen. Wenn möglich, werden die Zusammenhänge mathematisch ausgedrückt, um sie in logisch eindeutiger Weise und gleichzeitig einfacher Form darzustellen.

„Natur ist das Dasein der Dinge, so fern es nach allgemeinen Gesetzen bestimmt ist." (Kant, Werke Bd. III, S. 159)
„Natur ... (hat die) Bedeutung: nicht als eine (Wesens-)Beschaffenheit, sondern als der Inbegriff aller Dinge, so fern sie Gegenstände unserer Sinne, mithin auch der Erfahrung sein können." (Kant, Werke Bd. V, S. 11)

Der Forscher stellt sich also gewissermaßen der Natur gegenüber und befragt sie, um Ursachen und Wirkungen zu ermitteln.

– Ausgangspunkt ist die These, der Mensch könne rationale, zutreffende Aussagen über Einzelphänomene der empirischen Welt gewinnen.
– Überwacht wird das, was sich außerhalb unseres Verstandes, unseres Ich-Bewusstseins befindet.

„Wissenschaft ist die Kunst der richtigen Fragestellung." (F. M. Wuketits in: Dürr u.a., a. a. O., S. 27) „Die Vernunft muss ... an die Natur gehen, zwar um von ihr belehrt zu werden, aber nicht in der Qualität eines

- Die Mittel, die eingesetzt werden, sind das logische Denkvermögen, entsprechende Begrifflichkeiten sowie Instrumente und Messapparate.
- Sind die entsprechenden Voraussetzungen klar definiert, lassen sich beobachtete Vorgänge durch Experimente beliebig oft wiederholen und Prognosen durch nachprüfbare Ergebnisse bestätigen.
- Auf diese Weise werden allgemein gültige Gesetzmäßigkeiten entdeckt und als Naturgesetze beschrieben. Naturwissenschaften gehen also deskriptiv vor: Sie zeichnen das Faktische auf – das, was der Fall ist – und sie benennen die das Verhalten des Untersuchungsgegenstandes bestimmenden Kausalverhältnisse.

Schülers, der sich alles vorsagen lässt, was der Lehrer will, sondern eines bestallten Richters, der die Zeugen nötigt, auf die Fragen zu antworten, die er ihnen vorlegt." (Kant, Werke Bd. II, S. 23)

Naturwissenschaften dienen dazu, natürliche Dinge zu erkennen sowie im Experiment die erwarteten wechselseitigen Prozesse hervorzubringen und zu beobachten. Es handelt sich um eine **Außenansicht** von Natur. Gelingt es, das zu produzieren, was man sich vorgestellt hat, dann wurden die Fragen an die „Welt" sachgemäß konzipiert und erfolgreich beantwortet. Insofern kann man Naturwissenschaft auch als „Bemächtigungswissenschaft über die Natur" (K. M. Meyer-Abich) kennzeichnen.

„Naturwissenschaft ... ist das ... Bemühen, durch systematisches Denken die wahrnehmbaren Erscheinungen dieser Welt durchgängig miteinander in Verbindung zu setzen. Um es kühn zu sagen, sie ist der Versuch einer nachträglichen Rekonstruktion alles Seienden im Prozess der begrifflichen Erfassung." (Einstein in: Dürr, a. a. O., S. 74)

Den Naturwissenschaften ist es so seit ihrer Entstehung vor etwa 400 Jahren gelungen, unsere Vorstellungen von der Wirklichkeit – vom Weltall, von Raum und Zeit, vom Leben auf der Erde, von den kleinsten Bausteinen der Materie, aber auch von der Herkunft und den Daseinsbedingungen des Menschen – zu entwickeln, zu formen, zu fundieren.

- Insofern haben die Naturwissenschaften einen enormen Einfluss ausgeübt auf das Bild, das wir uns von der Natur machen. Sie haben aber auch das Verständnis, das wir von uns selbst haben, geprägt.
- Gleichzeitig haben die Naturwissenschaften Möglichkeiten eröffnet zur Gestaltung von Welt. Sie erlauben Planungen und Veränderungen, auch Manipulationen, die in früheren Zeiten unvorstellbar waren. Das Ergebnis ist die Veränderung der Erde hin zu einer globalen Kultur- und Industrielandschaft sowie die kreative Umformung des Menschen zu einem medizinisch gekräftigten und kommunikationstechnisch vernetzten Produkt.

„Wissen bedeutet nicht nur reine Erkenntnis ..., sondern ... auch bessere Einblicke in den Bewegungsablauf und damit die zukünftige Entwicklung natürlicher Prozesse. So verschaffen die Erforschung und die Aufdeckung der Naturgesetze dem Menschen ungeahnte Möglichkeiten, die Natur zu beherrschen und sie für seine Zwecke und Ziele dienstbar zu machen – vor allem mit Hilfe der Technik, einem ‚Kind' der Naturwissenschaft." (Dürr in: Dürr, a. a. O., S. 8)

2.1.1 Wissenschaftliche Vorgehensweise

1. Empirische Einzelbeobachtung

„Eines der Hauptgesetze des neuzeitlichen Fortschritts besagt, dass ... das Denken der Beobachtung vorausgeht. Es bestimmt ... den allgemeinen Typ der zu erwartenden Erfahrung." (Whitehead, a. a. O., S. 59)

„Wir (gehen) nicht von Beobachtungen, sondern stets von Problemen aus – entweder von praktischen ***Problemen*** *oder von einer Theorie, die in Schwierigkeiten geraten ist. Stehen wir vor einem Problem, so können wir anfangen, es zu bearbeiten ... Wir können zunächst versuchen, eine Lösung des Problems zu erraten oder zu vermuten, und dann versuchen, diese gewöhnlich auf etwas schwachen Füßen stehende Vermutung zu kritisieren."*
(K. R. Popper, Objektive Erkenntnis. Hamburg 1974, S. 285)

Naiv wäre es zu behaupten, dass das Primäre der Wissenschaft die unmittelbare Beobachtung des jeweiligen Forschers sei. Denn dieser lebt ja bereits im Zusammenhang einer Tradition und einer Kultur. Seine wahrnehmenden Feststellungen sind deshalb mindestens in dreifacher Weise *theoriegeleitet:*

- Zum einen schöpfen Naturwissenschaftler bereits aus einem breiten Fundus von Vorwissen, das sie im Kontext ihres Daseins kennengelernt und in vielfachem Erfahrungsaustausch erprobt haben.
  Die populäre Frage nach der Bewegung von Himmelskörpern beispielsweise wurde bereits seit Jahrtausenden gestellt und – wenn auch durch verschiedene Theorien – beantwortet. Entsprechende Beobachtungen wurden jeweils von den akzeptierten Theorien aus initiiert.
  Man kann hier auch auf physikalische Begriffe wie Kraft, Druck, Spannung oder Energie hinweisen, deren Herkunft aus dem Alltag stammt: Allein die lebensweltliche Erfahrung ermöglicht es, derartige Begriffe zu bilden – auch wenn diese sich dann im Forschungsprozess von ihrem bisherigen Kontext lösen und zu eigenständigen, abstrakten Größen entwickeln.
- Zum anderen sind die eingesetzten Apparaturen und Messinstrumente bereits innerhalb eines bestimmten kulturellen Milieus hergestellt und angewendet worden. Die Entwicklung von Messapparaten beruht auf einem dichten Wurzelwerk von vorausgesetzten theoretischen Konventionen und Gesetzen.
  Aber grundsätzlicher noch: methodologische Festsetzungen (z. B. Prüfungsverfahren, um Theorien als gültig in Kraft zu setzen; entsprechende Annahmekriterien; formale Operationen, nach welchen Regeln die Messinstrumente zu benutzen sind) determinieren die Vorgehensweise der Forscher.
- Man kann ferner darauf verweisen, dass die Problemstellungen – das also, woraufhin ein Phänomen beobachtet wird – durch ausgewählte Perspektiven, *Paradigmen und Interessen angeleitet und bestimmt sind. Nicht allein das, was bei der Beobachtung ausgegrenzt werden soll, wird dadurch entschieden, sondern auch, welche Zielsetzung diese Beobachtung überhaupt be-

vgl. oben, S. 19 ff.

sitzt. Letztere „hat" man also nicht so unmittelbar, wie man eine Wahrnehmung „hat". Vielmehr werden Beobachtungen „gemacht", das heißt, im Rahmen einer bestimmten Neigung bzw. einer eventuell vagen Vorstellung, die der Forscher bereits mitbringt, gestaltet.

Vor der Moderne war das Ziel der Naturerforschung die reine Theorie. Francis Bacon (1561–1626) dagegen stülpte dieses Ziel um: „Wissen ist Macht." Intention ist es nun, die Kräfte der Natur zur Verbesserung der menschlichen Lebensbedingungen zu nutzen. In einem drastischen Bild verglich Bacon die reine Theorie mit einer Hure, der es nur um Befriedigung, nicht aber um Kindererzeugung gehe.

Die Lebenswelt umgibt also auch den Wissenschaftler. Er erlebt das Gefüge von Gepflogenheiten, Übereinkünften, Paradigmen und Problemen, ihm widerfährt das Chaos von Gesehenem und Gehörtem, von Einstellungen und Mutmaßungen. Sein Ziel ist es, eine rational abgestützte Ordnung in dieses Gewirr von Grundsätzen und Wahrnehmungen zu bringen.

Wissenschaftliche Aussagen gründen nicht allein auf einem Fundament „harter Fakten". Sie beruhen auch auf spezifischen Motiven und Sichtweisen des Forschers bzw. der Wissensgemeinschaft.

2. Hypothesenbildung

Wenn an bestimmten Untersuchungsobjekten (z. B. den schon genannten Kugeln *Galileis) wiederholt die gleichen Beobachtungen angestellt werden, dann beginnt der Mensch zu prüfen, welche Bedingungen für diesen Ablauf maßgebend sind. Es erscheint ihm dabei grundsätzlich aussichtsreich, wenn aus einem Komplex vielfältiger Faktoren und Elemente jeweils einzelne isoliert und variiert werden, um auf diese Weise festzustellen,

- welche von ihnen gerade für diesen Vorgang kausal sind, welche also das Verhalten der jeweils konstatierten Phänomene bestimmen;
- wie bei Abwandlung der Versuchsbedingungen der Vorgang selbst verändert wird. Um dieses Ziel zu erreichen, müssen die Angaben quantifiziert werden: Es sind also quantitative Begriffe wie Sekunden, Zentimeter, Kubikzentimeter, Grad Celsius usw. einzuführen. Denn mit Hilfe der so ermöglichten Messungen vermag man beliebig viele experimentelle Situationen zu schaffen, in denen die Abhängigkeit der einen Größe von der anderen präzise bestimmt werden kann. Die Messzahlen lassen sich anschließend durch Punkte in einem Koordinatensystem veranschaulichen bzw. durch eine mathematische Funktion wiedergeben.

*„Man kann den gesamten Prozess wissenschaftlicher Forschung ... als ein zweifaches Spiel gegen die Natur betrachten ... Doppelte Spiele werden im allgemeinen durch ‚gemischte' Strategien gelöst; das heißt Strategien, bei denen der Spieler seinen Zug aus einer Anzahl möglicher Züge **aufs Geratewohl** aussucht. (Man kann) dies anhand des ‚Münzewerfens' schildern: Kopf oder Zahl. Den größten Erfolg erzielt ein Spieler, wenn er sich willkürlich für Kopf oder Zahl entscheidet." (Tipler, a. a. O., S. 245f.)*

Ein Experiment besteht also darin, dass ein bestimmter Vorgang unter genau anzugebenden Bedingungen sowie planmäßig veränderten Umständen studiert werden kann. Das Ziel ist es dabei nicht allein, bestimmte Phänomene zu beschreiben, sondern auch in ihren Beziehungen zu erklären.

Man kann Einzelvorgänge durch eine allgemeine Gesetzmäßigkeit ***erklären*** *oder – anders herum – andere Einzelvorgänge aus dieser Gesetzmäßigkeit* ***ableiten.*** *Im 2. Fall geht man den Weg, der zum Gesetz geführt hat, wieder rückwärts. Man nimmt also gewissermaßen eine"Deduktion" innerhalb der „Induktion" vor: Man leitet aus einer induktiv erschlossenen Gesetzmäßigkeit noch nicht eingetretene Einzelfälle ab.*

Um die Warum-Frage sachgemäß und logisch eindeutig zu beantworten, bedarf es der Naturgesetze. Dies sind empirische Gesetze,
- die auf der Basis des Experiments gewonnen worden sind. Anders: das Experiment erlaubte es, auf *induktivem Wege aus hinreichend bestätigten Beobachtungen ein Gesetz abzuleiten;
- die die zur Diskussion stehende Einzeltatsache zu deuten vermögen. Anders: Das beobachtete Phänomen lässt sich aus dem Gesetz *deduzieren.

Ein Naturgesetz besagt: Beim Vorliegen bestimmter Bedingungen treten messbare Ereignisse ein. Es werden also Regelmäßigkeiten beschrieben.

Bevor allerdings das Fazit der Experimente zu einem Naturgesetz gerinnt, bedarf es weiter gehender Proben, ist das Prinzip der *intersubjektiven Überprüfung gefordert. Entsprechende Instrumente sind Fernrohr, Mikroskop u.a. *Vor* Beendigung dieses Verfahrens spricht man von einer *Hypothese.

vgl. oben, S. 27f.

„Die Fähigkeit, Voraussagen zu machen, ist der Hauptanspruch der Physik." (M. Born in: Dürr, a. a. O., S. 79)

Ein wesentliches Element der Bestätigung besteht darin, dass die Hypothese bestimmte Prognosen ermöglicht. Die Hypothese beispielsweise, dass sich Planeten auf Ellipsenbahnen um die Sonne bewegen, muss die Voraussage ermöglichen, welche Konstellation der Planeten zu einem beliebigen Zeitpunkt zu erwarten ist.

„Eine wissenschaftliche Erklärung eines Vorganges besteht darin, dass man diesen Vorgang unter geeignete Naturgesetze unterordnet." (Stegmüller, a. a. O., S. 83)

3. Formulierung eines Naturgesetzes

Naturphänomene werden logisch-mathematisch miteinander verknüpft, und diese Abhängigkeit der entsprechenden Größen voneinander hat den Charakter von Allsätzen, das heißt, diese gelten an allen Orten und zu allen Zeiten. In einfachen Formeln und Funktionsgleichungen wird auf diese Weise eine Vielzahl von gleichartigen Vorgängen auf einen gemeinsamen Nenner gebracht, in *in-

„Die eigentliche Innovation der ... Naturwissenschaft besteht in der Entdeckung der Anwendung von Mathematik auf Erfahrung ... Experi-

duktiver Weise verallgemeinert. Die Formeln ermöglichen auch die Prognostizierbarkeit von Ereignissen.
Sie behaupten: Wenn A methodisch richtig beobachtet (bzw. gemessen oder erzeugt) wurde, brachte es B hervor. Es handelt sich also um Konditionalsätze: Tatsachen werden in Verbindung zueinander gesetzt, wobei die eine als unabhängige Variable gilt (Determinante), die andere als abhängige Variable (Resultante). Die entsprechende Prognose lautet: Wenn die Voraussetzung A vorliegt, dann muss jene Konsequenz B auftreten. Wir stehen Wenn-dann-Sätzen gegenüber: Das „Wenn" umfasst die Präparierung des Objekts, das „Dann" dessen mit Hilfe von Instrumenten gemessene Reaktion.

ment als künstlich provozierte Erfahrung und angewandte Mathematik als exakte Darstellungsform bedingen sich wechselseitig." (U. Barth in: Gräb, a. a. O., S. 25)

Kausalität besagt allerdings nicht, dass die eine Größe die eigentliche, die wesenhafte – die andere dagegen die sekundäre – ist. Vielmehr hängt es von der Versuchsanordnung ab, welche der Größen Ursache und welche Resultante ist.

„Die Naturwissenschaft strebt nach einer Aufstellung von allgemeinen Gesetzen, die den wechselseitigen Zusammenhang von Gegenständen und Ereignissen in Zeit und Raum bestimmen." (Einstein in: Dürr, a. a. O., S. 76)

Beispielsweise sind nach dem *Ohmschen Gesetz* in einem Stromkreis die angelegte Spannung U (gemessen in Volt) und die Stromstärke I (Ampere) proportional, wobei die Proportionalitätskonstante „Widerstand" R genannt wird (es ist der Widerstand, den der Schaltkreis bzw. der benutzte Stromleiter dem Stromfluss entgegensetzt); mathematisiert: $U = R \cdot I$.
Je nach Versuchsanordnung kann nun der eingeschaltete Strom die Spannung erzeugen, der zwischen den Enden eines Leiters liegt; der Widerstand errechnet sich in dem Falle aus dem Quotienten Spannung/Stromstärke. Oder aber – wenn man einen Widerstand an eine Batterie anschließt – ist die Spannung der Batterie Ursache für den Stromfluss. Oder wenn schließlich – unter der Voraussetzung, dass ein Thermowiderstand durch Temperaturerhöhung kleiner wird – der Widerstand erhitzt wird, so wäre er Ursache für den Stromfluss.
Die Formel $U = R \cdot I$ sagt also nichts aus über die Vorzugsrichtung der realen Kausalitätsverhältnisse. *Alle drei* genannten Möglichkeiten sind durch die Formel beschreibbar, aber es ist kein Primat erkennbar. Die Zusammenhänge sind als Wechselwirkungen zu charakterisieren.

„Ein physikalisches Gesetz ist ein jeder Satz, welcher einen festen … Zusammenhang zwischen messbaren physikalischen Größen ausspricht, einen Zusammenhang, welcher es gestattet, eine dieser Größen zu berechnen, wenn die übrigen durch Messung bekannt sind." (M. Planck, Vorträge und Erinnerungen. Stuttgart 1949, S. 183)

„Die Anwendung mathematischer Symbole dient insbesondere dazu, die für eine objektive Beschreibung unentbehrliche Eindeutigkeit der Definitionen sicherzustellen.“
(N. Bohr in: Dürr, a. a. O., S. 140)

U = 2πr: der Umfang eines Kreises ist gleich dem – um eine Proportionalitätskonstante erweiterten – Radius.

Exkurs: **Die Mathematisierung von Erfahrung**

Wenn sich Naturwissenschaft darauf konzentriert, die gesetzmäßigen Wirkweisen der Naturkräfte zu erforschen, so bedarf sie dazu mathematischer Formeln. Mit deren Hilfe lässt sich *errechnen*, wie die erfahrbare Wirklichkeit funktioniert.

In der Mathematik geht man von Basissätzen aus (z. B. $U = 2 \cdot \pi \cdot r$), von denen in logischer Form weitere Aussagen *deduziert werden. Ist der Basissatz wahr, gilt dies auch für den abgeleiteten Lehrsatz. Entscheidend ist also der Wahrheitswert der *Axiome; jeder Lehrsatz ist eine Wenn-dann-Aussage.
Beispielsweise denke man sich, dass ein Seil um den Äquator gelegt würde. Es hätte eine Länge von ca. 40 000 km. Nun würde in dieses Seil ein 10 m langes Stück eingeflickt und das gesamte Seil so gelockert, dass es überall den gleichen Abstand zur Erdoberfläche hätte. Dieser konstante Abstand betrüge, so lässt sich errechnen, 1,59 m. Wenn man nun anstatt der Erdkugel einen Ball nehmen und die um diesen gelegte Schnur ebenfalls um 10 m verlängern würde, entstünde ein Schnurring, der ebenfalls an jeder Stelle von der Außenhaut des Balles um 1,59 m entfernt ist.
Um diesen Sachverhalt zu verstehen, muss man von dem oben genannten Basissatz ausgehen: $U = 2 \cdot \pi \cdot r$.
Der Radius des *direkt* um die Erde bzw. um den Ball gelegten Seiles betrüge also

$$r = \frac{U}{2 \cdot \pi} = \frac{2 \cdot \pi \cdot r}{2 \cdot \pi}$$

Das verlängerte Seil hätte den Umfang
$U' = U + a = 2 \cdot \pi \cdot r + a$

Der Radius des um a verlängerten Seiles betrüge

$$r' = \frac{U'}{2 \cdot \pi} = \frac{2 \cdot \pi \cdot r + a}{2 \cdot \pi} = \frac{2 \cdot \pi \cdot r}{2 \cdot \pi} + \frac{a}{2 \cdot \pi} = r + \frac{a}{2 \cdot \pi}$$

Die *Differenz* zwischen dem Radius des erweiterten Kreises, r' (= r + Δ r), und dem Radius des direkt um die Körper gelegten Seiles, r, ist – so das Ergebnis – immer die gleiche, gleichgültig, wie groß r und r' absolut sind. Mathematisch ausgedrückt

$$r' - r = r + \frac{a}{2 \cdot \pi} - r = \frac{a}{2 \cdot \pi}$$

Die Differenz ist lediglich von dem Zuwachsstück a abhängig und errechnet sich, indem a durch die Konstante $2 \cdot \pi$ geteilt wird. Da $\pi = 3{,}1415$, würde bei a = 10 m der Abstand zwischen der alten und der neuen Umfangslinie jeweils 1,59 m betragen.

Mathematisches Verstehen vollzieht sich also auf formaler, logischer Ebene. Begreiflich wird der Gesamtzusammenhang, wenn die Einzelschritte verstanden sind, die auf der Grundlage des Anfangssatzes gemacht worden sind. Mathematik ermöglicht also eine **systematische *Deduktionskette.** Anders: Mathematik ist eine ***axiomatische** Wissenschaft.

„Bei der mathematischen Beweisführung ... prüft man, ob die Strukturen in einem schlüssigen Zusammenhang stehen." (Wilber, a. a. O., S. 200)

Problematisch erscheint die Zuhilfenahme von Mathematik, wenn dieses *formale* System auf die *Realität* angewandt werden soll. Früher wirkte dies noch als ohne weiteres möglich: In der Antike galt die Welt nämlich als „Kosmos" (griech. = Ordnung; auch: Schmuck), im Mittelalter als „ordo" (lat. = Ordnung); die Welt wurde also als etwas angesehen, das von jemandem geschaffen sein musste. Dieser kreative Schöpfer als Geist hatte die Welt gemäß geometrischen und arithmetischen Größen geschaffen. Denn mathematische Regeln und Formeln wurden als himmlische Ideale geachtet, die außerhalb von Raum und Zeit existierten. Der Urheber habe also, so glaubte man, die Lebenswelt mathematischen Gesetzen entsprechend gestaltet. Die Forscher müssten jene Theoreme also nicht erfinden, sondern lediglich abbilden.

*Kopernikus, *Kepler, *Newton verstanden ihre Aufgabe so, dass sie Gottes Schöpfergedanken nachdachten. In den reinen, mathematischen Formen der Natur offenbare sich nämlich Gott. Der Mensch als Geschöpf vermag diese Harmonie nachzuvollziehen.*

Seit Kant stellte sich demgegenüber die Frage, wie es zu legitimieren sei, dass die Mathematik – die doch ein von aller Erfahrung unabhängiges Produkt des *menschlichen* Denkens ist – die Wirklichkeit darstellen kann: Die Welt ist nicht zahlenförmig, auch wenn sie quantitativ *beschrieben* wird. Wenn man beispielsweise eine beliebig große Anzahl von Kreisen ausmisst und jeweils das Verhältnis des Umfangs zum Durchmesser untersucht, so kommt man immer auf dieselbe Verhältniszahl, nämlich π (3,1415); anders $U = 2\,\pi\,r$ → $U : 2 \cdot r = \pi$. Mathematik, so Kant demgemäß, muss bereits in den menschlichen Anschauungsformen (Kategorien) begründet sein, mit deren Hilfe wir die Welt anschauen

„Als Galilei seine Kugeln die schiefe Fläche mit einer von ihm selbst gewählten Schwere herabrollen ... ließ, ... ging allen Naturforschern ein Licht auf. Sie begriffen, dass die Vernunft nur das einsieht, was sie selbst nach ihrem Entwurfe hervorbringt ... Die Vernunft muss mit ihren Prinzipien ... in einer Hand, und mit dem Experiment, das sie nach jenen ausdachte, in der anderen, an die Natur gehen." (Kant, Werke Bd. II, S. 23)

und das Wahrgenommene strukturieren. Weil unser Denken logisch-analytisch beschaffen ist, begreifen wir die Wirklichkeit in mathematischer Sprache. Mathematik existiert also im menschlichen Bewusstsein, sie ist ein Werk menschlicher Kultur. Aber obwohl es sie nicht außerhalb unseres Kopfes gibt, projektieren wir sie in die Wirklichkeit hinein. Der Mensch schreibt also der Gegenstandswelt seine eigenen Gesetzmäßigkeiten vor. Mathematik gilt damit als ein vom Menschen geschaffenes Werkzeug, das es ihm erleichtert, Erfahrungen zu erfassen, zu ordnen, zu denken. Streng genommen, sieht der Mensch also nur das, was er in seinem Entwurf der Natur unterlegt. Anders: Das Denken bezieht sich nur auf „Erscheinungen", die der Mensch selbst erscheinen ließ. Die Welt ist *anthropomorph: Wahrnehmungen erfolgen nur im Horizont der menschlichen Denkprinzipien.

vgl. oben, S. 18f.; unten, S. 120f.

*Die Gültigkeit empirischer Wissenschaft beruht „zu einem großen Teil auf inneren Strukturen und Wahrheiten[1], die **nicht** von den Sinnen geliefert oder von diesen bestätigt werden können (wie z. B. Logik und Mathematik)". (Wilber, a. a. O., S. 187)*

[1]also auf Formen des Bewusstseins

Dementsprechend ist jede Theorie darauf zu untersuchen, ob der sie fundierende „Geistesblitz" etwas mit der Natur zu tun hat.

Mathematik erlaubt es, eine Einheit in seine Einzelelemente zu zerlegen und die Kausalbeziehungen dieser Teilstücke – ihre in cm, sec oder °C messbaren Wirkungen aufeinander – zu errechnen.

*Einstein antwortet auf diese Frage lapidar: „Insofern sich die Sätze der Mathematik auf die Wirklichkeit beziehen, sind sie nicht sicher, und insofern sie sicher sind, beziehen sie sich nicht auf die Wirklichkeit." (zit. bei Schwarz, a. a. O., S. 12) Einstein stimmt also Kant zu: Das von der Naturwissenschaft in mathematischen Formeln Dargestellte ist nicht identisch mit dem, was den Menschen tatsächlich umgibt. Präziser: Gegenstand der Mathematik ist für ihn das Logisch-Formale, *losgelöst* von jedem Erlebnis- und Anschauungsinhalt.

Damit ist ein zweiter Gedanke verbunden:

Mathematik macht keine Wesensaussagen, sondern sie setzt bestimmte Größen in Relation zueinander. Sie stellt deren Beziehungen untereinander dar. Mathematik ist eine **relationale Sprache.**

Das zentrale Thema neuzeitlicher Physik beispielsweise ist die Beschreibung der Bewegungsformen sowie der bewegenden und verändernden Kräfte. Kausal sind „Kraft" und „Kraftfeld", die auf Körper bzw. Teilchen einwirken und so deren Bewegung hervorbringen. Der Physiker *Isaac New-

ton beschränkte sich jedoch bei seiner Darstellung dieser Prozesse auf die Angabe einer Methode der Kraft**messung.** Seine *Kraftdefinition* lautet dementsprechend:
Kraft = (träge) Masse mal Beschleunigung (F = m • b). In dieser Definition wird kein Aufschluss über das Wesen der Kraft gegeben, nicht nach der Substanz von Kraft gefragt, auch keine Kausalitätsrichtung aufgezeigt. Es werden nur Relationen bezeichnet und quantitativ beschrieben. Die genannte Formel beurkundet lediglich folgende **Verknüpfung:** „Die zeitliche Änderung des Impulses eines Massenpunktes ist gleich der Kraft."

*Nach physikalischer Erkenntnis wird die Natur von vier fundamentalen Kräften (als Wechselwirkungen) beherrscht, die jede ihren Gültigkeitsbereich besitzen: Die *Gravitation ist zuständig für den Aufbau und Zusammenhalt großer Systeme; die starke Kraft für das Zusammenhalten der Protonen und Neutronen im Atomkern (deshalb auch Kernkraft genannt); die elektromagnetische Kraft bindet Elektronen an den Atomkern; die schwache Kraft hat dagegen destabilisierende Wirkung: sie verursacht u. a. den radioaktiven Betazerfall.*

Naturwissenschaft verzichtet somit darauf, nach dem Wesen ihrer Forschungsobjekte zu fragen. Dies gilt als Spekulation. Stattdessen konzentriert sie sich darauf, das jeweilige Verhalten dieser Forschungsobjekte unter bestimmten Bedingungen festzustellen. Deshalb sind Experimente und Messungen so zentral: Es sollen die gesetzmäßigen Wirkweisen der Naturkräfte erkundet und in mathematischen Formeln Veränderungen entsprechend den *jeweils analysierten* Ursachen und Wirkungen wiedergegeben werden. Es sind diejenigen Formeln zu finden, nach denen die erfahrbare Wirklichkeit funktioniert. Es geht um die rationale Ordnung der Natur, um deren Wie – nicht um das Was bzw. um das Wesen der Wirklichkeit. Gefragt wird nicht nach Qualität, sondern nach Quantitäten. Die Beziehungen werden dementsprechend auch nicht bewertet, nicht als „gut" oder „schlecht" eingeschätzt; denn solche Werturteile sind *intersubjektiv nicht überprüfbar. Die Verkettungen werden lediglich **dargestellt.**

„Eine mathematische Formel kann uns nie sagen, was ein Ding ist, sondern nur, wie es sich verhält; sie kann nur einen Gegenstand durch seine Eigenschaften schildern."
(J. Jeans in: Dürr, a. a. O., S. 59)

Wer also fragt, *was* Elektrizität oder Magnetismus an sich sei, wird keine Antwort erhalten. Er darf sich dagegen nach deren Verkoppelungen erkundigen. Wer wissen möchte, was Ausdrücke wie Molekül oder elektrisches Feld oder *Gravitationskraft bedeuten, kann auf keine Definition hoffen. Er kann nur eine Darstellung und Konstruktion von mathematischen Formeln erwarten. Wer sich erkundigt, ob es Neutronen „gibt", wird auf eine kernphysikalische Theorie verwiesen, auf eine wissenschaftliche Theoriesprache, die den Begriff „Neutron" zusammen mit anderen theoretischen Begriffen enthält. Anzunehmen, dass es Neutronen „gibt", heißt dementsprechend, eine bestimmte kernphysikalische Theorie zu akzeptieren.

Die klassische Definition der kinetischen Energie lautet: $E = \frac{1}{2} \cdot m \cdot v^2$*. Einem bewegten Körper kommt also aufgrund seiner Bewegung (m ist seine Masse, v = Geschwindigkeit) die Energie E zu. Die Formel behauptet demgemäß nicht, dass das Wesen der Materie Energie sei; sie besagt auch nicht das Gegenteil. Sie bestimmt vielmehr deren Relation.*

Diese These wird durch die Quantentheorie verschärft, insofern die letzten „Gegenstände" der Physik (Teilchen, Kräfte, Felder usw.) sinnlich nicht erfahrbar sind. Eine gegenständliche Existenz – wie bei Häusern oder Menschen – kann hier nicht vorausgesetzt, der Zustandsbegriff nicht angewendet werden; lediglich die Anzeigen von Messinstrumenten können eine indirekte Erfahrung bieten. Die Meinung, es gebe eine objektive Realität der Elementarteilchen, stellt „eine zu grobe Vereinfachung des wirklichen Sachverhalts" dar (W. Heisenberg). Atome *sind,* wie gesagt, keine winzigen Materieteilchen und folgen auch nicht den klassischen Regeln der Materie. „Am Grunde der Wirklichkeit ist ... nicht die Materie, sondern nur ein Feld" (H. P. Dürr in: Dürr u. a., a. a. O. S. 138); das heißt: scheinbar regellose Impulse sowie Schwingungen unsichtbarer Energiefelder.

Quantenfeldtheoretiker gehen von einem den ganzen Raum erfüllenden Feld aus. Ein scheinbares Entstehen und Vergehen von Teilchen ist kein Kommen aus dem bzw. Verschwinden im Nichts. Vielmehr handelt es sich hier um verschiedene Bewegungsformen des Feldes.

Indem Naturwissenschaft alles Qualitative in der Form mathematischer Bestimmungen ausdrückt, indem sie also von allen Fragen nach Sinn, Wert und Wesen der Dinge absieht und sich auf die Erforschung nachprüfbarer Fakten konzentriert,
- formuliert sie in eindeutiger Form quantitative Zusammenhänge segmentierter Naturvorgänge;
- ist sie in der Lage, sich dieser Vorgänge durch gezielte Eingriffe von außen zu bemächtigen.

4. Theorien höherer Ordnung

Theorien fassen mehrere Naturgesetze zu einem Komplex zusammen. Anders herum: Sie betten vorhandene Gesetze als Teilelemente in umfassendere theoretische Systeme ein; sie weisen also einen höheren Allgemeinheitsgrad auf, so dass sich aus ihnen die spezielleren Gesetze *deduzieren bzw. auch erklären lassen.

Hier geschieht etwas gravierend Neues im Aufbau der Wissenschaften: Durch Theorien werden die wissenschaftlichen Sachverhalte sowie die entsprechenden empirischen Gesetze
- nicht allein unter einem überwölbenden Dach untergebracht,
- auch nicht durch bloße ergänzende Erklärungen illustriert.

Vielmehr besteht das Neue darin, dass Einzelfakten und -gesetze durch die Theorie gedeutet, aus dem Zusammenhang der vorausgesetzten Theorie heraus interpretiert werden. Als *deduzierbare Gesetzlichkeiten erhalten sie in dem begrifflichen Rahmen der Theorie also zusätzliche Verkettungen.

Derartige umfassende Theorien enthalten ein verwickeltes Netzwerk von Tatsachenwissen, *Hypothesen und logischen *Deduktionen. Die letztgenannten konstruktiven Ideen in der Welterkenntnis nennt *Einstein „freie Erfindungen des Geistes". Damit allerdings entsteht ein gewisser Spielraum, um bestimmte *subjektive* Präferenzen durch „passende" empirische Sachverhalte zu unterfüttern und somit Pseudoerklärungen zu liefern.

Beispielsweise wurde unter dem sowjetischen Gewaltherrscher Stalin (1879–1953) die Mendel-Morgansche Vererbungslehre bekämpft. Diese stellt fest, dass Gene – als Träger der Vererbung – nicht durch Züchtung, sondern allein durch Mutation verändert werden können. Dem ließ Stalin durch den Biologen Trofim Lyssenko (1898–1976) eine „Sowjetbiologie" entgegenstellen: Danach bewahren Gene jene Veränderungen, die sich das jeweilige Lebewesen im Prozess der Anpassung an die Umwelt *einverleibt* hat (These von der „Vererbung erworbener Eigenschaften"). Auf diese Weise wurde Stalins Terror legitimiert: Die Nachkommen derjenigen, welche zu Kommunisten – und damit zur Überwindung ihrer egoistischen Individualität – erzogen bzw. gezwungen worden waren, würden als umgeformte Menschen – als neuer Menschentyp – geboren. Die Terrormaßnahmen der Gegenwart würden also zukünftige Generationen erblich in die gewünschte Richtung vorwärtstreiben. Marxistisch: der Mensch ist ein Produkt seiner gesellschaftlichen Verhältnisse; durch deren Veränderung lassen sich auch die Erbanlagen gezielt und kurzfristig umgestalten.

Aber Theorien lassen nicht nur Fragen offen, wenn sie so offensichtlich missbraucht worden sind wie unter Stalin und dessen Nachfolgern (Lyssenko wurde erst 1965 entthront). Auch gegenüber der anerkannten *Evolutionstheorie ließe sich anmerken, dass nicht erklärt wird, *warum* die Evolution ihrer Gesamttendenz nach zur Herausbildung immer höherer Lebewesen geführt hat. Weder die Begriffe „Anpassung an die Umwelt" noch „Kampf

*Man kann entsprechende „Vorhersageerfolge auf die **Repräsentanz**[1] der Theorie zurückführen ... Einsteins Gravitationstheorie besitzt ... ihren empirischen Erfolg deshalb, weil die Massen tatsächlich den Raum um sich herum krümmen (vgl. oben, S. 13f.), d. h., dass die metrische[2] Raumzeit als autonome Substanz tatsächlich existiert." (Kanitscheider, a. a. O., S. 27)*

[1] Wahrheitswert
[2] mathematischer Ausdruck für die geometrische Struktur

Im Judentum werden Knaben seit Jahrtausenden beschnitten. Dies hat die biologische Konstitution der jüdischen Männer allerdings nicht verändert: Väter gaben dies erworbene Merkmal nicht an die nächste Generation weiter.

*Darwin interpretierte die Evolution zwar als von ungerichteten Ereignissen im Erbvorgang geprägten Prozess, aber er führte die Anpassungsleistungen auf den Optimierungseffekt der Selektion zurück. Die Auslese „benutze" also das immer neu erfolgende Variantenangebot, um wachsende Komplexitätsstufen zu erreichen.

„Der Erkenntnisfortschritt, den das Theoretisieren liefert, betrifft sowohl die Empirie als auch die Tiefe der Erklärungen: Kühne, weitreichende Theorien eröffnen neue Erfahrungskanäle zur Natur, und zugleich liefern sie ein tieferes Eindringen in die Schichten der Realität." „Die Erklärungsstärke der ... Theorie ist fast immer höher als die Summe der Erklärungsleistungen der einzelnen Untertheorien." (Kanitscheider, a.a.O., S. 19, 70)

Der „Leitstrahl" ist der Radiusvektor zwischen dem Mittelpunkt der Sonne und dem des Planeten.

ums Dasein" lassen eine solche Veredelung evident werden.

Wesentliche Bedingungen für die Gültigkeit von Theorien lassen sich also folgendermaßen zusammenstellen: Diese müssen

- umfassender sein als empirische Gesetze. Sie müssen einen weiter gefassten Erklärungsrahmen bieten, als dies bereits bestehende Einzelsätze vermögen. Eine Theorie soll also nicht nur bereits akzeptierte empirische Gesetze für die Erklärung von Sachverhalten in Anspruch nehmen, sondern es müssen aus ihr auch neue, komplexe Regularitäten *deduziert werden können;
- aufgrund ihrer theoretischen Annahmen und Voraussagen eine empirische Überprüfung zulassen. Auch Theorien müssen empirisch gehaltvoll sein, das heißt, es müssen zu ihrer Kontrolle ermittelbare Fakten herangezogen bzw. Prognosen ermöglicht werden können.

In diesem Sinne fasst die **Gravitationstheorie* *Newtons die beiden ersten *Keplerschen Gesetze zusammen. Sie lauten:

- Planeten bewegen sich in elliptischer Bahn, wobei die Sonne in einem der Brennpunkte der Ellipse steht (1. Keplersches Gesetz). Messungen bestätigen dies: Die Entfernung der Erde von der Sonne beträgt im Winter (2. Januar) ca. 147 Mio. km, im Sommer (2. Juli) 152 Mio. km.
- Der „Leitstrahl" eines Planeten überstreicht in gleichen Zeiteinheiten gleiche Flächen (2. Keplersches Gesetz); anders: In dem unten wiedergegebenen Modell sind die Flächen A und P gleich groß. Je näher ein Planet also auf seiner elliptischen Bahn der Sonne ist (= „Perihel"), umso schneller bewegt er sich. Die entsprechende, bestätigende Beobachtung lautet, dass der Nordsommer (Erde befindet sich zu dem Zeitpunkt in Sonnenferne, „Aphel") länger anhält als der Südsommer (Erde ist jetzt in der Konstellation des „Perihel"); anders: Auf der Nordhalbkugel dauert das Sommerhalbjahr 186 ½ Tage, das Winterhalbjahr 178 ¾ Tage.

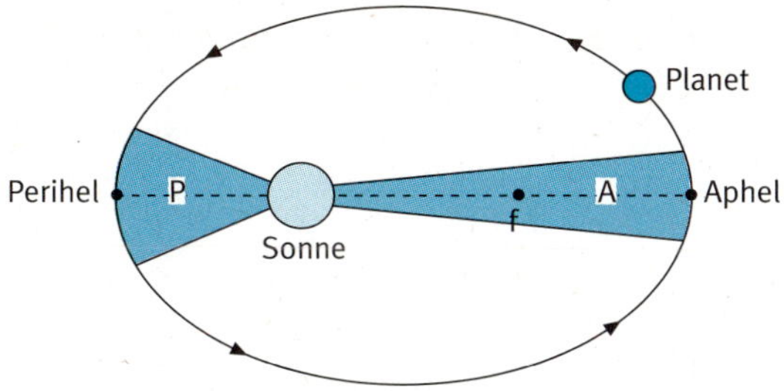

Diese beiden Keplerschen Gesetze lassen sich, wie gesagt, zu einem „Obergesetz", zu einer Theorie, zu einer gemeinsamen Grundformel zusammenfassen: der *Gravitationstheorie. Anders: die beiden Gesetze lassen sich aus dem Gravitationsgesetz herleiten und damit theoretisch begründen. Dies muss nun neue, zusätzliche Beobachtungen ermöglichen.

Newtons Theorie lautet: Die gegenseitige Anziehungskraft F zweier Massen m_1 und m_2 ist proportional diesen Massen und umgekehrt proportional dem Quadrat der Entfernung d dieser beiden Massen:

$$F = k \bullet \frac{m_1 \bullet m_2}{d^2}$$

k = Gravitationskonstante

Diese Anziehungskräfte zwischen Körpern
- begründen also die beiden genannten Keplerschen Gesetze: Diese beschreiben den Spezialfall der Bewegung zweier Körper, die sich gegenseitig anziehen. Anders: Aus dem Gravitationsgesetz lässt sich herleiten, dass die von Kepler festgestellte Planetenbewegung durch *eine* Kraft (die Schwerkraft zwischen massereichen Körpern) hervorgerufen wird; diese nimmt mit d^{-2} ab;
- machen transparent, dass jeder Planet nicht nur der Gravitationsanziehung von der Sonne, sondern auch von anderen Planeten unterliegt, die Bahnen der Himmelskörper also nicht genaue Ellipsen sind, wie dies Kepler annahm. Letzterer wird also präzisiert.

„Auf die Frage nach dem Grund des historischen Erfolgs der Naturwissenschaft weiß ich keine andere Antwort als ihre Wahrheit ... Wenn man über fast 400 Mio km ... ein Instrument auf dem Mars weich landen lassen, seine Bewegungen über diese Entfernung steuern und die von ihm aufgenommenen Photographien empfangen kann – ist das anders erklärlich als weil man die Bewegungsgesetze der Körper und der Lichtwellen wirklich kennt? ... Die Macht der Naturwissenschaft beruht auf ihrer Wahrheit." (C. F. v. Weizsäcker, Der Garten des Menschlichen. München/Wien 1977, S. 95)

Aber mehr noch: Die Gravitationslehre bedingte eine Prognose, die mit der Entdeckung des Planeten Neptun 1846 auch bestätigt wurde: Man konstatierte nämlich, dass vorausgesagte Planetenkonstellationen nicht genau eintrafen, Planeten vielmehr um ein Geringes von der Position abwichen, die sie eigentlich hätten einnehmen müssen. Man stellte deshalb eine *Hypothese auf: Es müsse außer den bereits bekannten Planeten einen bisher noch nicht bekannten geben, dessen Existenz die Bewegung der bereits bekannten Planeten beeinflusse. Aus den Störungen berechnete man den Ort des noch unbekannten Planeten Neptun – und fand ihn auch dort.

Wissenschaft erfindet also Theorien und probiert diese an der Erfahrung aus. Für eine zuverlässige empirische Absicherung hängt alles von der Möglichkeit ab zu ermitteln, ob die behaupteten Sachverhalte und -zusammenhänge tatsächlich bestehen.

Vielen Theorien – wie beispielsweise der *Evolutionstheorie – fehlt allerdings das Kriterium der empirischen Überprüfbarkeit: Die Entstehung von Löwen oder Elefanten kann man zwar mit Hilfe der Selektionstheorie erklären. Aber da deren Bedingungen nicht *reproduzierbar bzw. für den Menschen nicht verfügbar sind, fehlt jeder empirische Beweis, dass die Entstehung dieser Tierart unter die Gesetzmäßigkeit der Selektion einzuordnen ist. Es gibt zwar Erfahrungen, die belegen, dass sich solche Prozesse nach *darwinistischem Muster abspielen können, aber es gibt keinen Beweis, dass das genannte stammesgeschichtliche Ereignis tatsächlich so stattgefunden hat.

Die Paläontologie hat zu wenige Fossilien gefunden, die die entsprechenden Übergänge zwischen den Arten nachprüfbar werden lassen. Es gibt zu viele fehlende Bindeglieder („missing links“). „Kampf ums Dasein oder das ‚survival of the fittest‘ ist eine rein menschliche Perspektive, in der Natur ausgelegt und verstanden wird.“ (Brodbeck, a. a. O., S. 178; vgl. dazu oben, S. 18ff.) Allerdings ist zu beachten, dass „fittest“ nicht den „Tüchtigsten“, sondern den „Bestangepassten“ meint.

Darwin vertrat die Theorie, dass Individuen einer jeden Art, welche auch nur mit einem Vorteil gegenüber anderen Individuen ausgestattet sind, besser in einer bestimmten Umgebung überleben und sich reproduzieren können (Prinzip der „natürlichen Auslese“ und der damit verbundenen allmählichen Veränderung der Arten). Zufällige, ungezielte Genomänderungen stellen also eine große Menge von Variationen zur Verfügung, aus der die Umwelt die Überlebensfähigsten auswählt. Ein Indiz dafür stellen die etwa 14 Arten der „Darwin-Finken“ dar.

Vor 1–5 Mio. Jahren hat, so vermutete Darwin, eine einzige Stammform von Finken auf den geologisch jungen, vulkanischen Galapagos-Inseln gesiedelt. Neue molekulargenetische Erkenntnisse geben ihm Recht: Alle 14 Darwin-Finken stammen von einer gemeinsamen Urart ab. Die Nachfahren haben auf dem Archipel die verschiedensten Lebensräume erschlossen und mussten sich dementsprechend unterschiedlich ernähren (von Pflanzensamen, Blättern, Früchten oder Insekten). Reproduzieren konnten sich dementsprechend diejenigen Exemplare, die sich am besten in die jeweilige ökologische Nische einordnen konnten. Die Grundfinken beispielsweise bewohnen die recht trockenen Gegenden in Küstennähe: Sie müssen die harten Schalen

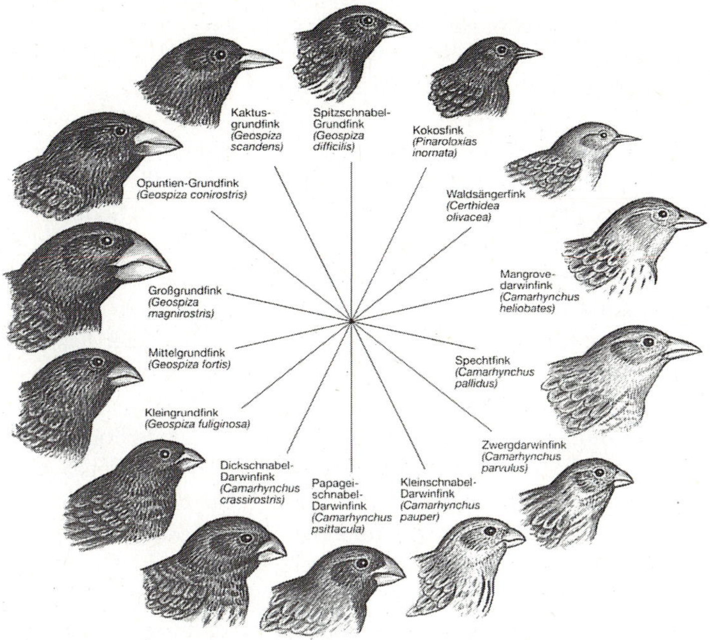

Darwin-Finken

von Samen knacken. Die Baumfinken hingegen leben in Feuchtwäldern, wo sie die Bäume nach Insekten absuchen. Der Kaktusfink wiederum frisst Früchte und saugt Nektar. Die Schnabelformen haben sich diesen verschiedenen Umweltbedingungen und Ernährungsweisen angepasst.

„Survival ist nicht nur das Überleben, sondern es drückt eine bestimmte Form des ausschließlichen Übrigbleibens des selektierten Typs und seines Mutantenspektrums aus.“ (v. Sprockhoff, a. a. O., S. 63)

5. Das Falsifikationskriterium

Naturgesetze und wissenschaftliche Theorien sind, wie bereits gesagt, All-Aussagen: Sie gelten überall und jederzeit. Sie besagen: *Alle* Dinge einer gewissen Art haben eine bestimmte Eigenschaft bzw. Wirkung. Beispielsweise lautet die Aussage, dass alle Metalle sich ausdehnen, wenn sie erwärmt werden. Die *deduktive Implikation besagt: Wenn wir uns vergewissert haben, dass es Metall ist, was gerade erhitzt wird, können wir schließen, dass es sich ausdehnt. Formal:

- $p \rightarrow q$ (wenn p, dann q),
- p (nun ist die Situation p gegeben),
- also ist q zu folgern.

Der Umkehrschluss lautet: Wenn ein Metall sich ausgedehnt hat, kann man annehmen, dass es erwärmt worden ist; formal: $p \rightarrow q$; nun q; also p.
Die Gültigkeit derartiger Sätze wurde durch eine Vielzahl von Beobachtungen geprüft und bestätigt. Es stellt sich je-

*„Der Satz ‚Alles Kupfer leitet Elektrizität' kann nicht *verifiziert werden, da seine Verifikation voraussetzen würde, dass man alles Kupfer im ganzen Universum auf die behauptete Eigenschaft hin überprüfen könnte ... (Manche) suchten die Verifizierbarkeitsforderung dadurch zu retten, dass sie ... Allsätze ... als zusammenfasssende Berichte über bisherige Beobachtungsergebnisse (auffassten), etwa im Sinne ‚Alles bisher daraufhin geprüfte Kupfer leitete Elektrizität'. Diese Deutung widerspricht jedoch der Tatsache, dass eine der wichtigsten Funktionen der Naturgesetze darin besteht, **Zukunftsprognosen** zu ermöglichen." (W. Stegmüller, Hauptströmungen der Gegenwartsphilosophie. Stuttgart 1969, S. 398)*

doch die Frage, wie eine solche Verallgemeinerung einzelner Erfahrungen – selbst wenn diese mehrmals wiederholt worden sind – zu legitimieren ist.

- Es ist einerseits nicht realistisch, diesem Einwand zu begegnen, indem dieselbe Beobachtung unendlich oft wiederholt wird. Dies wäre technisch unmöglich: Beobachtungen *können* nur stichprobenartig verlaufen.
- Andererseits ist es logisch nicht zulässig, den *Induktionsschluss zu rechtfertigen. Dessen Prämisse besteht darin, dass es möglich sei, von einem Teil einer Klasse auf einen anderen Teil derselben Klasse zu schließen.

Berühmt geworden ist beispielsweise der Syllogismus (= Schlussfolgerung): „Alle Menschen sind sterblich. X ist ein Mensch. Folglich ist X sterblich." Die *Prämisse* dieser Schlussfolgerung beruht auf einem Induktionsschluss: Die Behauptung nämlich, alle Menschen seien sterblich, ergibt sich allein aus der *Erfahrung*, dass eine große Teilklasse der Gesamtklasse Mensch – nämlich alle, die bisher gelebt haben – gestorben ist. *Logisch* lässt sich dieser Erfahrungssatz allerdings nicht zur All-Aussage erweitern. Denn die Berufung auf eine Naturgesetzlichkeit führte zu dem Zirkelschluss, dass eine gesetzlich geordnete Natur vorausgesetzt werden muss, um eine solche überhaupt zu entdecken. *Inhaltlich* ließe sich sagen, dass Naturgesetze, wie festgestellt, menschliche Konstrukte sind; inwiefern sich die Natur nach jenen richtet, ist nicht sicher.

Es ist also nicht beweisbar, dass All-Aussagen tatsächlich aufgestellt, Erfahrungen unter bestimmten Bedingungen überhaupt verallgemeinert werden können und dürfen.

vgl. oben, S. 26ff.; vgl. Hume (AW Religion, 1999, S. 28–32)

All-Aussagen gelten demzufolge lediglich als durch einschlägige Beobachtungen bisher hinreichend gesichert, als momentan bewährt. Zu *verifizieren sind sie nicht. Naturgesetze und Theorien können dementsprechend nicht mehr sein als *Hypothesen, die prinzipiell anfällig sind für gegenteilige Beobachtungen und Widerlegungen. Ein Naturgesetz ist somit solange in Kraft, als es nicht durch Erfahrung paralysiert worden ist. Wissenschaftliche Erkenntnis bleibt prinzipiell offen für Kritik und veränderte Erfahrung. Sie ist gültig, wenn sie akzeptiert ist.
Negativ formuliert: Wissenschaftliche Erkenntnis muss der Möglichkeit ausgesetzt werden, an der Erfahrung zu

„Was wir gewöhnlich ‚wissenschaftliche Erkenntnis' nennen, ist in der Regel ... eine Information über die verschiedenen rivalisierenden Hypothesen ... In den empirischen Wis-

scheitern. Anders: Eine Theorie kann zwar endgültig *falsifiziert, niemals aber definitiv verifiziert werden.

Naturgesetze und Theorien gelten, sofern sie nicht falsifiziert, nicht durch Erfahrung widerlegt worden sind. Letzteres ist der Fall, wenn es nur eine einzige *reproduzierbare Sinneserfahrung gibt, die die aufgestellte Behauptung zu erschüttern vermag.

senschaften ... kommen keine Beweise vor, wenn wir unter einem ‚Beweis' ein Argument verstehen, das die Wahrheit einer Theorie ein für allemal begründet ... Wir können daher sagen: ‚Insofern sich die Sätze einer Wissenschaft auf die Wirklichkeit beziehen, müssen sie falsifizierbar sein, und insofern sie nicht falsifizierbar sind, beziehen sie sich nicht auf die Wirklichkeit'." (K. R. Popper, Falsche Propheten Bd. 2. Bern 1958, S. 19f.)

Entscheidendes Kriterium der Falsifizierung ist also die empirische Überprüfung der Experimente und ihrer Ergebnisse. Eine Gesetzesaussage ist bereits in dem Falle als falsifiziert anzusehen, wenn gegenüber ihrer Aussage eine einzige gesicherte Gegenanzeige geltend gemacht werden kann. Der Allsatz „Alle Raben sind schwarz" wäre durch die nachgewiesene Existenz eines einzigen andersfarbigen Raben falsifiziert. Kurz: Wenn ein Gesetz sagt, dass jedes Ding mit der Eigenschaft P auch die Eigenschaft Q hat, dann genügt es zur Widerlegung, wenn *ein* Ding gefunden wird, das zwar P ist, aber nicht Q.

Der Philosoph B. Russell hat die Gültigkeit von Naturgesetzen an einem drastischen Gleichnis dargelegt: Ein Huhn ist seit Jahren daran gewöhnt, dass es sein Futter bekommt, wenn die Bäuerin aus der Tür tritt. Es hält solches für ein Gesetz und vertraut geradezu blind darauf. Doch eines Tages dreht die Bäuerin dem Tier, statt es zu füttern, den Hals um.

Einem Falsifikationsversuch kann allerdings seinerseits durch die „Störtheorie" begegnet werden, der Widerlegungsversuch wird also als fehlerhaft charakterisiert: Man kann einwenden, dass die Instrumente nicht einwandfrei funktioniert haben oder die Messungen nicht exakt oder die Versuchsbedingungen fehlerhaft oder die Festlegung der Randbedingungen unzulässig waren. Bei dem Beispiel des Raben ließe sich noch grundsätzlicher entgegnen, dass der andersfarbige Rabe – zoologisch gesehen – gar nicht zu den Raben zähle; hier wird also argumentiert, dass der Falsifikationsversuch inadäquat sei.

Eine *erfolgreiche* Falsifikation muss allerdings noch nicht zur Aufgabe der Theorie bzw. des Gesetzes führen. Sie kann auch zur Folge haben:
- eine Präzisierung der Theorie (indem beispielsweise deren Geltungsbereich eingeschränkt wird);
- eine Modifikation der Theorie;
- man versucht, die brüchig gewordene Theorie zu stützen (indem beispielsweise Zusatzhypothesen konstruiert werden, um neuartige experimentelle Untersuchungen anzustoßen);
- die festgestellten Erfahrungsgesetze werden in ganz neue Theoriezusammenhänge eingebettet, die Gesetze selbst damit in grundlegender Weise uminterpretiert.

2.1.2 Theorien zur Weltentstehung

Die Frage nach der Entstehung des Kosmos wird heute im Allgemeinen mit der Theorie des so genannten „big bang" beantwortet – die nach der Genese des Menschen durch die Lehre von der *Evolution. In beiden Fällen werden sowohl einzelne Naturgesetze als auch Vorgaben höherer Ordnung einbezogen (z.B. *Newtons Gravitations- oder *Einsteins Relativitäts- oder auch Aspekte der Quantentheorie). Wir beschränken uns im Folgenden auf die Wiedergabe gängiger Annahmen, ohne allerdings Kontroversen zu referieren.

1. Die Urknall-Theorie

Nach diesem kosmologischen Standard-Konzept ist das gesamte Universum aus einer unendlich massiven Zusammenballung von Elementarteilchen und Energiestrahlung – in einer Art gigantischer Explosion – vor etwa 10–20 Mrd. Jahren entstanden. Die Masse des Feuerballs war also so eng zusammengepackt, dass keine Einzelatome existierten, sondern ein kosmisches Ei oder ein Uratom von außerordentlich hoher Strahlungskraft. Die physikalischen Gesetze, die bei den extremen Bedingungen geherrscht haben, als Dichte, Temperatur und Druck nahezu unendlich waren, sind unbekannt. Anders: Das Universum war so klein, heiß und dicht, dass alle Naturkräfte – also Gravitation, starke, schwache und elektromagnetische Wechselwirkungen – verschmolzen waren.

Man nimmt an, dass das Universum auf den unvorstellbar winzigen Bereich von 10^{-33} cm Durchmesser beschränkt war.

vgl. oben, S. 35f.

Wenn es allerdings heißt, dass das Universum praktisch in einem singulären Punkt konzentriert war, darf man sich dies nicht so vorstellen, dass die superdichte Materie in einem Raumpunkt zusammengepresst war und sich von nun an Bruchstücke dieser Urmaterie in den umliegenden Raum ausbreiteten. Der Punkt war vielmehr ausdehnungslos; der Raum war selbst in diesem Punkt enthalten und ist erst mit dieser Explosion entstanden. Die Expansion des Alls ist also zu verstehen als ein Auseinanderstreben des Raumes.

Singularität, lat. = vereinzelte Erscheinung; Besonderheit jenseits der normalen Abläufe

Wenn mit dem Urknall Raum und Zeit ihren Anfang nahmen – wie konnte alles aus dem Nichts entstehen? Gab es doch etwas zuvor? Was war zuerst da: das Universum oder die Naturgesetze, die seine Entwicklung bestimmten? Warum geschieht überhaupt etwas – und nicht vielmehr nichts?

Unsere von Raum und Zeit geprägten Begriffskategorien hindern uns deshalb daran uns auszumalen, was bei diesem Urknall geschehen ist. Anders: Der Urknall ist einer wissenschaftlichen Untersuchung nicht zugänglich. Jene so genannte „Singularität" bleibt hinter einer Barriere des

Erkennen-Könnens verborgen; eine Zeit von 10^{-43} sec (die so genannte „*Planck-Zeit“ bzw. Plancksche Mauer) nach dem Urknall stellt die Grenze jeder theoretischen Spekulation dar. Der Urknall ist somit auch der Beginn der Zeit; ein „Vorher“ gibt es für uns nicht.

Die Zeit ist also – ebenso wie der Raum – keine absolute, unendliche Größe, sondern der gemeinsame Nenner für alle – eben in Raum und Zeit – ablaufenden Prozesse. Raum und Zeit sind eng mit der Materie verbunden; schärfer: sie sind nur, weil und soweit Materie ist. Sie bestehen nicht unabhängig, sondern als unterschiedliche Aspekte der mehrdimensionalen Raumzeit.

Da der Kosmos vor 10–20 Mrd. Jahren entstand, ist er eine Kugel mit einem Durchmesser von entsprechend vielen Lichtjahren.

Die Theorie vom evolutiven Charakter des Universums sowie seiner heißen dichten Frühphase stützt sich auf drei Bewährungsinstanzen:

– Dass sich das Weltall immer weiter ausdehnt, ist mit Hilfe eines *spektroskopischen Verfahrens nachzuweisen: Wenn sich nämlich Sterne auf die Erde zubewegen, wird ihr Licht zu kleineren Wellenlängen – also zum blauen Ende des sichtbaren Spektrums – zusammengedrückt. Entfernen sich die Himmelskörper dagegen, so erscheint ihr Licht immer mehr, weil langwellig, zur roten Ecke des Spektrums verschoben. Untersucht man demgemäß die Spektrallinien weit entfernter Galaxien aus der Blickrichtung der Erde, stellt man fest, dass deren Rotverschiebung mit ihrer Entfernung von der Erde zunimmt. Das heißt, dass die galaktischen Systeme in rasender Fluchtgeschwindigkeit immer weiter

Das gleiche Phänomen ist aus der Akustik bekannt: Fährt ein hupendes Auto von einem Fussgänger weg, so verringert sich die Tonhöhe, der Schall klingt tiefer, weil die Eigenbewegung der sich entfernenden Schallquelle die Schallwellen dehnt.

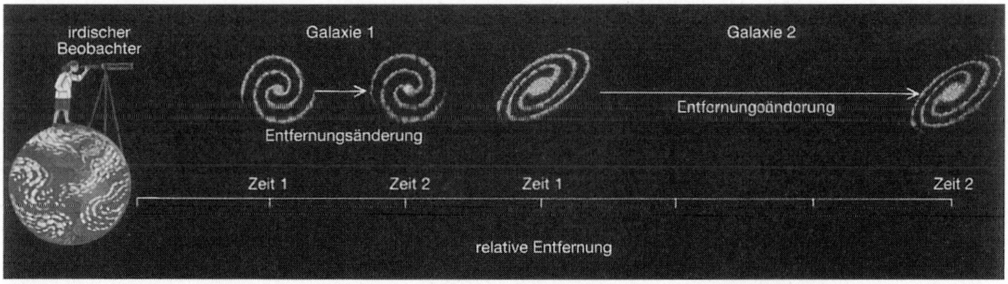

Der Astronom Edwin Hubble (1889–1953) errechnete, dass die Galaxien sich mit einer Geschwindigkeit (v) entfernen, die ihrer Entfernung vom Beobachter (r) direkt proportional ist: $v = H \bullet r$ (H ist die Proportionalitätskonstante, welche die Zunahme der Geschwindigkeit pro gewähltem Entfernungsintervall wiedergibt). Weil also im Bild Galaxie 2 dreimal so weit von der Erde entfernt ist wie Galaxie 1, hat sie zwischen den Zeitpunkten 1 und 2 die dreifache Strecke zurückgelegt.

In der Astronomie benutzt man als Entfernungseinheit entweder das Lichtjahr (9,4 Bio. km) oder das Parsec (3,26 Lj.) oder das Megaparsec (1 Mio. Parsec).

auseinandergezogen werden, diejenigen am Ende der Welt mit hoher Geschwindigkeit immer weiter von uns wegstreben. Das Weltall scheint die Dynamik eines explodierenden Feuerballs zu besitzen – wobei allerdings die Materie als *Gravitationsbremse der Expansion wirkt.

– Während das Universum expandierte, kühlte es entsprechend ab. Ein Überrest, eine Glutspur des Urfeuerballs muss aber noch vorhanden sein. Man errechnete, dass diese – langwellige – „Mikrowellen-Hintergrundstrahlung“ isotrop in allen Raumrichtungen des Universums vorhanden sein und 2,7°C über dem absoluten Nullpunkt liegen muss. Dies konnte dann auch nachgewiesen werden: Jene *Verifizierung der vom Urknall übrig gebliebenen Lichtquanten bestätigte die Theorie also zusätzlich.

Isotropie, griech. = nach allen Richtungen hin gleiche Eigenschaften aufweisend. Der ganze Weltraum ist von der Mikrowellenstrahlung (wie das Licht aus kleinsten Teilen, den Photonen, aufgebaut) durchflutet.

– Ein drittes Indiz schließlich für die Urknalltheorie ist die festgestellte Häufigkeit der chemischen Elemente im Weltraum: Allein rund drei Viertel trägt Wasserstoff zur Gesamtmasse des Universums bei; das restliche Viertel sind Helium sowie Spuren schwerer Elemente. Dieses Häufigkeitsverhältnis ist daraus abzuleiten, dass die Elemente sich bei der Kernverschmelzung leichter Atomkerne aufgebaut haben – ein Vorgang, der sich durch die nach dem Urknall herrschenden extrem hohen Temperaturen erklären lässt.

„Der erste Weise des Abendlandes ... lehrte: ‚Am Anfang war das Wasser.' Die heutige Naturwissenschaft lehrt: ‚Am Anfang war der Wasserstoff.' Zwischen diesen beiden Aussagen liegen die ungeheuren Bemühungen von Theoretikern, Beobachtern und Experimentatoren.“ (Stegmüller, a. a. O., S. 169)

Vielfalt aus dem großen Knall Das „Standardmodell“ der Teilchenphysik

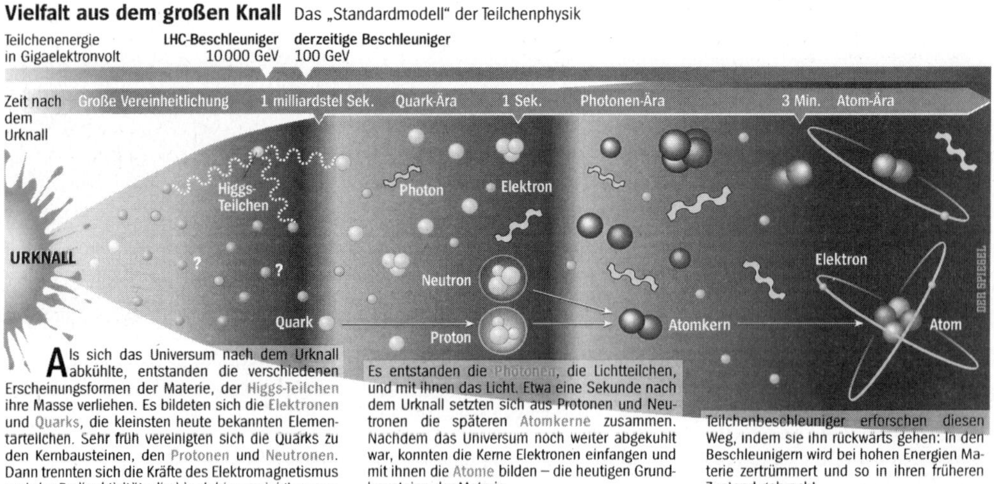

Nach dem Urknall begann die Materie unter dem Einfluss der Schwerkraft zu kondensieren. Als erstes Element entstand, wie gesagt, Wasserstoff, da dessen Kern lediglich aus einem einzelnen Proton besteht. Dann kam es zur Fusion von Protonen und Neutronen zu komplexen Kernen. Es bildete sich Helium (He ist das nächstschwerere Element nach Wasserstoff; sein Kern enthält zwei Protonen und zwei Neutronen). Durch Kernverschmelzung wurde also Masse in Energie umgewandelt und so die enorme elektrostatische Abstoßung zwischen den Protonen überwunden.

Atome („Gebilde“ – s.o. S. 37f. – von der Größe von ca. dem 10millionstel Teil eines mm) bestehen aus zwei Arten von elementaren Teilchen: den Quarks und den Elektronen. Während die Elektronen die Atomhülle (deren Schale) bilden, setzen sich die Quarks zu den Bausteinen der Atomkerne (den Protonen und Neutronen) zusammen. Ein Proton beispielsweise besteht aus drei Quarks. Der Atomkern macht etwa 99,9% der Masse des Atoms aus.

Das Ergebnis lautete, dass ca. 76% der Materie als einzelne Protonen übrig blieben, die sich dann mit einem Elektron zusammenschlossen und so den gewöhnlichen Wasserstoff bildeten, ungefähr 24% wurden zu Heliumkernen.

In der folgenden Zeit kühlte sich die Materie beträchtlich ab, und es formten sich in dem Expansionsprozess des Raumes aus rotierenden Gaswolken, die sich unter dem Einfluss ihrer Gravitation zusammenzogen, Abermillionen von Galaxien. Deren Gravitationswirkung zog weitere Materie aus benachbarten Regionen ab. Die Struktur des Alls wurde also „klumpig“. Die ersten Sterne dieser Galaxien bestanden aus Wasserstoff und Helium. Infolge ihrer übergroßen Masse endete ihre Entwicklung in *supernovaähnlichen Explosionen, durch die viele der schweren Elemente sich ausbreiteten und den interstellaren Raum anreicherten. Bei Erhitzung auf >100 Mio.^{0}C waren 3 He-Atome zu Kohlenstoff, 4 He-Atome zu Sauerstoff verschmolzen worden; bei >800 Mio. Grad entstehen Elemente wie Aluminium, Silicium, Schwefel und Phosphor; bei 2,4 • 10^9 Grad Eisen, Kupfer, Chrom, Zink u.a.

Alternde Sterne emittieren bei ihrer Explosion Elemente, die im Inneren entstanden waren („Teilchenwind“) in die Galaxie hinein. Bei thermonuklearen Reaktionen innerhalb der Sterne hatten sich auch schwere Elemente gebildet: Prallen nämlich Protonen mit ungeheurer Wucht auf Protonen, kristallisiert Energie zu Masse, was sich in einem zusätzlichen Proton bemerkbar macht.

Ungeklärt ist, ob es im Weltraum neben der heute bekannten Materie noch weitere Arten gibt. Indiz dafür ist, dass die *Gravitation in den großen galaktischen Haufen wesentlich stärker ist, als man aus der beobachteten Sternmaterie schließen würde. Es müsste also eine weitere massehaltige Substanz – eine nicht beobachtbare kalte dunkle Materie – im Weltall geben. Alle Sterne und Galaxien wären in dem Falle gleichsam bloße Schaumkronen auf einem ansonsten dunklen „Weltmeer“ (das bis zu 90% aller Materie ausmachte).

zu den Naturkräften vgl. oben, S. 35f.

„Die Grundidee bei der Beschreibung der Entwicklung des Kosmos besteht darin, in einer Reihe von Phasensprüngen ... den heutigen Zustand zu erreichen ... Induziert (= bewirkt) werden diese qualitativen Sprünge durch die fallende Energiedichte bzw. Temperatur des Kosmos, welche durch die Expansion hevorgerufen werden." (Kanitscheider, a. a. O., S. 85)

Chronologie des Universums

Urknall

10^{-43} sec später: Alle Naturkräfte sind noch vereinigt.

10^{-35} sec später: Die Gravitation hat sich von den anderen Kräften getrennt. Der Durchmesser des Universums bläht sich „inflationär" bis zu einer gigantischen Größe auf. Der expandierende Raum reißt die Materie mit. Die „Inflation" bewirkt eine gegenseitige Kompensation von kinetischer Energie und Gravitation: also von abstoßender Kraft und anziehender Wirkung der auseinander fliegenden Materie.

1 sec nach dem Urknall: Das Universum besteht aus einer dichten Suppe (Plasma) heißer Elementarteilchen (Elektronen und Quarks); Temperatur > 10 Mrd. Grad.

500 000 Jahre später: Die Naturkräfte haben sich voneinander getrennt. Quarks sind – bei Temperaturen von nur noch 3000 Grad – zu Protonen und Neutronen kondensiert. Wasserstoffatome entstehen, indem Protonen sich mit je einem Elektron verbinden. Durch Nukleosynthese bilden sich ferner Helium und andere leichte Elemente.

1 Mio. Jahre: Die elektrisch neutrale Materie hat sich von der Strahlung entkoppelt, welche heute als kosmische Hintergrundstrahlung zu beobachten ist. Der atomare Urnebel lichtet sich; der Kosmos wird durchsichtig; er hat etwa $^1/_{1000}$ seiner heutigen Größe.

1 Mrd. Jahre: Proto-Galaxien (Vorformen der späteren Galaxien) enstehen aufgrund der Gravitation. Durch Kernverschmelzungsreaktionen (bei geeignet hohen Temperaturen also und Druck) entstehen in den Sternen schwerere Elemente (wie Kohlenstoff, Stickstoff, Sauerstoff), die für organische Wesen lebensnotwendig sind.

8 Mrd. Jahre: Unsere Milchstraße und andere Galaxien bilden sich.

13 Mrd. Jahre später (vor 5 Mrd. Jahren also): Unser Sonnensystem entsteht.

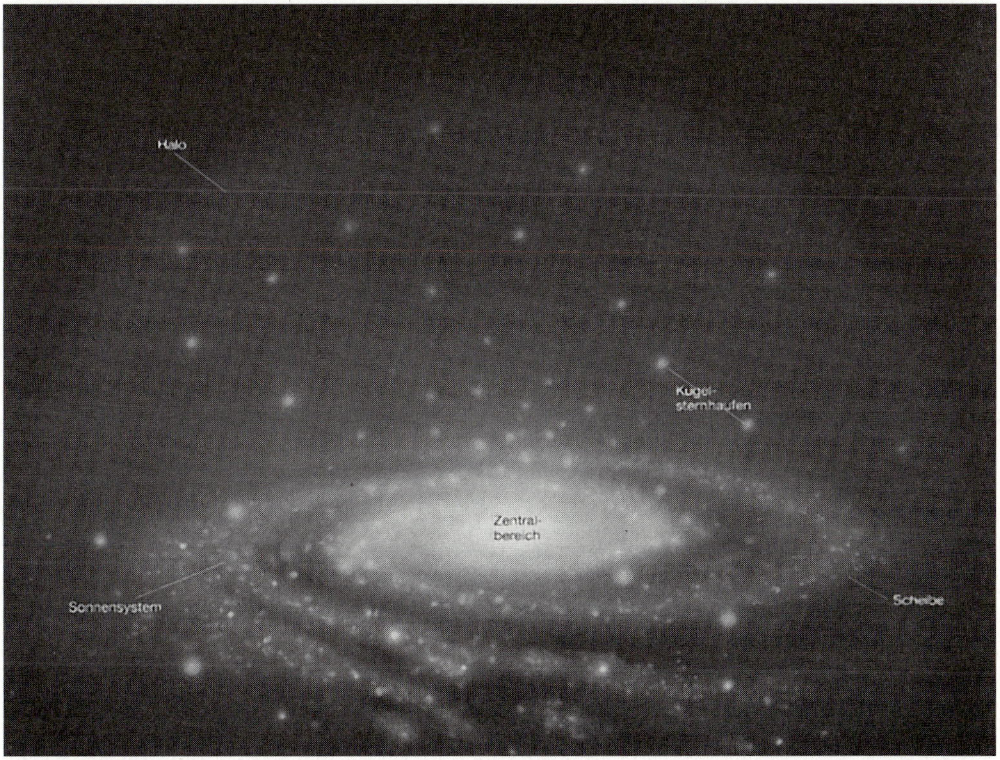

Unsere Milchstraße wird von der nahezu kugelförmigen dünnen „Halo" umgeben, die aus sehr alten Sternen besteht. Hier befinden sich ca. 500 Kugelhaufen mit je 100 000 bis 10 Mio. Sonnen. Außerdem fällt das verdickte Zentralgebiet auf, das ebenfalls alte und massereiche Sterne enthält. In dem Kern des Zentrums könnte ein „Schwarzes Loch" verborgen sein, aber dies bleibt undeutlich, weil zahlreiche Sterne sowie dichtes Gas die Region verdecken. Die schneller rotierende, abgeflachte Äquatorebene der Scheibe enthält Sterne mittleren und jüngeren Alters sowie interstellares Gas und Staub als Materie zwischen den Fixsternen. In der Scheibe befinden sich weit geschwungenen Arme: Kennzeichen einer Spiral-Galaxie. Ihre Gesamtform ähnelt einer im Zentrum verdickten Diskus-Scheibe.

Unsere Milchstraße müsste aufgrund ihrer Rotation schon längst auseinander geflogen sein. Dass dies bislang nicht geschehen ist, ist darauf zurückzuführen, dass sie in einer Halo dunkler Materie eingebettet ist, welche sie zusammenhält.

Ein Schwarzes Loch ist ein unter seiner eigenen Schwerkraft kollabierter Himmelskörper. Es ist deshalb unvorstellbar dicht und verschluckt alle Materie – auch die Lichtquanten – in seiner Umgebung. Sein innerer Aufbau kann nicht beschrieben werden, er ist singulär.

Die Sonne ist eine von 200 Mrd. Sternen unserer Milchstraße. Sie ist ca. 30 000 Lichtjahre vom Zentrum entfernt, das sie in 200 Mio. Jahren umläuft. Sie ist relativ jung und von mittlerer Größe; ihre Entstehung begann etwa vor 5 Mrd. Jahren. Die Sonnenmaterie wurde aus den Resten früherer Sternengenerationen gebildet, d.h., die Sonne enthält auch schwerere Elemente, welche, wie gesagt, durch *Supernova-Ausbrüche in den Weltraum gepustet worden waren.

Unsere Galaxis hat einen Durchmesser von etwa 100 000 Lichtjahren; die nächste große Galaxis (Andromeda-Nebel) ist etwa 1 Megaparsec (vgl. S. 47f.) davon entfernt.

Ein Stern ist physikalisch eine Kugel aus heißem Gas, die von ihrer eigenen Schwerkraft zusammengehalten wird. Im Inneren verschmilzt Wasserstoff durch Kernfusionen – bei Temperaturen von 10–15 Mio. Grad – zu Helium sowie zu schweren Elementen wie Kohlen-, Stick- und Sauerstoff sowie Silicium. Diese Kernreaktionen verhindern – durch Freisetzung von thermischer Energie sowie durch ihren Druck (200 Mrd. Atmosphären) –, dass der Gasball unter der von ihm selbst ausgeübten *Gravitationswirkung zusammenfällt. Dieser relativ einfache Gleichgewichtszustand stellt sich ein, wenn der Stern aus einer diffusen interstellaren Gaswolke kondensiert, und endet, wenn der Kernbrennstoff aufgezehrt ist.

Die Wasserstoff-Fusion ist weiterhin, da hier Masse in Energie umgewandelt wird, verantwortlich für das Leuchten der Sterne sowie ihre freigesetzte (Sonnen-)Energie. Größere und schwerere Atomkerne nämlich sind stabiler als H, weshalb sie für ihren Zusammenhalt weniger Energie benötigen. Ein Teil wird also als reine Energie abgestrahlt.

Sterne entstehen, wenn riesige galaktische Molekülmassen (aus Wasserstoff und Spurengasen) kollabieren, also zusammenstürzen, wobei bestimmte isolierte Verdichtungsgebiete („dichte Kerne") als Kondensationskerne fungieren. Anders: Sterne entstehen aus riesenhaften Molekülwolken (die sich zuweilen über 300 Lichtjahre erstrecken), wobei die Schwerkraft die Materie zusammenzieht. Der Kollaps verläuft aufgrund der Gravitationswirkung von innen nach außen, nimmt also an Masse zu: Er beginnt im inneren Bereich der Wolke und umfasst später auch die äußeren Zonen. Das einfallende Gas lagert sich dabei Schicht für Schicht auf dem Kerngebiet (dem so genannten „Protostern") ab und kühlt ab.

prôtos (griech.) = erster, frühester

Die Entstehung von Planeten ist eng mit der Bildung von Sternen verknüpft: Um den Stern herum bildet sich ein zusammenhängendes Verdichtungsgebiet von Gasen; dieses Gebilde beginnt aufgrund der Fliehkraft zu rotieren und eine abgeplattete Scheibe aus Gas entsteht. Nicht alle kollabierende Materie fällt also in den Stern hinein: Sie bewegt sich zwar radial zum Zentrum hin, fällt aber wegen ihrer Rotationsbewegung am Stern vorbei. Belege für diese Hypothese sind:

– die Tatsache, dass die Rotationsbewegung aller Planeten in derselben Richtung verläuft, in der sich die Sonne um ihre eigene Achse dreht (die Bewegung innerhalb der Scheibe ist also durch ihre Rotation um die Sonne geprägt worden). Die Planeten liegen außerdem fast in einer Ebene.
– die Variation der chemischen Zusammensetzung der Planeten. Der riesige, gasförmige äußere Planet Jupiter

Bisher sind nur Planeten bekannt, die das Zentralgestirn der Sonne umkreisen. Würde die Entdeckung weiterer Systeme gelingen, könnte man zum einen weitere Erkenntnisse über die Bildung von Planeten gewinnen; zum anderen würde die Suche nach extraterrestrischem Leben (= Lebensformen außerhalb der Erde) erfolgversprechender, weil nur Planeten Leben nähren und schützen können.

beispielsweise enthält überwiegend H und He und ähnelt damit der Sonne; die inneren Planeten dagegen bestehen vorwiegend aus schwereren Elementen wie Silikat- und Eisenverbindungen, die im Kosmos sehr selten anzutreffen sind. Den Grund für diese Unterschiede sucht man in der Temperaturverteilung in der Sonnenscheibe: Deren innerer Bereich war so warm, dass die leichten gasförmigen Elemente sich verflüchtigten und erst in den kalten äußeren Bereichen als Wasser-, Methan- und Ammoniakeis auf den Oberflächen der Staubteilchen kondensierten. Im Inneren des Sonnennebels blieben die schweren Elemente und Verbindungen zurück, die bereits bei hohen Temperaturen kondensierten. Ihren Wasserstoff- und Helium-Gehalt verloren sie fast vollständig. Langsam ballten sich diese Massen zusammen. Da allerdings nur ein geringer Teil (ca. 2%) des solaren Nebels aus schwerer Materie bestand, sind die inneren Planeten (Merkur, Venus, Erde, Mars) relativ klein.

Auf der Erde sind 92 Elemente bekannt, die aus interstellarem Staub und also auch vorangegangenen Sterngenerationen stammen.

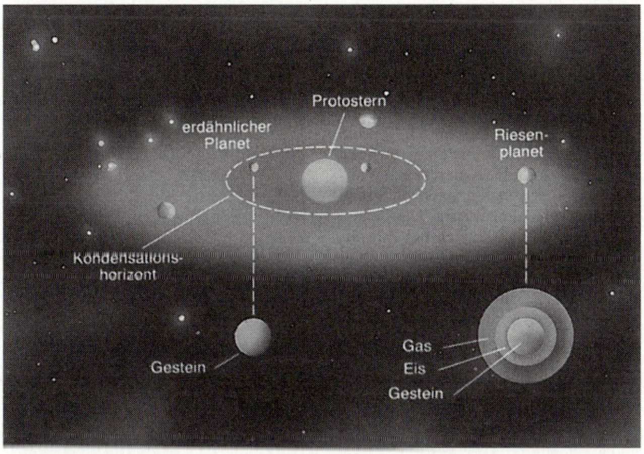

Fragt man nach der Zukunft des Universums, so geben die Naturwissenschaften unterschiedliche Antworten:

- Nach der Theorie eines ständig expandierenden Universums sind die Fluchtgeschwindigkeiten der Galaxien so hoch, dass diese sich weiterhin voneinander entfernen. Das Universum – und damit auch der Raum – wird sich immer weiter ausdehnen.
- Im Gegensatz dazu steht die These, dass die Expansion irgendwann durch eine Kontraktion abgelöst werden

„Der Mensch (muss) ... seine totale Verlassenheit, seine radikale Fremdheit erkennen. Er weiß nun, dass er seinen Platz wie ein Zigeuner am Rande des Universums hat, das für seine Musik taub ist und gleichgültig gegen seine Hoffnungen, Leiden und Verbrechen." (Jacques Monod, zit. bei Dürr u. a., a. a. O., S. 108)

wird. Das interstellare Gas im Universum wird die kinetische Energie der Gestirne unter dem Einfluss der Schwerkraft abbremsen. Die Geschwindigkeit wird langsam auf Null abnehmen und sich dann wieder mit umgekehrtem Vorzeichen steigern. Schließlich werden Materie und Energie wieder zu einem immens kompakten Feuerball zusammengepresst sein. Das aus dem „big bang" hervorgegangene Universum endet in einem „big crunch", einem großen Zermalmen.

Die unterschiedlichen Modelle hängen damit zusammen, dass die Frage nach der Gesamtmasse bzw. nach der Dichte der Materie im Universum nicht hinreichend geklärt ist.

- Daraus ergibt sich die Theorie eines pulsierenden Universums: Die Fluktuation zwischen Expansion und Kontraktion wird ewig fortdauern. Die Pulsationsdauer schätzt man auf 100 Mrd. Jahre.

Die Theorie des pulsierenden Universums ergäbe sich aus dem 1. Hauptsatz der Thermodynamik oder dem so genannten Gesetz von der Erhaltung der Energie: In einem geschlossenen System geht keine Energie verloren.

2. Die Entstehung von Leben

Vor etwa 4,5 Mrd. Jahren war die Erde so weit abgekühlt, dass Krustenteile zu erstarren begannen. Die ältesten Gesteinsarten auf der Oberfläche der Erde sind etwa 4 Mrd. Jahre alt.

Man nimmt an, dass vor etwa 3,3 Mrd. Jahren die ersten lebenden Mikroorganismen entstanden. Diese Einzeller könnten Photosynthese betrieben und dabei Sauerstoff freigesetzt haben. Die ältesten bekannten Fossilien sind versteinerte Bakterien und blaugrüne Algen; die erste Spur eines Tieres scheint die eines Wurmes zu sein, der vor 800 Mio. Jahren existiert hat.

*Bereits *Darwin hatte vermutet, Leben sei entstanden, indem sich chemische Elemente und Verbindungen (genannt werden heute Aminosäuren) unter der Einwirkung von Energie (Wärme, Licht oder elektrischen Entladungen, z. B. Gewitterblitzen) zu übergeordneten Strukturen immer größerer Komplexität zusammenlagerten. Es wurden also Riesenmoleküle zusammengesetzt, die einen Codierungsmechanismus zu entwickeln begannen, um chemische Vorgänge im Funktionsgefüge zu steuern und sich sogar identisch zu reduplizieren.*

Folgende Bedingungen ließen Leben entstehen:

- Ein Magnetfeld schirmt die Erde gegen den so genannten „Sonnenwind" ab, einen von der Sonne ausgehenden Korpuskelstrom (Protonen und Elektronen) von mehrtausendfacher Schallgeschwindigkeit.
- Die Erdatmosphäre enthält Sauerstoff (O_2) sowie Ozon (O_3), welches vor den UV-Strahlen absichert. Andererseits *entstand* Sauerstoff, indem die UV-Strahlung Wasser (H_2O) der Urmeere in freien Wasserstoff (der dann als leichtes Element in den Weltraum entwich) und Sauerstoff (der in der Uratmosphäre verblieb) aufspaltete (Photodissoziation). Letztgenannter Vorgang endete allerdings, als ein bestimmter Sauerstoffgehalt in der Atmosphäre erreicht war.
- Die auf der Erde herrschenden Temperaturen lassen Wasser in fester, flüssiger und gasförmiger Form vorkommen und binden es damit an die untere Atmosphäre. Wasserstoff ist – neben Kohlenstoff – ein wesentlicher Bestandteil organischer Moleküle.

Leben lässt sich – *empirisch* greifbar – durch das Wirken physikalisch-chemischer Gesetze erklären: Für alle Lebewesen sind zwei chemische Stoffgruppen von elementarer Bedeutung:

vgl. unten, S. 101f.

- Proteine einerseits, die sich aus 20 Aminosäuren zusammensetzen, welche Nährstoffe (Kohlehydrate, Fette, Eiweiße) in energiereiche Bausteine umsetzen: die Lebensfunktionen also aufrecht erhalten;
- Nucleinsäuren andererseits, die aus DNA- bzw. RNA-Sequenzen bestehen, die – über Enzyme – die codierte genetische Erbinformation tragen.

Insofern ist es hier schwierig, organische von anorganischen Substanzen zu unterscheiden. Die Grenze zwischen lebender und unbelebter Materie gilt als fließend.

Selbst unter der Prämisse der materiellen Bedingtheit von Leben bleibt unklar, ob damit erfasst ist, was Leben bedeutet. „Für mich ist Leben letztendlich reine Form. Denn die Anordnung der Substanz ist eigentlich nicht das Wesentliche, sondern gerade das, was von der Substanz gelöst ist. Ein Beispiel dafür ist die Symphonie auf einer Schallplatte. Man kann mit dem Mikroskop die Linien auf der Platte ansehen, aber dennoch absolut nicht verstehen, dass hier in den Rillen eine Symphonie verborgen ist, nämlich in der ***Form,*** *nicht in der* ***Substanz*** *... Das Lebendige ist eigentlich auch reine Form." (Dürr in: Dürr u. a., a. a. O., S. 67); vgl. unten, S. 96ff.*

Dennoch lässt sich Leben von nicht belebten Objekten durch mehrere Kriterien unterscheiden – und zwar durch:

1. das *Prinzip der Entwicklung:* Entsprechend seines genetischen Codes hat beispielsweise jeder Mensch in seinen Zellen 46 Chromosomen, wobei jedes einzelne Chromosom aus einem Band von Tausenden von Genen besteht. Diese genetische Information bestimmt – es determiniert aber nicht! – jedes entstehende Einzelexemplar von innen heraus;
2. das *Prinzip des Stoffwechsels:* Lebewesen sind „offene Systeme", d.h., sie nehmen aus ihrer Umgebung Stoffe und Energie auf und verarbeiten diese, um sich sowohl zu entwickeln als auch ihre Arbeitsleistung zu sichern;
3. das *Prinzip der zweckmäßigen Organisation:* Alle Zellen und Organe sind zwar in sich geschlossen, aber dennoch kommunizieren sie untereinander: die Zellen eines Organs durch chemische Botenstoffe; die Organe ihrerseits werden koordiniert durch ein innersekretorisches Informationssystem und gesteuert durch ein elektrochemisch arbeitendes Nervensystem. Alle diese Kommunikationsformen dienen der Erhaltung des Gesamtsystems;
4. das *Prinzip der Selbstregulation:* Lebewesen verfügen bis zu einem gewissen Grad über die Möglichkeit, sich so weit zu regulieren, dass äußere Störeinflüsse eingedämmt werden;
5. das *Prinzip der Vererbung:* Fortpflanzung stellt sich dar als materielle Realisierung von Information in Nucleinsäuremolekülen. Vererbung ist die Weitergabe

Leben (mit seinen biologischen Grundmerkmalen wie Stoffwechsel, Vererbung, Mutation usw.) lässt sich rein physikalisch aus genetischer Information erklären – deren ***Entstehung*** *aber aus der Selbstorganisation von Materie. (s. unten, S. 90f.)*

einer chemischen Botschaft. Die Nachkommen erhalten Kombinationen des biologischen Potenzials ihrer Eltern, d.h., die Bauanleitungen der elterlichen Systeme werden gemischt. Jedes Menschenwesen erhält auf diese Weise ein autonomes, unverwechselbares Genom (Genbild). Durch Gen- oder Chromosomenmutation werden außerdem – ungerichtete – Modifikationen geschaffen. Diese zufälligen Variationen werden durch die bestehenden Umweltbedingungen aussortiert: Es überlebt diejenige Variation, welche sich am besten an die jeweiligen Umweltbedingungen anpassen, optimale Lebensstrategien entwickeln kann und dadurch den anderen Exemplaren der eigenen Spezies bzw. konkurrierenden Arten im „Lebenskampf" („struggle of life") überlegen ist. Dieser Vorgang wird Selektion genannt; die Selektionsfunktion kann als quantitatives Maß für die Leistungsfähigkeit einer Mutante betrachtet werden.

Man nimmt an, dass im Laufe der Jahrmillionen einige hundert Millionen Arten von Lebewesen ausgestorben sind. Derzeit sind etwa 1,5 Mio. Pflanzen- und Tierarten bekannt; geschätzt werden mehr als 10 Mio. weitere Arten.

„Die Selektionstheorie galt Freunden und Gegnern als Widerlegung der theistischen Gottesvorstellung. Beiden Seiten konnte es so scheinen, als ob (jene) eine im Prinzip rein mechanische Erklärung für die Entstehung der Arten gab. Darüber wurde ... übersehen, dass das neue evolutive Weltbild die Gelegenheit bot, die Dynamik des Schöpfungsgeschehens als einen in der Zeit offenen Prozess zu durchdenken" (Pannenberg, a. a. O., S. 144), nämlich, dass das gesamte Sein vom schöpferischen Tun Gottes umspannt ist.

Die Entstehung des Menschen setzt man in Beziehung zu geologisch-geografischen Vorgängen: In Ostafrika (von Äthiopien bis zum südlichen Afrika) brachen vor ca. 10 Mio. Jahren die Erdkrustenplatten auseinander, wobei die seitlichen Grabenschultern sich hoben und Vulkane bzw. mächtige Bergketten entstanden. Die Grabensohle brach demgegenüber ab; dort bildeten sich die ostafrikanischen Seen. Westlich des Systems blieb der Tropische Regenwald erhalten, die Region östlich der nun entstandenen Klimascheide wurde zur Savannenlandschaft mit Wechsel von ausgeprägten Trocken- und Regenmonaten.

Durch diese Ereignisse wurde die dort lebende Primatengruppe betroffen; diese musste in Evolutionsschüben ihrer jeweiligen ökologischen Nische gerecht werden:

Belege für diese These sind: die extrem nahe, molekularbiologisch abgesicherte Verwandtschaft zwischen Menschen und Schimpansen; Datierung des Alters von Fossilien durch Messung des radioaktiven Zerfalls bei Fundstücken; Analyse dieser Relikte (der Kieferbögen, einzelner Zähne, von Schädel- oder Knochenfragmenten, der Muskulatur, der Stoffwechselenzyme u. a. m.)

- Die westliche Population passte sich dem feuchtwarmen Waldmilieu an und entwickelte sich zu den Schimpansen.
- Die östliche Gruppe musste Überlebensstrategien für das zunehmend offener werdende Land entfalten und bildete die Familie der Hominiden (von lat. homo = hier: das Menschenartige). Mehrere Hominiden-Gattungen entstanden: so der Australopithecus und der Homo mit wiederum unterschiedlichen Spezies. Der Homo sapiens begann seine Entwicklung vor ca. 1 Mio. Jahren.

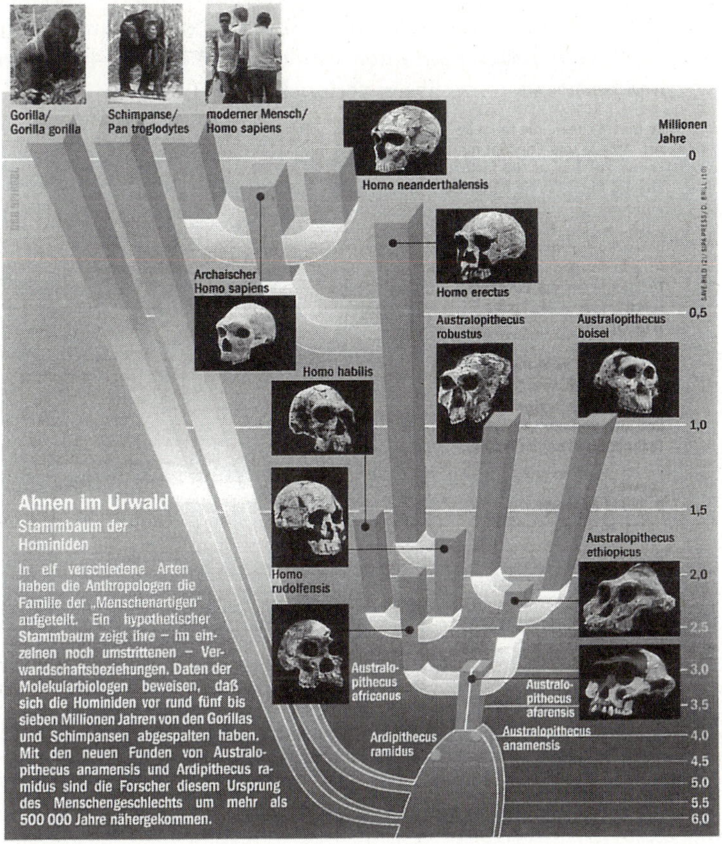

Als charakteristische Merkmale des Menschen gelten:

- die Größe seines Gehirns,
- seine Fähigkeit, hochdifferenzierte Werkzeuge herzustellen und zu benutzen (die Fähigkeit, Instrumente zielgerichtet einzusetzen oder gar zu gestalten, besitzen allerdings auch viele Tiere),
- der aufrechte Gang (der sich beim Australopithecus, dem Vormenschen, vor 3–7 Mio. Jahren herausbildete).

Weltweit berühmt wurde ein 3 Mio. Jahre altes Skelett einer Frau („Lucy"), die bereits aufrecht gehen konnte, deren Gehirnvolumen allerdings noch relativ gering war. Die Spezies, zu der sie gehörte, wurde 1–1,50 m groß und wog 30–70 kg.

Die größer werdende Gehirnmasse des Ur-Menschen erlaubte diesem, Steine bzw. Holz so zu bearbeiten, dass er diese zum Schneiden, Schaben oder Hämmern benutzen konnte. Die Hände, die nicht mehr die Fortbewegung unterstützen mussten, waren also frei für andere Aufgaben. Damit war der Urmensch in der Lage, Wurzeln oder Knollen auszugraben; Früchte oder Samen zu knacken; Schädel oder Knochen von erlegten Tieren aufzuschlagen und sich deren energiereiches Knochenmark anzueignen; Insekten zu fangen u.a.m. Bei der Jagd hatte der aufrechte Gang den ungeheuren Vorzug, dass der Mensch bestimmte Ge-

genstände – wie Steine oder Speere – werfen und damit Tiere verletzen bzw. töten konnte, bevor jene ihrerseits ihn überhaupt zu berühren vermochten.
Diejenige Spezies, die bisher im Lebenskampf immer ihren Rivalen unterlegen war – weil unbewaffnet und ungeschützt (vgl., S. 128) –, setzte nun an, die Welt zu erobern.

Das Sich-Fortbewegen auf zwei – statt auf vier – Beinen hat aber auch Nachteile: Es macht langsamer (bei der Jagd oder der Flucht) und erheblich ungeschickter, um z. B. auf Bäume zu klettern und sich dort zu verstecken oder Früchte zu ernten.

In den letzten 3 Mio. Jahren hat das Volumen des Gehirns beträchtlich zugenommen: Der „Homo sapiens sapiens" (Entstehung vor 100 000 Jahren) hat mit 1400 cm^3 das relativ zu seinen Körpermaßen größte Gehirn unter den Säugern. Diese Quantität impliziert gleichzeitig die Komplexität der Hirnstruktur, d.h. eine immense Zahl interneuronaler Verbindungen. Damit hatte der Mensch im Arterhaltungskampf einen weiteren Selektionsvorteil: Er konnte ausgeklügelte Strategien der Nahrungssuche entwickeln, indem er
- seine Sinneswahrnehmungen in abstrakten Erkenntnisprozessen zu sinnvollen Planungen und Operationen transformierte;
- neue Verständnismethoden und damit Kooperationsmöglichkeiten entwickelte,
- sich technische Prozesse zunutze machte: die Zähmung des Feuers beispielsweise erlaubte es, auch solche Produkte zu verspeisen, die – roh gegessen – ungenießbar, schwer verdaulich oder sogar giftig waren.

„Da viel mehr Einzelwesen jeder Art geboren werden, als leben können, und da infolgedessen der Kampf ums Dasein dauernd besteht, so muss jedes Wesen, das irgendwie vorteilhaft von den anderen abweicht, unter denselben komplizierten und oft sehr wechselnden Lebensbedingungen bessere Aussicht für das Fortbestehen haben."
(Ch. Darwin, zitiert bei Brodbeck, a. a. O., S. 177f.)

Ein komplexer Denkapparat allerdings
- ist, energetisch betrachtet, sehr aufwändig (der Mensch verbraucht einen relativ hohen Prozentsatz der Kalorien für die Tätigkeit seines Gehirns);
- erfordert deshalb hochwertige Nahrung,
- benötigt eine Optimierung des Stoffwechsels.

Aus zwei Gründen musste der Mensch sein Sozialverhalten neu gestalten:
- Er bedurfte der Gruppe, um energie- und eiweißreiche Tiere jagen zu können;
- aufgrund des größeren Gehirnvolumens passte der Kopf eines Säuglings nicht mehr durch den Geburtskanal des weiblichen Beckens: Die Schwangerschaft musste dementsprechend vorzeitig abgebrochen, die weitere Embryonalentwicklung sowie die Fortsetzung des Gehirnwachstums außerhalb des Mutterleibs weitergeführt werden. Das Menschenbaby war somit bei

seiner Geburt – und auch wegen einer länger hinausgezögerten Kindheit – hilflos und bedurfte weiterer Fürsorge sowie einer ausreichenden Energieversorgung.

Die Horde war also auf Zusammenhalt sowie auf Kooperation angewiesen: Voraussetzung dafür ist ein kompliziertes System von Sozialbeziehungen. Notwendig wurden geschicktes Taktieren, eine Sprache sowie die Fähigkeit, Entwicklungen vernunftgesteuert vorauszusehen, zu organisieren, durchzuführen oder auch zu verändern – kurz: die soziale Intelligenz war zu gestalten.

„Der Mensch verhält sich ... so wie jedes andere Tier auch. Er reißt möglichst viel Ressourcen an sich und will sich weiter fortpflanzen." (H. D. Mutschler in: Dürr u. a., a. a. O., S. 90)

Eine weitere Konsequenz war die Herausbildung der Monogamie aufgrund der Arbeitsteilung zwischen den Eltern: Der Mann schaffte energiereiche Nahrung herbei; die Frau sammelte Früchte, Nüsse u. a. m., wodurch eine Grundversorgung gesichert war. Beiden Elternteilen gelang es auf diese Weise, ihre Gene nicht allein weiterzugeben, sondern auch dafür zu sorgen, dass die Nachkommen überleben konnten. Monogamie hat sich also im Zusammenhang mit der Brutpflege herausgebildet: Angesichts des hohen Aufwands bei der Aufzucht musste der Mann sicher sein, dass er für den Fortbestand seiner eigenen Gene sorgte. Die Frau musste ihm also sexuell treu sein. Die Frau wiederum konnte die Aufzucht der Jungen gewährleisten, wenn der Mann sich verpflichtete, für Wohnung, Schutz und ein angemessenes Nahrungsangebot zu sorgen.

Die Prämisse lautet hier, dass Verhaltensweisen, die später kulturell überformt wurden, sich dadurch ausgebreitet haben, dass sie ihren Trägern besonders viele fortpflanzungsfähige Nachkommen verschafften.

2.2 Humanwissenschaften

Es werden Einstellungsmuster und Verhaltensweisen von *menschlichen* Individuen oder Gruppen analysiert: Wertungen, Motivationen und Handlungen, deren Folgen und Wechselwirkungen. Ziel ist es, menschliche Existenz darzustellen und zu erklären, eventuell auch, ein bestimmtes Verhalten zu bewirken.

2.2.1 Empirische Sozialwissenschaften

Der Wahrheitsgehalt von Aussagen wird hier durch die Objektivität des wissenschaftlichen Prozesses bestimmt. „Wahrheit" bezeichnet dabei die Qualität der Ergebnisse, „Objektivität" die Methode des Vorgehens. Aussagen müssen folglich so formuliert sein, dass sie an der beobachtbaren Wirklichkeit – d.h. am menschlichen Tun und Lassen – überprüft werden können.

- Man geht hier von Einzelbeobachtungen aus, von ausgewählten Merkmalen und Eigenschaften,
- schließt diese aufgrund von Materialbeschaffung durch bestimmte Techniken (z.B. Beobachtung oder Befragung) zu generellen Sätzen bzw. zu Merkmalskombinationen zusammen (z.B. über Wahlverhalten; über Einstellungen zur Ausländerproblematik)
- und baut darauf Theorien zur Beschreibung und Erklärung der Phänomene auf.

Diese Vorgehensweise wird „analytisch" (= zergliedernd) genannt: Sie löst ihren Gegenstand in einzelne beobachtbare Bestandteile auf und betrachtet die Beziehungen dieser Segmente untereinander.

Beispielsweise wird die *Hypothese aufgestellt, dass zwischen Lohnhöhe, Arbeitszeit und Arbeitszufriedenheit ein Zusammenhang bestehe. Mit Hilfe bestimmter Indikatoren (Einkommensverhältnisse; Urlaubsdauer; Quote der Krankmeldungen, der Ausschussproduktion u.a.m.) lassen sich quantitative Messungen anstellen. Um die Hypothese zu erklären, sind darüber hinaus theoretische Annahmen möglich: etwa der Satz, dass Menschen im Allgemeinen ihre persönliche Nutzen-Kosten-Rechnung positiv gestalten wollen und dass sich diese Bilanz im beruflichen Bereich in der Arbeitszufriedenheit ausdrückt.

Das Erkenntnisinteresse richtet sich nicht nur auf Deskription („was ist wie?") und Begründung („warum ist es so?"), sondern auch auf Beeinflussung der Realität („unter welchen Bedingungen könnte es anders sein?").

Die Vorgehensweise ist also derjenigen der Naturwissenschaften verwandt. Aber dennoch sind einige charakteristische Differenzen zu beachten:

vgl. oben, Kap. 2.1.1

- Gesellschaftliche Systeme gliedern sich in verschiedene Subsysteme (Freundeskreis, Sportverein, Kommunalverband usw.) mit unterschiedlichen, z.T. sogar gegensätzlichen, Handlungsmaximen auf. Die Kunstfigur der Wirtschaftswissenschaften beispielsweise – der „homo oeconomicus", der mit kühler Rationalität Gewinn und Nutzen maximiert – ist derselbe Mensch, der im familiären Bereich an Traditionen und Gefühle gebunden ist.

  Der Untersuchungsgegenstand erscheint häufig also ungeheuer komplex, die Zahl der Variablen sehr hoch und die notwendigen methodischen Ausblendungen derart

„Wir isolieren bestimmte ‚Bedingungen‘, die wir für wesentlich halten, von solchen, die uns ‚unwichtig‘ sind ... Aufgrund dieser fiktiven Konstruktionen sind wir nun in der Lage, zwischen ‚adäquater‘ und ‚zufälliger‘ Verursachung zu unterscheiden." (Mathwig, a.a.O., S. 135)

willkürlich bzw. zweifelhaft, dass der Aussagewert der Untersuchungen umstritten bleibt. Ähnlich ist dies übrigens in den Naturwissenschaften, wenn die Komponenten eines Kausalzusammenhangs zu zahlreich sind und die Ceteris-paribus-Methode nicht angewandt werden kann: Eine exakte Prognose des Wetters beispielsweise scheitert an der Mannigfaltigkeit der mitwirkenden Faktoren.

vgl. oben, S. 25ff.

„Bis heute stehen zuverlässige Theorien über hochkomplexe gesellschaftliche und physikalische Bereiche kaum zur Verfügung." (W. Detel, in: Martens/Schnädelbach, S. 210)

- Soziales Verhalten ist in hohem Maße von historischen, regionalen, kulturellen, religiösen, ökonomischen, schichtenspezifischen u.a. Merkmalen bestimmt, so dass eine Klassifikation der Individuen nach eindeutigen Kausalanalysen („er/sie verhält sich/urteilt aus dem folgenden Grunde so ...") schwerfällt. Hinzu kommt, dass soziale Veränderungen aus dem Faktum folgen, dass Leben auch Lernen heißt, Menschen also in freier Wahl sich von bestimmten Bindungen lösen können. Schließlich werden Befragungen auch durch subjektive Faktoren (Situationseinschätzungen, Erwartungen, Ängste, „Atmosphäre" des Interviews) beeinflusst. Empirische Sozialforschung kann Wirklichkeit also grundsätzlich nur beschreiben, indem sie Sozialsysteme als Kommunikationssysteme betrachtet. Generelle Aussagen über *die* Gesellschaft können nicht Gegenstand strenger empirischer Forschung werden.
  Naturwissenschaften konstatieren – zumindest im Makrobereich organischer oder anorganischer Systeme – gewisse Regelhaftigkeiten, also Naturgesetze. *Menschliche* Subjekthaftigkeit ist demgegenüber durch die Einheit von Allgemeinheit und Besonderheit, von Selbst- und Fremdbestimmung repräsentiert. Statistische Angaben müssen dementsprechend eine Vielzahl von Ausnahmen und Veränderbarkeiten einkalkulieren. Gesetzesstrukturen in Natur- und Sozialwissenschaften sind zwar *logisch* identisch (z.B. charakterisiert als Wenn-Dann-Aussage), aber die Kausalität in den Naturwissenschaften ist von der Interdependenz bzw. von Sinnzusammenhängen in den Sozialwissenschaften zu unterscheiden.

vgl. oben, S. 19ff.; 31ff.

- Die Prämissen, von denen aus Geisteswissenschaftler an ihren Forschungsgegenstand herangehen, sind niemals wertfrei. Der Mensch selbst nämlich kann als „Gegenstand" nur gebrochen wahrgenommen werden – gebrochen durch das Prisma der vorausgesetzten Theorie, die eingesetzt wird, um Vergleiche zu ermögli-

„In den Sozialwissenschaften ist das erkennende Subjekt unvermeidbar der Sphäre verhaftet, die es zu analysieren gilt." (K. M. Bolte, Der achte Sinn. Bad Harzburg 1971, S. 37)

chen und den Stellenwert der Forschung einzuordnen. Einzelne Sachverhalte, Handlungen und Beziehungen werden also erfasst vor dem Hintergrund einer vorgegebenen Erfahrungsperspektive, die ihrerseits durch ein bestimmtes Vorverständnis des Forschers, durch Interessen, durch geschichtlich bedingte Betrachtungsweisen geprägt ist.

Zwar ist *jede* Erfahrungswissenschaft von allgemeinen Einstellungen geprägt: Zum einen nämlich stellen methodologische oder logische Regeln, denen sie folgt, bereits Vorschriften dar. Die Beobachtung von Fakten ist also immer schon von herrschenden Werten und Normen der Kultur bestimmt. Zum anderen erfolgen sowohl die Wahl des Forschungsbereichs als auch die Anwendung von Theorien nach wissenschaftsexternen – gesellschaftlich bestimmten – Gesichtspunkten. Werte und Normen gehören – als soziale Tatsachen – zu den Fakten.

vgl. oben, S. 30f. „Die Wahrheitsqualität von Aussagen wird durch die ***Objektivität des wissenschaftlichen Prozesses*** *bestimmt ... Die objektive Methode der Wahrheitsfindung besteht darin, dass wir unser Wissen* ***vorläufig*** *rechtfertigen, indem wir nachweisen, dass unsere Lösungsversuche* ***bisher*** *auch unserer scharfsinnigsten Kritik standzuhalten scheinen." (Prim / Tilmann, Grundlagen einer kritisch-rationalen Sozialwissenschaft. Stuttgart 82000, UTB 221, S. 16); vgl oben, S. 26f.; S. 42f.*

Aber in den Sozialwissenschaften kommt ein Weiteres hinzu: die Modell-Begriffe, mit deren Hilfe die *Wirklichkeit des Menschen* beschrieben wird – Freiheit, Angst, Mut, Liebe, Emanzipation, Identität –, leiden an der fehlenden Möglichkeit, „objektiv" zu sagen, was das jeweils ist, wodurch diese Modelle also inhaltlich qualifiziert sind. Es haftet ihnen vielmehr etwas Unbestimmtes, Ungenaues an, so dass der Forscher durch die *Operationalisierung seiner Indikatoren bestimmt, was *intersubjektiv aber doch nicht präzise festzulegen und aufzuzeigen ist. Die „Sache", die er erforscht, existiert nur im Wort: Es gibt keine allgemein gültigen Bilder oder Sachverhalte, sondern lediglich Situationen, in denen beispielsweise Angst oder Freiheit sichtbar zu werden scheinen.

So lässt sich „Liebe" durch folgende Indikatoren *operationalisieren: Erröten – schneller Puls – häufiges Beisammensein von zwei Menschen. Die Schwierigkeit liegt darin, dass nicht auszumachen ist, ob die Indikatoren – einzeln oder zusammengenommen – genau das angeben, was mit dem Begriff gemeint ist.

vgl. oben, S. 31f.

– Die Möglichkeit eines Experimentes, bei dem beliebig oft Anfangsbedingungen hergestellt und dann mit einer zweiten Größe korreliert werden, ist in den Sozialwissenschaften zwar auch gegeben (z. B. Beeinflussung des Verhaltens oder Bewusstseins durch Gruppennormen). Aber nicht immer lassen sich die interessierenden sozia-

len Phänomene tatsächlich manipulieren bzw. durch entsprechende Versuchsanordnungen künstlich herstellen.
Dieser Vorbehalt gilt zwar ebenfalls für Astronomie, Geologie, biologische *Evolution. Aber *Hypothesen können damit letztlich weder *verifiziert noch *falsifiziert werden. Es entsteht vielmehr eine doppelte Irrtumsfähigkeit: dass man Falsches für richtig hält oder zutreffende Hypothesen aufgrund *scheinbar* widersprechender Erfahrungsdaten verwirft.

„Betonung und Relevanz sind Attribute von Denken und Vernunft, nicht von Natur.“ (bei Mathwig, a. a. O., S. 171, A 150)

Eine radikale Konsequenz aus diesen Einschränkungen zieht der Behaviorismus: Gegenstand der Forschung könne nicht das sein, was ein einzelnes Individuum für sich in seinem Inneren erlebt und fühlt, sondern allein das, was für die direkte Beobachtung durch außenstehende Personen bzw. für Messgeräte zugänglich ist. Die Instrumente der Wissenschaft können nur dort zugreifen, wo messbare und quantifizierbare Eigenschaften vorliegen. Der Gegenstandsbereich ist somit grundsätzlich beschränkt. „Liebe“ beispielsweise bleibt ein bloßes Konstrukt, wenn es nicht *operationalisiert wird. Sie lässt sich anhand von Blutdruck, schwankender Weite der Pupille, Pulsmessung, Herzfrequenzen, Ausschüttung bestimmter Hormone, statistischen Erhebungen über Formen und Dauer des Zusammenseins u. a. m. in den Griff bekommen. Generell: Beim Vorliegen bestimmter Umweltreize lassen sich mit einer statistisch angebbaren Zuverlässigkeit Reaktionsmuster registrieren. Der äußere Reiz (input) gilt als unabhängige Variable, die Antworthandlung (output) als abhängige Variable bzw. Resultante.

behaviour (engl.) = Verhalten. Der Behaviorismus ist eine insbesondere in den USA verbreitete Richtung der Psychologie, Verhaltensforschung und Lerntheorie, die das ***äußere*** *Verhalten untersucht.*

Die entsprechende technologische Therapie besteht darin, dass man – um ein bestimmtes Verhalten zu erzielen – entsprechende Umweltreize konstruiert.
- Dabei stellt sich jedoch das Problem, dass in dieser Sicht der autonome Mensch eine bloße Fiktion bleibt.
- Zusätzlich wäre zu eruieren, welche Umweltreize als positiv zugelassen, welche eliminiert werden und wer dies alles bestimmt.

2.2.2 Lebens-Wissenschaften

Hermeneutik (griech.) = Kunst der Auslegung
Lehre vom Verstehen, vom wissenschaftlichen Begreifen geschichtlicher Phänomene bzw. von Lebenssituationen
Phänomenologie (griech.) = eine wissenschaftliche Methode, die die Lebenswelt des Menschen sowie seine Alltagserfahrungen durch ganzheitliche Interpretation versteht

Diese Wissenschaften – Hermeneutik, Phänomenologie u. a. m. – gehen von der Prämisse aus, dass Wissenschaften sich nicht allein auf das beschränken können, was messbar und zählbar ist. Vielmehr muss alles erforscht werden können, was es auf der Welt *gibt* bzw. wovon *die Rede sein kann* (z. B. Schmerzen, Tod). Zu behaupten, dass allein das zum Gegenstand gemacht werden könne, was sichtbar, quantifizierbar, im Experiment überprüfbar sei, stelle eine bloße *Metaphysik dar.

Methodisch geht man von der menschlichen Lebenswelt aus, die einerseits als jeweilige Singularität, andererseits ganzheitlich zu interpretieren ist, ohne dass man allerdings irgendwelche *transzendenten Setzungen vornimmt. Das hermeneutische Schema besteht aus drei Schritten:

a) Dem Sinnverständnis geht ein bestimmtes Vorverständnis voraus, ein gewisses Sach-Interesse, ein leibhaftiges Lebensverständnis, das die Art der Fragestellung bestimmt sowie die Zielsetzung der Untersuchung;
b) diesem folgt dann die eigentliche Auslegung: die Interpretation eines fremden als eines *möglichen* menschlichen Seins.
c) Der festgestellte Lebenszusammenhang muss seinerseits in Auseinandersetzung mit anderen Forschern nochmals kritisch geprüft werden.

vgl. oben, S. 26f.

Sinn dieses Verfahrens ist es, dass nicht allein die subjektive Perspektive des jeweiligen Wissenschaftlers entscheidet, welcher Sinnhorizont das Reden und Handeln der untersuchten Personen leitet, gar, welche Bedürfnisse, Interessen oder Traditionsbindungen als „berechtigt“ zu gelten haben. Der Wissenschaftler überwindet seine perspektivischen Verengungen durch Offenlegung seiner Prämissen, durch *intersubjektiv nachvollziehbare Rechtfertigung des eigenen Vorverständnisses, dadurch, dass er andere Menschen als Kontrollinstanz seiner Interpretation zulässt.

Der Forschungsprozess spielt sich in einem so genannten „hermeneutischen Zirkel“ ab: in einer Spirale, in einem Hin und Her, in einem Wechselverhältnis von (1) Entwurf (vor-

Der mit dem Thema „Liebe“ befasste Wissenschaftler geht also von seinen Lebenserfahrungen aus: beispielsweise, dass er bereits verliebt war. Er kann sich seine eigenen psy chischen Zustände, Stimmungen, Gefühle, Erfahrungen und Handlungen in jener Situation vergegenwärtigen. Um aber wirklich zu verstehen, was ein anderer erlebt, muss er sich während des nun beginnenden Arbeitsprozesses in die Sprache und Welt seines Untersuchungsgegenstandes hineindenken, die Fremdheit respektieren: Notwendig sind sprachliches, religiöses, geografisches, historisches, soziokulturelles, ethisches, technisches u.a. Wissen. Indem er sich auf diese Weise in die Situation des anderen einarbeitet und gleichzeitig die Distanz wahrnimmt,

- vermag er die komplexen Sinnzusammenhänge zu verstehen, die das Denken und Handeln des Gegenübers bestimmen;
- wird er darauf aufmerksam, dass sein eigenes Denken endlich und relativ ist und dementsprechend ihn nichts dazu berechtigt, über das Fremde zu verfügen.

Diesem Wissenschaftsverständnis liegen zwei Thesen zugrunde:

- Gegenstand der wissenschaftlichen Vernunft ist das menschliche Leben mit seinen subjektiven Erfahrungen und Erlebnissen. Es geht also nicht primär um isolierte Einzelgehalte, sondern um ein umfassendes Verstehenwollen der konkreten Selbst- und Weltentwürfe anderer Menschen.
- Leben heißt individuelles, einmaliges, unwiederholbares Leben. Standardisierbare Tatbestände sind dabei nicht zu eruieren, angenommene Kausalverknüpfungen nicht experimentell zu verifizieren. Es bestehen keine Gesetzmäßigkeiten, wohl aber Regelmäßigkeiten: Beispielsweise sinkt die Nachfrage, wenn der Preis steigt; aus bestimmten Gründen allerdings („Snobeffekt") kann das Gegenteil eintreten.

Das Erkenntnisinteresse ist ein doppeltes:

- fremdes soziales Geschehen zu erschließen und sachgemäß zu verstehen
- und gegenwartsbezogene Konsequenzen zu ziehen, indem die eigene Sinn-Erwartung erweitert, korrigiert oder seinerseits als Korrektiv eingesetzt wird.

greifendem Vorverständnis) und (2) Kenntnisnahme (Interpretation). „Das Leben" spielt eine doppelte Rolle: als Voraussetzung und als Gegenstand.

3 Schöpfungsglaube

Naturwissenschaften gehen methodisch von Experimenten und Berechnungen aus. Ziel ist es, die gesetzmäßige Ordnung des Naturgeschehens zu begreifen und das heißt, die den jeweils ausgewählten Prozessen zugrunde liegenden gleichförmigen Verlaufsstrukturen zu erfassen. Diese werden quantitativ und relational, in mathematischer Sprache, ausgedrückt.

vgl. oben, Kap. 2.1

Gottesglaube demgegenüber interpretiert
- das Universum als Werk einer übernatürlichen Macht, als von Gott gesetzte Wirklichkeit;
- Gott nicht als bloßen Impulsgeber und Urheber kosmischer Prozesse („Uhrmacher- bzw. Ingenieur-Gott"), sondern als zugewandten Partner, der fürsorglich beschirmt und bewahrt;
- die Regelhaftigkeit des Naturgeschehens als Wille einer übersinnlichen Macht;
- die menschliche Geschichte als Fortdauer göttlicher Hinwendung zu seiner Welt, als Weiterführung seines gestaltungskräftigen Handelns.

Die Kontinuität zwischen Erschaffung und darauf folgendem Lauf der Welt ist in Hi 38–42,6 konkret dargestellt.

Diese beiden genannten Weltsichten haben jede ihren spezifischen Kompetenzbereich:
- Die eine Wissenschaft erklärt die Welt; sie beschreibt gesetzlich strukturierte Ist-Zustände.
- Die andere leitet die Ausgewogenheit des Geschehens aus einer göttlichen Entscheidung ab. Dem Handeln Gottes verdankt das Universum seine Existenz und seinen Weiterbestand.

vgl. die historischen und systematischen Perspektiven zum Verhältnis von Glaube und Wissen; oben Kap. 1

Daraus lässt sich nicht notwendigerweise eine Konkurrenzsituation ableiten. Denn trotz unterschiedlicher Methoden geht es – erkenntnistheoretisch – beide Male darum, wahrnehmbare Vorgänge und Zustände begrifflich zu erfassen und einzuordnen.

Nachdem der wissenschaftliche Ansatz sowie die naturwissenschaftlich gesicherte Kosmogonie bisher eine Rolle gespielt haben, wird im Folgenden der Schöpfungsglaube in einigen Grundlinien dargestellt, wobei zu fragen ist,

Von unseren gegenwärtigen Erkenntnissen aus ließe sich Gen 1 so gestalten: „Als Gott das Universum zu schaffen begann, gab es nichts, keinen Raum, keine Zeit, keine Materie, überhaupt nichts. Dann gab es ein Schwarzes Loch, das in ein undurchdringliches Geheimnis gehüllt war. Aus diesem ... kam ein expan-

- welcher Weltbezug erkennbar wird;
- welche methodischen Erkenntniswege beschritten werden.

Denn die Schöpfungsthese will ja *erschließen,* dass Gott innerhalb des Naturzusammenhangs als präsent und wirksam vorzustellen ist. Grundsätzlicher: Theologische Reflexionen sind von Bedeutung, sofern sie dazu beitragen, den Umgang mit der Welt zu formen und zu gestalten; wenn also der theologische Denkprozess das Verständnis von Natur vertieft. Im 1. Teil werden dementsprechend biblische Vorstellungen nachgezeichnet, im 2. Teil werden diese daraufhin befragt, welche Erwägungen sich aus dem Satz ergeben, dass die Welt Schöpfung Gottes ist.

dierendes Raum-Zeit-Universum, ursprünglich ein riesiger Feuerball, angefüllt mit Licht, Neutronen, Protonen, Elektronen und Antineutronen, die alle durch bestimmte physikalische Gesetzmäßigkeiten geleitet wurden." (Schwarz, a.a.O., S. 172 zitiert William Pollard)

3.1 Biblische Darstellungen

vgl. hierzu auch: AW Religion, 1998, Kap. 1

In der Hebräischen Bibel gibt es zwei große Schöpfungserzählungen (Gen 1,1–2,4a und 2,4b–25) sowie eine Reihe kurzer Zeugnisse von Gottes Schöpfungstat (z.B. Ps 8; 19,1–7; 89,10–13; 104; 136,5–9; Jes 42,5; 44,24; 45,12). Diese Vielzahl von Texten aus verschiedenen Epochen belegt, dass das Reden von der Schöpfung auf lang ausgezogenen Traditionslinien beruht.

- Die Schöpfungsgeschichten werden mit den Mitteln damaliger Naturerkenntnis gestaltet und ausgeführt;
- das Bekenntnis lautet, dass Gott in Natur und Geschichte vom Anfang der Welt an bis zur Gegenwart schöpferisch tätig und unumschränkt mächtig ist.

Auch die Völker in der Umgebung Israels verfügten über einen reichen Schatz an Schöpfungserzählungen (z.B. die Babylonier über das Epos „Enuma elisch", das viele Parallelen zu Gen 1 besitzt; in Memphis erschafft der altägyptische Gott Ptah, ebenso wie in Gen 1, die Welt durch sein Wort).

Es geht den jeweiligen Autoren dabei nicht darum zu erklären, *wie* Schöpfung vor sich gegangen sei. Sie wollen keine objektivierbaren Aussagen über den historischen Ursprung der Welt verfassen. Deshalb kann das Reden von der Schöpfung durchaus variieren. Es sollen vielmehr die Allmacht und Sorge Gottes verkündet und demgegenüber „Welt" und Mensch in ihrem Stellenwert eingeordnet werden.

Im Neuen Testament wird aus dem Geschaffensein die Begrenztheit und Vergänglichkeit alles dessen gefolgert, was existiert. Die Hoffnung richtet sich auf eine Neuschöpfung, auf einen zukünftigen Zustand, in dem Leid und Tod

Auch das NT bekennt sich zu dem in der Schöpfung lebendigen Vater und Herrn des Himmels und der Erde (Lk 10,21), aber jede kosmologische oder naturphilosophische Spekulation liegt fern.

keine Rolle mehr spielen werden (1. Kor 7,31; Off 21,4; vgl. bereits Jes 25,8. 65,17). Schöpfung ist also ein dynamisches Geschehen, welches den Anfang der Welt ebenso bestimmt wie alles Kommende.

Genesis 1–2,4a

zum Mythos-Begriff vgl. AW Religion, 1999, S. 144f.

Die Verfasser stützen sich bei diesem Text auf eine durchgeformte kultische und theologische Tradition. Charakteristisch erscheint der monotone Stil mit den durchgehend gleichbleibenden Sätzen: der Einleitung (Gott sprach), dem Befehl (es werde), der Ausführung (es ward so), der Beurteilung (gut) und der zeitlichen Einordnung (es ward Abend ...).

Dieser Hymnus, der auf das 6. oder 5. vorchristliche Jahrhundert zu datieren ist, will die bestehende *Ordnung* begründen. Es schimmert darum immer wieder die Denkform des Mythos durch: Danach intervenieren göttliche Mächte in diese Welt hinein, regulieren ein für allemal das gültige Systemgefüge und fixieren somit das Bestehende so weit, dass dieses unerschütterlich bleibt:
- Der Rhythmus von Licht und Finsternis,
- die Abfolge von Tag und Nacht,
- die Trennung von Wasser und Festland,
- die allem Lebendigen zugesagte Fähigkeit zur Reproduktion,
- die Gottesebenbildlichkeit des Menschen, – all dies bleibt außerhalb menschlicher Verfügungsgewalt. Es handelt sich um Grundbestimmungen, die für alle Zeiten festgelegt sind, von denen „Welt" und Mensch also abhängig bleiben. Positiv: Es wird ein Lebensraum geschaffen, der auf Dauer eingerichtet wurde und also verlässlich bleibt.

Der mythischen *Form* stehen allerdings theologische *Intentionen* gegenüber, die den Mythos grundlegend verändern:

„Geschöpflichkeit schließt Nichtsein ein, aber Geschöpflichkeit ist mehr als Nichtsein. Es trägt die Macht des Seins in sich ... Geschöpf sein schließt beides in sich: das Erbteil des Nichtseins (die Angst) und das Erbteil des Seins (den Mut)." (Tillich, a. a. O., S. 292)

- Gott gestaltet souverän: Er erbaut die Welt nicht aus vorgegebenen Materialien, sondern er bringt *aus dem Nichts* dasjenige hervor, was er produzieren will. Anders: Welt ist wesenhaft von Gott abhängig; es gibt schlechthin nichts, was sonst noch das Geschaffene begründet. Daraus lässt sich die Zuversicht ableiten, dass Gott sein Werk erhalten wird.
- Welt gehört nicht unausweichlich zur Gottheit Gottes hinzu: Die Schöpfung war für Gott weder eine Notwendigkeit noch ein Zufall. Sie geschah, weil Gott sie so *wollte*. Weil sie allein auf seinem Entschluss beruht, wird er in jedem einzelnen Augenblick mit ihr sein.
- Gott schafft durch die Macht seines Wortes: Darin zeigt sich nicht allein die Mühelosigkeit des Tuns, sondern auch die Machtfülle des Befehlenden. Gott bleibt ganz Gott, ganz der Herr.

- Gott befindet sich nicht in der Welt, sondern ihr gegenüber: Der Schöpfer hat die Welt von außen bzw. von oben her ins Sein gerufen.
- Welt ist demgemäß nicht göttlich, auch nicht in sakrale und profane Daseinsbereiche aufgespalten. Sie ist vielmehr frei: Der Mensch kann sie dementsprechend selbstständig und bloß mit Hilfe der Kraft seiner Vernunft verwalten. Nichts in ihr kann als Manifestation Gottes zum Gegenstand von Anbetung werden.
- Welt ist gut bzw. sehr gut (v. 31) geschaffen. Damit ist keine Seinsaussage, kein Urteil über Vorhandenes gemacht; vieles an der Welt bleibt ja vielmehr unbegreiflich, anderes erscheint leidvoll oder grausam oder sinnwidrig. Die Billigungsformel enthält demgegenüber eine von Gott formulierte Funktionsaussage: Alles Geschaffene hat in der Gesamtordnung seinen Stellenwert, ist von Gottes Güte her bestimmt und damit, weil von ihm bejaht, sinnreich.

Daraus erwuchs später die Vorstellung von Gott als Weltbaumeister bzw. als höchster Vernunft, die von der Welt distanziert bleiben. Es entstand also eine unpersönliche Vorstellung von Gott.

„Das Leben als Zusammenleben der Arten ist ein vielfältig durch Symbiosen, Konkurrenzen und Nahrungsketten verknüpftes Ganzes ... Das Leben als Ganzes ist ein Sinn-Gebilde, das seinen Sinn in sich selbst hat: ‚Der Sinn des Lebens ist das Leben'." (H. J. Fischbeck in: Beier, a. a. O., S. 70)

Ein Blick in die Entstehungsgeschichte des Textes bestätigt den obigen Befund: Die mythische Form ergibt sich daraus, dass die Verfasser ins Babylonische Exil (587–38 v. Chr.) verschleppt waren und dortige Aussageformen übernommen haben (v. 2 beispielsweise ist ein Anklang an das Epos „Enuma elisch", an den Kampf zwischen dem babylonischen Hauptgott Marduk und dem Chaosmeer Tiâmat, einem Ungeheuer). Die *eigentliche* Zielsetzung besteht aber darin, sich zu versichern, dass der Gott Israels die Welt in seinen Händen halt, dass ohne ihn nichts existierte.

Gen 1,2: „Die Erde war noch wüst und leer, und Finsternis lag auf der Urtiefe, und Gottessturm bewegte sich über der Wasseroberfläche."

Seine Endgestalt bekam der Prosa-Hymnus, wie angedeutet, zu einer Zeit, als das von Gott gegebene Land Israel verwüstet, der Tempel zerstört und Teile des Volkes Israel deportiert waren. In dieser chaotischen und bedrohlichen Situation
- fragte man nicht intellektuell nach den Rätseln der Kosmogonie,
- betrauerte man auch nicht das Verlorene,
- sondern im Vordergrund stand die Frage nach der Weiterexistenz, das Problem also, ob die göttlich geschaffenen Gesetzmäßigkeiten auch in Gegenwart und Zukunft weiter bestehen werden.

Menschen, deren bisherige Kontinuitäten zerbrochen, die kollektiv und individuell bedroht waren, wird in diesem Text das wunderbare Gefüge der von Gott geschaffenen

Ordnung vor Augen geführt. In Gefangenschaft und Unterdrückung verkünden die Autoren
- die *Macht* Gottes, welche die geregelte Weiterexistenz der Welt garantiert,
- sowie die *Liebe* Gottes, welche dem Menschen als Geschöpf Lebensräume eröffnet.

Programmatisch steht zu Beginn des Textes der Satz „Am Anfang schuf Gott Himmel und Erde“ (v. 1). Alle folgenden Verse entfalten dies.
An sechs Schöpfungstagen werden acht Schöpfungswerke hervorgebracht:
- Zuerst (1. Werk) wird die Zeit institutionalisiert;
- anschließend (2.–4. Werk) werden die Daseinsbereiche bereitgestellt (der Himmel, das Festland und die Pflanzenwelt);

Cranach-Werkstatt, Monogrammist MS (Melchior Schwarzenberg): „Die Erschaffung der Welt“. Holzschnitt.

In dem Monogramm ist noch das alte Weltbild erkennbar: der Himmel als riesige Glocke, der sich über die Erde wölbt und über der der Himmelsozean steht; die Erde als Scheibe.

- diesen Sphären werden die Lebewesen zugeordnet: zunächst die Gestirne, denen die Wassertiere zusammen mit den Flugtieren folgen.
- Landtiere schließlich und Menschen teilen sich den Lebensbereich der Kontinente und Archipele.

*Die Gestirne sind **nicht** mehr, wie in Babylon und Ägypten, Götter. Sie sind demgegenüber Kreaturen, und das heißt, sie besitzen eine bestimmte Funktion: als Maß der Zeit sowie als Lampen und Leuchten.*

Mit diesen Zuordnungen ist das Seiende in seiner Vielheit und in seinen Bestandteilen erfasst und in seiner Totalität auf Gottes Willen bezogen. Dementsprechend ist auch Menschsein ganzheitlich verstanden: Es wird ebenso in seiner Gottesbeziehung erfasst als auch in seinen Relationen zur Welt, zur Natur, zu den Tieren, zu Mitmenschen.

Die Erschaffung des Menschen (als Kollektiv, als Gattung) ist bereits sprachlich von den anderen Schöpfungsakten abgehoben. Diesem Vorgang werden vier Verse gewidmet. Beides weist darauf hin, dass die entsprechenden Aussagen auf hohem Reflexionsniveau gestaltet sind:

In dem babylonischen Atrahasis-Mythos wird den Menschen die Funktion zugewiesen, den Göttern die Last der Feldarbeit abzunehmen, deren Sklaven zu sein. In der griechischen Prometheus-Sage kommt ein weiteres Motiv hinzu: Die Götter wollen Menschen auf einer niederen Kulturstufe halten, um den Götterkult zu stabilisieren.

1. Der Mensch ist Ebenbild Gottes (v. 26)
Hier klingt die altorientalische Vorstellung vom König als Abbild Gottes an. Jene Formel besagt, dass der König ein herausgehobenes Amt und damit eine *Funktion* besitzt. Auf den Menschen generell übertragen heißt dies, dass nicht zur Diskussion steht, wer oder was der Mensch ist, sondern *wozu* der Mensch geschaffen wurde: Er ist, wie der König, Statthalter und Sachwalter Gottes auf Erden. Dies verleiht ihm seine Menschenwürde:
- Er soll mit seinem Handeln Gott auf der Erde gegenwärtig werden lassen, ihn vertreten (ähnlich Ps 8). Der Mensch soll zur Welt hingewandt leben, in ihr wirken.
- Das andere Motiv der Gottesebenbildlichkeit zielt hin auf ein Geschehen zwischen Gott und Mensch: Gott erschafft ein Geschöpf, zu dem er reden, das ihn hören kann, das ihm verantwortlich ist. „Das Sein des Menschen als Ebenbild Gottes gründet im Gegenübersein Gottes und kann deshalb nur als Sein des Menschen vor Gott erfasst werden.“ (G. Ebeling, a.a.O., S. 384)

*„Das Prädikat der Gottesebenbildlichkeit beschreibt keinen **empirisch** aufweisbaren Habitus (= Erscheinungsbild) des Menschen ..., sondern zielt auf das, was zu **werden** er kraft göttlicher Bestimmung berufen ist: was er also nicht ‚hat‘ ..., sondern was er eigens realisieren muss.“ (Link, a.a.O., S. 394)*

Der Wert des Menschen besteht also nicht in einem statischen So-Sein, sondern wird als prozesshaftes Geschehen, als Dienstbar-Sein interpretiert.

2. Der Mensch wird zur Herrschaft beauftragt (v. 26, 28)
Auch dieser Terminus entstammt dem sakralen Königtum: Der König ist für das Wohl der in seinem Herrschaftsbe-

„Der Mensch ist als zur Herrschaft über die Erde und über alles Lebendige Berufener zugleich auch selber Glied der Schöpfung und in Ausübung seiner Herrschaft verantwortlich für die ... Schöpfung in ihrer schöpferischen Entwicklung." (Pannenberg, a. a. O., S. 157)

reich Lebenden verantwortlich. Konnte er drohendes Unheil nicht abwehren, oder beutete er gar selbst seine Untergebenen aus, so hatte er sein Mandat verwirkt. Die vornehmste Funktion des Königs war es, Recht zu sprechen, rivalisierende Ansprüche also auszugleichen und die Interessen aller Beteiligten zu wahren. Auffällig erscheint im Text jedoch, dass die Herrschaft exemplarisch an den Tieren dargestellt wird. Der Grund ist, dass der antike Mensch sich Herrschaft nur als eine solche über Lebendiges – und noch nicht über Naturkräfte – vorstellen konnte. Tiere dokumentieren ferner verschiedene Relationen – nämlich Mithilfe, Schutz, Ernährung.
Sinn und Inhalt des Herrschaftsauftrags ist also die Wahrung des Lebensrechts der gesamten Schöpfung, die Sicherung des Bestehens der Natur. „Die Schöpfung ist noch nicht fertig. Der Mensch bekommt Mitverantwortung ... dafür, dass der endlose Überfluss an potentiellen Möglichkeiten in der Welt und in ihm selbst entfaltet und ins Gleichgewicht gebracht wird." (Y. Aschkenasy in: Klappert/Starck, S. 199)

Der Midrasch, eine Exegese jüdischer Rechtslehre, schlägt vor, was das bedeuten kann: „So wie Er die Nackten kleidet, kleide auch du die Nackten. So wie Er die Kranken besucht, besuche auch du die Kranken. So wie Er die Toten begräbt, begrabe auch du die Toten. So wie Er die Trauernden tröstet, tröste auch du die Trauernden." (Klappert/Starck, Umkehr und Erneuerung. Neukirchen 1980, S. 201)

3. Der Mensch ist ein geschlechtliches Wesen (v. 27f.)
Diese Geschlechtlichkeit – sowie die Zusammengehörigkeit der Geschlechter – wird mit einem besonderen Segenswort versehen.

Die soeben zitierte Passage über die Erschaffung des Menschen gilt als umstrittener Text. Einige Vorwürfe seien aufgezählt:
- Der Mensch werde hier als Krone der Schöpfung vorgestellt.
- Schöpfung werde *anthropozentrisch interpretiert.
- Die Folgen seien Ausbeutung und „Gnadenlosigkeit" gegenüber der Natur.

Diese Vorwürfe sind insofern berechtigt, als die Auslegung dieser Stelle häufig von der Frage ausging, welche besondere Auszeichnung der Mensch besitze (genannt wurden: Vernunft; unsterbliche Seele; Subjekthaftigkeit; aufrechter Gang). Daraus folgerte man, dass ihm aufgrund dieser exquisiten Spezifika die Herrschaft übertragen worden sei.

Jene Schelte ist aber insofern unberechtigt, als der Text selbst etwas anderes sagt: „Das Entscheidende ist die Verantwortung des Menschen für das Bewahren des ihm Anvertrauten, die(jenige) Herrschaft über die Erde, die das königliche Amt des Segensmittlers zeigen kann, das Bewahren des Heilseins der ihm anvertrauten Welt." (C. Westermann, Schöpfung. Stuttgart 1971, S. 77) Der Herrschaftsauftrag schlägt demgemäß in Despotie, Ausbeutung und Willkür um, wenn er nicht als *Konsequenz* der Gottesebenbildlichkeit begriffen wird. Die Sonderstellung des Menschen ist nicht in dessen Qualitäten begründet, sondern sie wird von der Schöpfung *als ganzer* her definiert: Dem Menschen ist die Aufgabe zugewiesen, den Bestand der Erde zu sichern.

Der siebte Tag schließlich ist nicht bloßer Ruhetag, sondern der Tag, an dem Gott sein Werk „vollendet" (Kap. 2,2). Das Werk ist abgeschlossen, aber es wird ein weiterer Schöpfungstag gesetzt, der die Krönung darstellt: Die Zeit wird eingeteilt in einen Bereich des Tuns und einen besonderen der Muße. Das Leben wird darauf hin geordnet, dass der Rhythmus aktiver Zuwendung zur Welt durch Besinnung und Umstellung unterbrochen wird.

*„Der Sabbat ist ein Tag des Waffenstillstandes im Kampf des Menschen mit der Natur ... (Der Mensch lebt, als würde er nur) seine **wesentlichen** Kräfte ausüben – beten, studieren, essen, trinken, singen, lieben." (Fromm, a. a. O., S. 57)*

Genesis 2,4b – 4,16

Diese – ältere – Erzählung, aus dem 10.–9. Jh. v. Chr. stammend, bietet nicht die Erschaffung der Welt dar, sondern nur die des Menschen. Der einzige Anklang an eine Schöpfung besteht in dem Hinweis, dass Gott es noch nicht hat regnen lassen. Der Ort der Entstehung lässt sich der Darstellung entnehmen: Es ist die Welt der Bauern in Israel. Fruchtbares und gut bewässertes Kulturland ist umgeben von Steppen und Wüsten.

Auch gegenüber dieser Erzählung sind historische oder biografische Nachfragen unangebracht. Bereits die Kollektiv-Namen (Adam = Mensch, Eva = Mutter alles Lebendigen) weisen darauf, dass den Verfasser Grundstrukturen des Daseins beschäftigen; das heißt, dass die immer neue und dennoch sich wiederholende Typik menschlicher Existenz anschaulich ins Bild gesetzt wird:

- Der Mensch ist ein Gebilde aus Erde (anorganischen, materiellen Bestandteilen) und von Gott eingehauchtem Leben. Menschliche Existenz ist also davon abhängig, dass Gott Leben schenkt. Der Mensch selbst verfügt über keine Potenz, Leben zu gewinnen oder Überleben zu garantieren (Ps 104,29f.). „Jede Verwei-

Die sich aus der griechischen Philosophie ableitende Unterscheidung von Leib und Seele liegt dem hebräischen Denken fern.

gerung dieses flüchtigen (Atems) würde den Menschen in seine tote Stofflichkeit zurückwerfen.“ (G. v. Rad, Theologie des AT Bd. 1. München [10]1992, S. 163)

– Aufgabe und wesenhafte Bestimmung des Menschen ist von vornherein die Arbeit: das Bauen und Bewahren (Kap. 2,15). Dazu gehören beispielsweise: Produktion von Nahrungsmitteln, Herstellung von Werkzeugen, Verarbeitung von Bodenschätzen, Handel und Dienstleistungen. Das Ziel ist nicht allein ökonomisches Verhalten, sondern auch der pflegliche Umgang mit den Ressourcen im Interesse von Umwelt und Nachwelt – der Schutz also.

„Die Vorstellung eines Paradieses, in dem das Genießen zum Dauerzustand wird, ist dem AT völlig fremd. (Unbekannt ist ein) Menschenverständnis, in dem körperliche Arbeit eine niedere und unterbewertete Beschäftigung ist, während die Beschäftigung mit dem Geistigen, Kontemplation oder bloßes Genießen das eigentlich Erstrebenswerte, das eigentlich Lebenswerte ist.“ (C. Westermann, Schöpfung. Stuttgart 1971, S. 116)

– Wie die Menschen sind auch die Tiere aus Erde geschaffen. Sie werden sogar als mögliche Gehilfen gedacht. Doch schließlich gibt der Mensch ihnen einen Namen. Dies ist kein magischer Akt, der Macht verleiht (sie bleiben ja Geschöpfe Gottes), sondern mit ihrer Bezeichnung erhalten die Tiere eine empirisch abgestützte Bestimmung. Mit dem Namen nämlich verbinden sich Beobachtungen, Erfahrungen und Begegnungen mit den jeweiligen Tieren. Der Mensch ordnet sie durch ihre Charakterisierung also seiner Welt, seinem Erfahrungsbereich, seinem Beziehungsgefüge zu: Sie gehören nun zu ihm.

In Gen 2 legt Gott sozusagen selbst Hand an; sein Schaffen wird in poetischen Bildern gezeichnet, die der menschlichen Tätigkeit entlehnt sind: Wie ein Brunnengräber lässt er Wasser aus der Erde emporsteigen; wie ein Gärtner legt er einen Garten an; wie ein Töpfer bildet er Mensch und Tier u. a. m.

– Die Erschaffung der Frau aus einer Rippe Adams belegt nicht die Nachrangigkeit der Frau, wie man dies in der patriarchalischen Gesellschaft so interpretiert hat. Vielmehr wird die *Zusammengehörigkeit* der Geschlechter erklärt:
  - Darum nennt der Mann (hebr. ish) die Frau „ishah“ (= weiblicher Mensch).
  - Sie ist die „Hilfe, die ihm entspricht“ (2,18): Beide werden eine personale Gemeinschaft bilden mit gegenseitiger Hilfe in allen Bereichen, mit reziprokem Verstehen, in wechselseitiger Ergänzung. Adam begrüßt die Frau infolgedessen mit Jauchzen.
  - Der Mann wird deshalb die starke Bindung an sein Elternhaus aufgeben, um in enger Beziehung mit seiner Gefährtin leben zu können. Partnerschaft und Liebe sind elementare Kräfte.

Menschsein heißt also in dieser Perspektive: arbeiten sowie Bezüge entwickeln und gestalten. Adam wird nicht in die Autarkie hinein entlassen, sondern in der Gemeinschaft aufgehoben.

Zum Menschsein gehört in der Sicht des Autors aber auch der Wille, fixierte geschöpfliche Grenzen zu überschreiten bzw. Gemeinschaft zu zerstören. Der „Sündenfall“ vollzieht sich also in doppelter Hinsicht:

vgl. hierzu genauer in: AW Religion, 1998, Kap. 2

- Gott setzt eine Demarkationslinie: Im Garten Eden besitzt der Mensch zwar die Freiheit, alle gegebenen Möglichkeiten zu nutzen. Aber die „Erkenntnis des Guten und Schlechten“ (d.h. das Begreifen alles dessen, was das Dasein fördert bzw. diesem abträglich ist; die Allwissenheit bzw. die Totalerkenntnis also) überschreitet die Möglichkeiten des Menschen. Zwar besitzt der Mensch die Freiheit, sich gegenüber dieser seiner Begrenztheit zu verhalten – sie zu akzeptieren bzw. zu revoltieren –, aber der Drang, sein zu wollen wie Gott, macht ihn unmenschlich. Übersteigt der Mensch nämlich alle seine Schranken, so werden ihm zwar die „Augen aufgetan“ (3,7) – er gewinnt neue Einsichten; er entdeckt Geheimnisse, die jenseits seiner eigentlichen Fähigkeiten liegen –, aber angesichts seiner Anmaßung und Hybris schätzt er sein wirkliches Vermögen falsch ein.

  Die Konsequenzen – Strafworte Gottes (3,16ff.) – schreiben elementare Determinanten fest: die Entfremdung zwischen Mensch und Natur mit den sich daraus ergebenden Beschwernissen; die Last des Daseins; die faktisch weit verbreitete Unterordnung der Frau unter den Mann; den als Zerfall des Lebens zu erfahrenden Tod.

Bei der Entgegennahme des Friedensnobelpreises sagte Albert Schweitzer 1954: „Es hat sich ereignet, dass der Mensch ein Übermensch geworden ist ... Er bringt die übermenschliche Vernünftigkeit, die dem Besitz übermenschlicher Macht entsprechen sollte, nicht auf ... Was uns eigentlich zu Bewusstsein kommen sollte, ...ist dies, dass wir als Übermenschen Unmenschen geworden sind.“ (zitiert bei Fromm, a.a.O., S. 14)

Dies sind ätiologische Elemente: Das erzählte Geschehen begründet einen bis in die Gegenwart des Erzählers hineinreichenden Zustand.

- In einer zweiten Erzählung (Gen 4,1–16) wird der Brudermord – das Zerbrechen familiärer und sozialer Beziehungen, die Zerrüttung des Verantwortungsgefühls in der Gemeinschaft – illustriert. Kain erschlägt seinen Bruder Abel, weil er sich in seinem Wert herabgesetzt fühlt: Der Jüngere, scheinbar Nachgeordnete wird vermutlich bevorzugt. Durch Mord will sich Kain von der lästigen Gegenwart des Bruders befreien.

  Gott greift zweimal ein: einmal vor der Tat mit der Mahnung, Affekte zu beherrschen, Aggressionen zu kontrollieren, Verantwortung für das eigene Handeln zu übernehmen; zum zweiten Mal nach dem Mord: Kain wird zur Heimat- und Friedlosigkeit, zum unsteten Nomadenleben jenseits des Kulturlandes verflucht. Während Gott also seinen Schutz zurückgezogen zu haben scheint, endet die Erzählung dann aber doch mit dem „Kainsmal“: dem Schutzzeichen gegenüber Gesetzlosigkeit. Mord und Blutrausch sollen eingedämmt, das Leben auch des Mörders bewahrt werden. Gott garantiert auch demjenigen, der dem Tod verfallen scheint, eine Existenz. Die Welt soll gut geordnet bleiben.

„Sünde" meint in diesen Erzählungen also: die Absage des Menschen an jegliche Richtschnur, an jedes Maß. Dies hat auch zwischenmenschliche Konsequenzen: Aufkündigung der Mitmenschlichkeit, der sozialen Verantwortlichkeit. Es drohen chaotische Verhältnisse, denen Gott entgegensteuert.

Zusammenfassend sollen spezifische Elemente der biblischen Schöpfungstexte genannt werden:

– Die Sprache ist nicht belehrend und nicht abstrahierend. Es werden vielmehr eingesetzt: lyrische Passagen, hymnische Prosatexte, ätiologische Sagen, verdichtende Bilder, poetische Metaphern.
– Die Kosmogonie ist mythologisch geformt: Ein Mythos erzählt, wie eine Wirklichkeit entstanden ist (sei es der Kosmos oder nur ein Teil davon, eine menschliche Institution oder eine Dynastie). Dieser Anfang wurde durch Eingreifen einer göttlichen Macht begründet.
– Von der Weltschöpfung wird in verschiedenen Texten abweichend voneinander gesprochen – und zwar sowohl hinsichtlich Weltbild, Begrifflichkeit als auch Sprachstil. Es gibt also keine einheitliche Theorie der Weltentstehung; vielmehr werden differierende Vorstellungen und auch Dubletten – wie Gen 1 und 2 – unmittelbar hintereinander gestellt. Es bestand also kein Bedürfnis, diese Vorstellungen zu vereinheitlichen oder gar zu normieren.
– Die Erzählungen werden nicht zu einem bestimmten abschließenden Urteil, zu einer Quintessenz verdampft. Fragen wie die, warum die Welt als geschaffen gedacht werden müsse; wie die Entwicklung bzw. Dynamik der Welt geologisch, biologisch, physikalisch usw. zu begründen sei; warum der Mensch so ist, wie er ist u.a.m., werden nicht gestellt.
– Indem allerdings erzählt wird, *wie* die Dinge ins Dasein getreten sind, gibt man auch eine Erklärung, *warum* dies geschah. Als letzte Ursache alles Geschaffenen und damit jeder einzelnen Existenz wird Gottes Liebe proklamiert: „Gott *gönnt* den Geschöpfen das Dasein, und

„Die Bibel ... tastet sich in einer bilderreichen Sprache in einen Bereich gänzlicher Erfahrungslosigkeit vor. Denn ... an den Grenzen unseres empirischen Wissens kann Wahrheit nur in Bildern und Gleichnissen ausgedrückt werden." (Link in: Gräb, a.a.O., S. 169)

Geredet wird „im Gewand und Stil einer vergangenheitlichen Erzählung von Dingen, die zugleich durchaus gegenwärtig sind." (G. v. Rad, Das 1. Buch Mose, ATD 2. Göttingen [12]1987, S. 26) zwar ein eigenes Dasein neben seinem eigenen, göttlichen Sein, in Unterschiedenheit von ihm." (Pannenberg, a.a.O., S. 34): Man geht von dem Willen Gottes aus, dass das Geschöpf sei.

Die Bibel legt also keine Schöpfungs-Lehre vor, keine Theorie über Prozesse und Kausalbeziehungen der Genese von Welt und Mensch. Staunend und ergriffen von der Vielfalt und der Schönheit des Geschaffenen – aber auch realistisch seine Gefährdungen beschreibend – bekennen sich die Autoren zu dem Schöpfer:

- Aus der Erkenntnis der Ordnung und der Pracht der Welt ließen sich der kosmologische bzw. teleologische Gottesbeweis entwickeln: Die Harmonie der Naturgesetze und deren Zweckmäßigkeit würden als Wirken einer intelligenten Erstursache interpretiert. Aber die biblischen Autoren gehen nicht diesen schlussfolgernden Weg.
- Es ist ihnen ebenfalls nicht wichtig, Gott in deistischer Weise von der Welt her zu *deduzieren: vom Seienden zum Absoluten aufzusteigen.
- Vielmehr entnehmen sie sinnlich Erfahrbarem, dass die „gut" geschaffene Welt aus Liebe hervorgegangen ist (Rm 1,20); sie erkennen in dem sachgerechten Rahmen, innerhalb dessen alles Seiende existiert, das Wirken ihres Gottes wieder. Der Schöpfergott ist derselbe, der auch später vor Bedrohungen durch Naturgewalten, wilde Tiere, Hunger, Durst und Feinde beschützt hat.

zu den Gottesbeweisen vgl. AW Religion, 1999, Kap. 3.1

Nach deistischer Auffassung ließe sich aus der perfekten Ordnung der Welt zwar ein Gott deduzieren; aber dieser habe sich dann zurückgezogen. Kants klassische Unterscheidung zwischen Deismus und Theismus lautet (Werke Bd. II, S. 556): „Der erstere ... (spricht von Gott) als einem Wesen, das alle Realität hat, die man aber nicht näher bestimmen kann. Der zweite behauptet, die Vernunft sei im Stande, den Gegenstand ... näher zu bestimmen, nämlich als ein Wesen, das durch Verstand und Freiheit den Urgrund aller ... Dinge in sich enthalte. Jener stellet sich also unter demselben bloß eine ***Weltursache*** *..., dieser einen* ***Welturheber*** *vor."*

Welt ist Kreatur. Sie ist als solche eine **Ganzheit,** eine Gesamtordnung, in der alle Teile in Verbindung zueinander stehen und alle gemeinsam vom Schöpfer abhängen.

Es geht also nicht um Denkprinzipien, sondern um die *existenziell* bedeutsame Versicherung, dass die „Welt" geschieht, sich ereignet, alles Geschaffene trägt – weil Gott als umfassende Macht unmittelbar am Werke ist. Er begegnet in der Welt, weil er hier unmittelbar beteiligt ist.

Anders: das Universum und seine Teile lassen sich wissenschaftlich erklären. Aber dass wir uns zu diesen Fakten verhalten, diese in ihren Bezügen sehen – dazu bedarf es einer bestimmten Auslegung:

Tillich (vgl. AW Religion, 1999, Kap. 3.1.2) nennt dies „symbolhaft".

Der Schöpfungsgedanke ist eine derartige **Deutung.** Er interpretiert Welt und Leben als von Gott geschenkt und von ihm durchdrungen.

„Gott ist die Antwort auf die Frage, die in der Endlichkeit des Menschen liegt, er ist der Name für das, was den Menschen unbedingt angeht." (Tillich, a. a. O., S. 247)

Dieser Interpretation, die auch die Ergebnisse damaliger Naturkenntnisse enthält, liegt ein Erkenntnisbegriff zugrunde, der nicht allein auf das bewusste Begreifen und nicht auf Teilaspekte beschränkt ist. Er ist vielmehr existenziell orientiert – auf etwas bezogen, das den Menschen in letztlich entscheidender Hinsicht betrifft. Der entsprechende Sprachgebrauch kann folglich nicht abstrakt sezierend, sondern nur erzählend sein, indem Güte und Zuwendung Gottes ausgemalt werden.

Von den **Konsequenzen** her:
- Denken über die Weltgründung konkretisiert sich als Handeln, das dem Erkannten gerecht zu werden sucht, indem es dieses in seiner Eigenart erfasst und aufgrund dieses Verstehens erfindungsreich gestaltet und nutzt.
- Gott gilt nicht als bloß *transzendent bleibend, so dass religiöses Daseinsverständnis nur subjektiv ausgedrückt werden kann. Eine *prinzipielle* Spaltung in personal-existenziale Heilswahrheiten einerseits und objektiv-empirische Erkenntniswahrheiten andererseits – eine Trennung zwischen Gott und Weltwirklichkeit also – existiert nicht.

vgl. unten, Kap. 4.2

Ps 139,5f.: „Von allen Seiten umgibst du mich und hältst deine Hand über mir. Diese Erkenntnis ist mir zu wunderbar und zu hoch, ich kann sie nicht begreifen."

Die entsprechende Umsetzung von Bewusstheit kann sich nur vollziehen im Verändern und Schützen; in Wissenschaft und Technik; in Politik und Ökonomie; in einem Wirklichkeitssinn, der einen adäquaten Umgang mit Welt gestattet.

Schöpfungsglaube heißt demgemäß: das Greifbare und Sichtbare als Ort des Handelns und als Aufgabe zu bejahen. Dies bedeutet: Leben dankbar zu empfangen, zu hüten und zu mehren.

Derartige Sinngebungen sind nicht beliebig, sondern von einem bestimmten Welt- und Lebensverständnis geprägt. Sie sind darum auch nicht beweisbar:
- Man kann Gründe nennen, überzeugende Perspektiven aufzählen, glaubwürdige Hoffnungen offenlegen, was bloßes, subjektives Gutdünken verhindert;

- aber diese Argumente sind lediglich darstellend, Kriterien aufzeigend, sie sind jedoch nicht *intersubjektiv evident. Sie werden – je nach Vorverständnis – geglaubt oder nicht beachtet. Sie können nämlich nicht verallgemeinert, nicht objektiviert werden. Ihr Gegenstand ist vielmehr jeder Verfügbarkeit und jeder kontrollierten Reproduktion entzogen.

Naturwissenschaftliche Forschung ist indifferent gegenüber solchen Deutungen. Denn sie legt ja keine Wesensordnung fest (s. oben, S. 35ff.).

Zu fragen bleibt aber jeweils, wie sich dieses Verständnis bzw. Unverständnis auf den Umgang mit der Mitwelt *auswirkt:* Macht es Kräfte der Ermutigung, der helfenden Nähe, des Schutzes, der Zuwendung frei – oder tut es das nicht?

3.2 Gegenwärtige Perspektiven

Moderner Schöpfungsglaube steht innerhalb eines doppelten Spannungsbogens:
- Um zu verstehen, was gemeint ist, bleibt man auf biblische Texte verwiesen, bedarf es einer Interpretation des Seinsverständnisses derjenigen, die diese Deutung von Welt ausgedrückt haben (zum Wissenschaftsverständnis vgl. oben, S. 64f.). Gleichzeitig sind diese Aussagen daraufhin zu untersuchen, ob sie der Vernunft standhalten, also als „wahr" zu gelten haben. Dazu gehört auch die Aufgabe, die Welterfahrungen und Hoffnungen, die in den biblischen Texten ihren Niederschlag finden, auf heutige Denkvorstellungen zu beziehen.
- Es sind Fragestellungen, die aus dem modernen Naturverständnis erwachsen, zur Geltung zu bringen. Das Wahrheitsbewusstsein hängt davon ab, inwieweit die Ergebnisse naturwissenschaftlicher Sätze kompatibel sind. Inhaltlich werden Naturwissenschaften zwar niemals die Sinnfrage stellen, aber ihre Ergebnisse stoßen bis zu derjenigen Grenze vor, an der Deutungsprobleme in Erscheinung treten.

„Alle theologischen Aussagen sind existenziell; sie schließen die Existenz des Menschen ein, der die Aussage macht oder die Frage stellt." (Tillich, a. a. O., S. 310) Sie können demgemäß nicht autoritativ vorgegeben werden.

3.2.1 Der Gottesbegriff

Gott hat sich, so der biblische Schöpfungsglaube, mit der „Welt" verbunden. Er wendet sich ihr zu, ist „Jahwe", der konkret in die geschichtlichen Ereignisse eingreift und diese gestaltet. Er ist charakterisiert durch seinen Heils-

„Entweder es gibt überhaupt keine Antwort auf die Frage, wo ich herkomme; die Setzung meines Ichs ... ist ein absolut unlösbares Rätsel ... (bzw.) ein ganz lächerlicher Zufall. Ich bin durch eine Flutwelle an irgendeiner x-beliebigen Stelle an das Gestade dieser Welt geworfen worden. Oder aber die setzende Instanz ist ein Ich." (Heim, a. a. O., S. 215)
vgl. unten, S. 100f.

willen und sein Präsentsein (nach Ex 3,1ff. enthält sein Name die Verheißung: „ich werde da sein, bei euch sein").

vgl. AW Religion, Gotteslehre, S. 98f.

- Das *Ziel* von Gen 1 ist es, eine für alle Zeiten gültige Ordnung und damit eine für Gegenwart und Zukunft fixierte, jederzeit beständige Daseinsform anzusagen. Die Autoren bedienen sich dabei zur Konkretisierung des zeitbedingten Weltbildes. Dementsprechend kann man die Stufenfolge in Gen 1 nicht mit der modernen Kosmogonie oder mit der chemischen bzw. biologischen *Evolution auf eine gedankliche Ebene stellen.

vgl. oben, Kap. 3.1

- Versteht man Gen 1 so, dass der 7. Tag die Schöpfung *abschließt,* dann wird jedes folgende Geschehen einer unausweichbaren Notwendigkeit unterstellt; dann steht von Anbeginn fest, was in aller Zukunft geschehen wird. Dieser Eindruck kann sich ergeben, wenn man die mythische Weltauffassung in Gen 1 akzentuiert. Aber dieses Exposé steht am Anfang von Texten, die vom Handeln Gottes in der Geschichte sprechen.

vgl. oben, Kap. 2.1.2

vgl. oben, S. 68f.

- Biblischer Schwerpunkt sind nicht Bestimmungen des Vorgangs der Weltgründung, denn dann handelte es sich um Aussagen über eine bloße Vorgeschichte des Seienden. Die Autoren begreifen vielmehr Vergangenheit als ein die Gegenwart und ein ihre eigene Erfahrungsgeschichte durchwirkendes Geschehen – und Zukunft demgemäß als eine dadurch schon klassifizierte Folgezeit. Alle drei Zeitmodi sind ineinander verschränkt.

vgl. unten, S. 88ff.

Schöpfung ist also nicht bloß Gewesenes, Gott – in heutiger Begrifflichkeit gesprochen – nicht auf den Urknall beschränkt. Die Schöpfung ist nicht die Lehre von einem Ereignis, das irgendwann am Anfang der Welt stattgefunden hat. Es besteht vielmehr eine Wechselwirkung zwischen *schöpferischem* Wirken einerseits und andererseits rettendem, *bewahrendem* Handeln Gottes innerhalb des Weltgeschehens. Beide Dimensionen stellen das **Handlungsfeld** Gottes dar.

Den Zusammenhang von Schöpfung und Fürsorge hat Thomas v. Aquin so ausgedrückt: „Wie das Tageslicht verlischt, sobald die Sonne nicht mehr scheint, so muss jede Kreatur vergehen, wenn Gottes Gnade sie nicht illuminiert." (Summa theol. I, 104,1. Stuttgart 1985)

Dies heißt im Einzelnen:

- Schöpfung ist grundlegende Aussage über Gott: Er hat die Welt nicht nur „am Anfang" geschaffen, sondern er ist wesensmäßig schöpferisch und das heißt, er ist in jedem Augenblick tätig und gegenwärtig. „Er ist niemals Zuschauer, immer lenkt er alles und jedes zu seiner Erfüllung hin. Aber er tut es durch die Freiheit des

Menschen und durch die Spontaneität der lebenden Wesen." (Tillich, a.a.O., S. 307)

- Zum Schöpfer gehört also konstitutionell die Erhaltung des Universums: Gott ist nach der Erschaffung der Naturgesetze nicht an den Rand getreten, die Welt ist nicht autark geworden. Die von den Naturwissenschaften gestellte Frage nach dem möglichen Ende des Universums wird in eindeutiger Weise beantwortet: Ein mögliches Nichtsein alles Seienden wird aufgefangen durch den Satz vom beständigen, lenkenden Handeln Gottes. Seine Schöpfertätigkeit beschränkt sich nicht auf das Schaffen und Bewahren, sondern bestätigt sich im Teilnehmen und Begleiten. Er bleibt in der Welt präsent.
- Die damit ausgedrückte Abhängigkeit alles Geschaffenen vom Schöpferwillen Gottes zielt nicht auf immer neu sich vollziehende Schöpfungsakte außerhalb des Naturgeschehens, sondern auf fortlaufende Entstehung *aus* dem Naturzusammenhang *heraus*. Die Kontinuität und Selbstständigkeit der Prozesse wird ebensowenig infragegestellt wie die menschliche Freiheit zur autonomen Entscheidung, der naturwissenschaftliche Gesetzesbegriff wird nicht bestritten. Behauptet wird allerdings eine bestimmte Hintergründigkeit der Welt: „Wunder ist nur der religiöse Begriff für Begebenheit, jede, auch die allernatürlichste … Mir ist alles Wunder … Je religiöser Ihr wäret, desto mehr Wunder würdet Ihr überall sehen." (F. Schleiermacher, Über die Religion. Göttingen 1991, S. 90, UTB 1655) Bekräftigt wird also, dass Gott in Verborgenheit am Leben der Geschöpfe teilnimmt, er auch betroffen ist vom Missbrauch von Macht und den dadurch ausgelösten Qualen.
- Gott wird andererseits dadurch nicht mit den Naturgesetzen oder mit elementaren Vorgängen gleichgesetzt. Wenn man dies täte, würde er mit der Natur identifiziert; die Rede von Gott würde sinnlos. Vielmehr ist gemeint: der Glaube an „liebevollen Schutz und persönliche Führung" (Tillich); ein Gefühl von Geborgenheit inmitten der Bedrohungen und Ratlosigkeiten, aber auch angesichts der Glücksmomente und Hoffnungen des Lebens. Der Glaube an die Weltregierung Gottes *bewährt* sich also in denjenigen Situationen, in denen vermeintliche Sicherheiten erschüttert erscheinen.

„Der Glaube projiziert in das Unbegreiflichste und Entsetzlichste hinein das Angesicht Gottes … Das erschreckende Verstummen bleibt auch hier nicht aus … Aber dass sich aus dem Schweigen oder dem Entsetzensschrei dann doch das ‚Abba, lieber Vater' formt, das ist das Werk des heiligen Geistes im Erfahrungshorizont des für uns so undurchsichtigen Weltregiments Gottes." (Ebeling, a.a.O., S. 330)

„Die ausschließliche Diesseitigkeit, der totale Positivismus, der sich nur mit der Oberfläche der Dinge beschäftigt und jede Tiefendimension vermissen lässt, kann … nicht befriedigen … Denn es gibt eine tiefere Wirklichkeit als die Realität." (M. Gräfin Dönhoff, Die ZEIT 52/99, S. 1)

vgl. die These von der Tiefenstruktur der Welt bei Schopenhauer (AW Religion, 1999, Kap. 1.1.2)

Für den Theologen Schleiermacher (vgl. AW Religion, 1999, Kap. 3.1.2) ist das „Grundgefühl" der ***umfassenden Abhängigkeit*** *von Gott das Entscheidende. Der Satz von der Schöpfung könne diesen Gedanken lediglich ergänzen.*

– Gott bleibt dementsprechend nicht nur jenseits dieser Welt: dieser bloß beobachtend gegenüberstehend oder sie in Allmacht lenkend (im ersteren Fall wäre Gott lediglich Zuschauer, im zweiten der allein Handelnde). Der in den Schöpfungstexten akzentuierte Gedanke von dem seiner Welt zugeneigten Gott ist vielmehr durch eine zweite Vorstellung zu ergänzen: Gott ist Geist (Joh 4,24). Er ist also zwar *transzendent, auf der anderen Seite der Welt stehend (denn sonst könnte er nicht helfend eingreifen), aber in seiner Jenseitigkeit umfasst und durchdringt er seine Schöpfung, infiltriert sie, ist überall gegenwärtig. Er ist der sich mit der Welt befassende Gott. Der Mensch kann nirgends hinflüchten, wo Gott nicht ist (Ps 139). Andererseits: Wenn Gott seinen Geist gibt, dann wird etwas lebendig, und es lebt so lange, wie dieser Geist wirkt. Die poetische Metapher vom „Atem Gottes" (Gen 2) umreißt dieses Bewusstsein: Gott allein bewirkt den Unterschied zwischen Nichts und Sein. Der Mathematiker und Philosoph Blaise Pascal (1623–62) hat dasselbe in einem Gleichnis folgendermaßen ausgedrückt: Gott ist als unendliche Kugel zu beschreiben, deren Mittelpunkt überall und deren Umfang nirgends ist.

Das Geistsein heißt nicht: Gott ist Vernunftwesen jenseits des Materiellen oder ein „gasförmiges Wirbeltier" (E. Haeckel). Vielmehr zielt der Begriff auf die Kraft Gottes: „Gott ist vergleichbar mit der alles durchdringenden Luft, die manchmal als leiser Atem und manchmal als kräftiger Sturmwind alles durchdringt und auf diese Weise alles beherrscht." (Pannenberg in: Dürr u. a., a. a. O., S. 22f.); vgl. unten, S. 123ff.
Heim (a. a. O., S. 177): „Solange es uns noch nicht zum Bewusstsein gekommen ist, dass die Gegenwart Gottes ein Raum ist, der genau wie der Körperraum die ganze Wirklichkeit umfasst, solange wir uns also die Welt Gottes immer nur als das obere Stockwerk des Weltraums vorstellen können, solange ist auch das Handeln Gottes eine Einwirkung, die das irdische Geschehen immer nur von oben her beeinflusst."

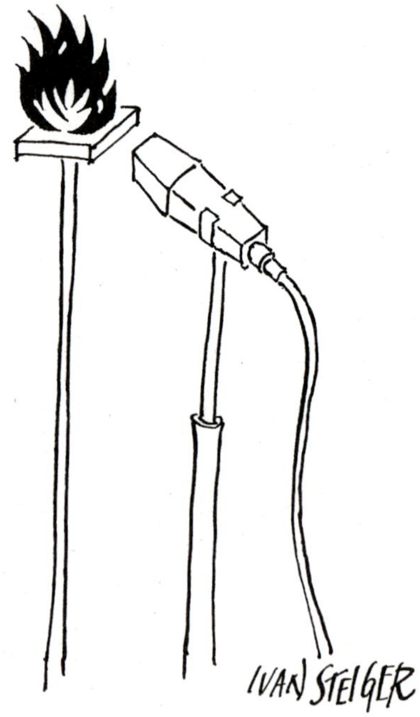

– Aus der Dialektik
  - von Eigenständigkeit des Geschaffenen einerseits, wie diese beispielsweise in der Regelhaftigkeit physikalischer Gesetze oder in dem natürlichen Gesetz von Fressen und Gefressenwerden sichtbar wird,
  - von göttlicher Teilnahme am Weltgeschehen andererseits

  ergibt sich die *Theodizeefrage: das Problem nämlich, dass „diese Schöpfung eine Welt ist, in der Kinder gemartert werden" (A. Camus).

  Einerseits *kann* man an Gottes Allmacht und Güte glauben, andererseits vollzieht sich das Naturgeschehen nach bestimmten Gesetzmäßigkeiten, leben die Geschöpfe autonom – und das heißt auch, dass sie ihren Selbstbehauptungswillen absolut setzen und im Kampf gegeneinander sich auf Kosten anderer behaupten können. Zur Endlichkeit der Welt gehören also auch Vergänglichkeit, Vernichtung und Unvollkommenheit – sowie das Leiden an dieser Erfahrung.

  Einem über allen diesen Übeln thronenden, *transzendenten Gott *kann* man leidenschaftlich widersprechen. Aber gerade das Christentum verkündet demgegenüber einen Gott, der seinen Sohn in diese Welt gesandt hat. Damit erweist er sich als mitleidender Gott, der verborgen anwesend ist und mitträgt. Das Faktum des Bösen wird damit zwar nicht aufgehoben. Aber wenn Gott als Mit-Betroffener in seiner Schöpfung bleibt, so *können* scheinbar sinnlose Qualen einen Sinn, eine hintergründige Bedeutung *bekommen*. Gott weist das Böse und Zerstörerische zurecht und ruft auf zu humanen Formen des Zusammenlebens.

Zynisch die entsprechende Definition: „Verantwortung. Eine abnehmbare Last, die sich leicht Gott, dem Schicksal, dem Zufall oder dem Nächsten aufladen lässt." (bei Mathwig, a. a. O., S. 132 A 12)

zur Theodizeefrage vgl. AW Religion, 1999, Kap. 1.3.2

„Gottes Liebe bewahrt mich nicht vor allem Leid. Sie bewahrt mich aber in allem Leid." (H. Küng, Existiert Gott? München 1978, S. 759)

Zusammenfassend: Schöpfungsglaube ist die Beschreibung eines Verhältnisses, ist eine grundlegende Aussage über die Beziehung zwischen Gott und Mensch:

– Gott will nicht weltlos sein; die Welt ist sein Werk.
– Der Mensch kann nur als Geschöpf seine Endlichkeit und Begrenztheit akzeptieren.

Die Rede vom Kreatursein gibt das Gefühl *transzendenter Geborgenheit. Sie proklamiert hinter aller Realität und inmitten aller Ungesichertheit die Wirklichkeit Gottes als unumstößliche Gegebenheit. Im Endlichen erscheint das Unendliche.

3.2.2 Der Naturbegriff

Natur: von (lat.) nasci = erzeugt bzw. geboren werden, aufwachsen Der Begriff bezeichnet Wirklichkeit also unter dem Aspekt des Entstehens und Sich-Entfaltens.

Natur ist diejenige Wirklichkeit, welche alle Lebensbereiche prägt, weil sie die materiellen Grundlagen des Daseins vorgibt. Sie ist insofern abzugrenzen von Kultur als dem *von Menschen* Hergestellten und als gültig Gesetzten. Natur *umgibt* nämlich den Menschen. Aber mehr noch: Dieser ist auf ihre Materialien, ihre Kräfte sowie ihre Strukturen *angewiesen;* um überleben zu können, muss er Natur „kultivieren".
Theologie thematisiert nun allerdings nicht den Naturzusammenhang als solchen, wohl aber seine Einschätzung, seine Bedeutung und den Umgang mit ihm, von welchem der Mensch so abhängig ist.

„Der liebe Gott, auf den er (Einstein) sich so gern beruft, hat irgendwie mit den unabänderlichen Naturgesetzen zu tun. Einstein hat ein Gefühl für die zentrale Ordnung der Dinge ... Es gibt für ihn keine Trennung zwischen Wissenschaft und Religion. Die zentrale Ordnung gehört für ihn zum subjektiven ebenso wie zum objektiven Bereich." (Heisenberg zitiert W. Pauli, in: Dürr, a. a. O., S. 297)

In Gen 1 „beherrschen" Sonne und Mond den Tag bzw. die Nacht; die Lebewesen leben „nach ihrer Art", sie sind Bestandteile der Welt und in diesem Zusammenhang selbstständig tätig.

Die „Randbedingungen", die ablaufende Prozesse in einen bestimmten situativen Kontext einbetten, werden von Natur- und Wirtschaftswissenschaften häufig nicht diskutiert; vgl. oben, S. 23ff.

- Natur ist charakterisiert – darin treffen sich biblische Schöpfungsvorstellung und moderne Naturwissenschaft – durch ihre Ordnung. Grundlegende Elemente ihres Wesens sind: unveränderliche Gesetzmäßigkeiten sowie Beständigkeit durch die Zeiten hindurch (siehe beispielsweise Planetenbahnen, die Vererbungsgesetze, Zyklen des Stoffwechsels).
- Diese Gleichförmigkeiten stellen die entscheidende Grundbedingung für Experimente sowie die darauf aufbauende technische Beherrschung der Naturvorgänge dar. Theologisch gesprochen: Sie sind ein Element des *erhaltenden* Wirkens Gottes.
- Gleichzeitig erweist diese Konstanz auch die partielle Eigenständigkeit der Kreatur gegenüber ihrem Schöpfer.
- Dennoch erlauben solche Gesetzmäßigkeiten die Entstehung von Gebilden höherer Komplexität – sowohl in der *Evolution der Lebewesen als auch der des Weltalls. Das Erschaffene enthält somit die Möglichkeit, *neue,* noch nie dagewesene Varianten und Gestalten des Seienden hervorzubringen. Wissenschaftlich gesprochen: Naturprozesse weisen trotz der Naturgesetzlichkeit der Vorgänge nicht den Charakter geschlossener bzw. isolierter Systeme auf.
- Natur reproduziert somit nicht nur permanent dieselben physikalischen, chemischen und biologischen Vorgänge, sondern sie ist daneben auch charakterisiert durch das Auftreten von Einmaligem, von Singularitäten. Dieser Aspekt wird von vielen Forschungsrichtungen zwar marginalisiert, weil sie bei ihren Experimen-

ten die Gesetzmäßigkeiten erforschen und nicht zeitlich bedingte Diskontinuitäten. Allerdings gibt es beispielsweise im mikrophysikalischen Gebiet Undeterminiertheit. Und auch Lebenswissenschaften arbeiten diesen Gesichtspunkt auf, indem einzelne Ereignisse als Abfolge einmaliger, kontingenter, nur in dieser Situation relevanter Ereignisfolgen dargestellt werden.

vgl. oben, S. 64f.

Zusammenfassend: **Welt kann man als große Maschine deuten, deren man sich wissenschaftlich-technisch zu bemächtigen hat. Man kann jedoch die Verlässlichkeit und Dauer ihrer tragenden Ordnungen einerseits sowie ihre immer neuen Formen andererseits auch als nicht selbstverständlich verstehen, sondern als Werk und damit als geschichtliches Geschehen in der Zeit.**

Kanitscheider (a. a. O., S. 165) vertritt erstgenannte Position: Es „zeichnet sich heute das Bild ab, wonach ... sich eine strukturarme Materie in einer Serie von Phasensprüngen ***von allein*** *immer mehr mit Struktur angereichert hat".*

Über diese theoretischen Fragestellungen hinaus sind auch praktisch-ethische zu beantworten:
- Weshalb sind wir verpflichtet, für die Nachwelt Ressourcen aufzuheben?
- Warum dürfen wir nicht zur Maximierung unseres Lebensstandards die Umwelt ruinieren?
- Weshalb sollten wir die Welt nicht als Müllhalde hinterlassen?
- Welche Umweltstandards haben als wesentlich und bedeutsam für das Leben zu gelten?

u.a.m.

Ein entsprechender Imperativ lautet: „Handle so, dass die Wirkungen deiner Handlungen verträglich sind mit der Permanenz echten menschlichen Lebens auf Erden." (H. Jonas, 1984, S. 36); vgl. dazu AW Sozialethik, Kap. V.3

Von Natur- und Wirtschaftswissenschaften sind hier zwar *Informationen* über die Auswirkungen einzelner Entscheidungen zu erhalten, aber – abgesehen davon, dass angesichts der Ceteris-paribus-Methode der Wissenschaften und angesichts der Komplexheit derartiger Fragen eine vollständige Beurteilung nur schwer zu erreichen ist – es bleibt die Frage bestehen, welche Entscheidungskriterien auf welcher Begründungsgrundlage gewonnen werden können. Wissenschaften sagen lediglich, was ist; sie beschreiben Strukturen und Kräfte der Wirklichkeit. Theologie demgegenüber kann Auskunft geben darüber, was sein soll. Sie vermag Anstöße zu geben:
- Der Mensch selbst ist Natur, ist Mensch gewordene Natur: er ist abhängig von seinen Organen, von Erbanlagen, von seiner Umwelt, von der Befriedigung seiner Bedürfnisse, vom Gesetz des Alterns und Sterbens.

vgl. oben, S. 18ff.; 25

vgl. Gen 2; oben, S. 72ff.

„Es wäre denkbar, dass ... eine neue Moral entstünde und wüchse, bei der schließlich das verantwortungsbewusste Setzen persönlicher Schranken für den Einzelnen und durch den Einzelnen der moralische Akt schlechthin wäre, während das bloße Befolgen von Gesetzen ... als unmoralisch gälte." (J. Illies, zitiert in GTB 330, S. 40)

Die Physik beginnt „sich wieder darauf zu besinnen, dass sie Naturwissenschaft ist, deren Aussagen über begrenzte Bereiche der Natur auch nur eine entsprechend begrenzte Gültigkeit haben: und dass sie nicht Philosophie ist, die eine Weltanschauung über die Natur im ganzen und über das Wesen der Dinge entwickelt." (W. Heisenberg, Das Naturbild der heutigen Physik. Hamburg 1961, S. 111)
s. S. 99ff.

vgl. oben, S. 31ff.

Daraus lässt sich allerdings nicht die Konsequenz ableiten, der Mensch sei bloß materialistisch zu verstehen – wozu dann auch gehören würde, dass alle Dinge der Welt und alle Mitmenschen allein unter der Perspektive betrachtet würden, ob sie die eigenen naturalen Antriebe befriedigen. Die Natur wahrnehmen, von der wir selbst ein Teil sind, heißt demgegenüber, Wünsche und Ansprüche daraufhin zu überprüfen, inwiefern sie – anthropologisch gesprochen – in dem *Kreatursein* des Menschen begründet sind bzw. – theologisch formuliert – zum Willen Gottes etwas beitragen, die Welt als Summe der Geschöpflichkeit zu *erhalten*. Es ist von einem Wechselverhältnis zwischen der „Humanität" und der „Naturalität" des Menschen auszugehen.

- Auch wenn man den Menschen als das am höchsten entwickelte Lebewesen charakterisieren kann, so ist er dennoch auch in einer anderen Perspektive als der soeben genannten noch abhängig von der Natur: Er vermag nicht, wie Gott, Neues aus dem Nichts heraus zu schaffen, sondern bleibt angewiesen auf das, was ihm vorgegeben ist. Er kann lediglich Natur in Kultur *umgestalten*. Um schöpferisch zu sein, muss er aus dem, was bereits vorhanden ist, ein anderes machen – und sich dabei an den Naturgesetzen orientieren.
  Grundsätzlicher: es ist der „Atem" Gottes, der lebendig macht und die Welt dem Lebenden zuordnet. Der Mensch ist also sekundär und insofern der Primärquelle verantwortlich für sein Tun bzw. sein Nichthandeln.
- Das Staunen über die Natur wurde durch die Naturwissenschaft verstärkt: Es wurde ein größerer Reichtum an Variationen erschlossen, als man dies vorher wusste – und gleichzeitig erkannte man eine erstaunliche Vereinfachung der Vorgänge auf der Basis ganz weniger Elemente, Gegebenheiten und Gesetze.
  Die Rätselhaftigkeit der Welt wurde erhöht; die wissenschaftlich geprägte Vernunft, die ins Innere der Dinge zu schauen vermag, hat – angesichts der Präzision und Komplexität der Zusammenhänge – *mehr* Grund, überwältigt zu sein, als dies bei den biblischen Autoren noch der Fall war.
- Gleichzeitig allerdings wird der Erlebnisbezug von Natur in Richtung einer Objektivierung, einer Erfassung in Zahlen und Formeln verschoben. Qualität löst sich in Quantitäten auf, Anschaulichkeit wird durch Abstraktionen ersetzt. Die Gefahr ist darin zu sehen, dass das Geschöpf seine Macht überschätzt und seine

Grenzen überschreitet, indem es die Kräfte und Möglichkeiten, die es entdeckt, nur noch als Optionen für die Erweiterung seiner Macht missbraucht, die Natur als Ausbeutungsmaterial – bzw. als bloßes Kulturprodukt – missversteht. Natur verliert ihr Eigengewicht als Kreatur und wird zur bloßen Bedingung der Möglichkeit von Wissenschaft und Technik. Schärfer: Natur wird nicht mehr definiert als das vom menschlichen Agieren und Herstellen zu Unterscheidende, sondern mit wachsender Eingriffstiefe gilt Natur als verfügbar, manipulierbar, reproduzierbar.

Die von den Wissenschaften untersuchten, objektivierten Details müssen jedoch in dem Kontext verweilen, innerhalb dessen sie geschaffen wurden. Sie können zwar methodisch, aber nicht prinzipiell aus der Ganzheit der Disposition herausgelöst werden: Sie müssen auf den Gesamtsinn des Lebens bezogen bleiben. In einer Formel ausgedrückt: Wissen muss uns in unserer Existenz betreffen (S. Kierkegaard).

– Wissenschaft enthält auch eine Gefährdung des Menschen selbst – dass dieser sich nämlich auch selbst objektiviert, sich selbst zum Gegenstand macht. Er entfremdet sich von sich selbst, wird zum Fremdling innerhalb des Naturzusammenhangs und büßt seine Eigenwertigkeit ein.

  Religiös begründete Verantwortung will demgegenüber dem Menschen beistehen, damit es gelingen kann, Personalität zu verwirklichen, menschliche Existenz als Ebenbild Gottes zu strukturieren.

Schöpfungsglaube hat also Konsequenzen für das Verhalten gegenüber Dingen und Lebewesen.

Es sind beispielsweise folgende Aufgaben zu lösen:
- der Natur im Menschen innewerden, indem allen jetzt und zukünftig Lebenden das Recht und die Möglichkeit eingeräumt wird, genährt, gekleidet und geheilt zu werden; kurz: indem *alle* Geschöpfe ihr Dasein in Freiheit und ohne Angst führen können;
- die Natur selbst schützen, indem diese als begrenzte gute Gabe wahrgenommen wird;
- das Eigengewicht der Natur in ihrer Schönheit, aber auch in ihrer Bedrohlichkeit verstehen, sie als Lebensraum und Lebensmittel für Mensch *und* Tier *und* Pflanze bewahren; als Ort, in dem Gottes Geist weht.

„Wissen ... zielt nicht auf Begriffe und Bilder, nicht auf das Glück der Einsicht, sondern auf Methode, Ausnutzung der anderen, Kapital ... Was die Menschen von der Natur lernen wollen, ist, sie anzuwenden, um sie und die Menschen vollends zu beherrschen." (M. Horkheimer/Th. W. Adorno, Dialektik der Aufklärung, Frankfurt/M 1969, S. 10)

„Die christliche Liebe ist sehend. Sie ist mit der Erkenntnis verbunden, und sie ist die Haltung, in der allein Erkenntnis gut ist. Sie ist zunächst kein Erlebnis, sondern ein Verhalten ... Liebe ist eine Haltung der Seele, die sehend den Kampf ums Dasein aufhebt." (C. F. v. Weizsäcker, zit. in GTB 330, S. 37)

„Wenn Gott da ist, ... dann weiß ich: Du bist genauso wenig wie ich durch einen blinden Zufall an die Stelle geworfen, wo du stehst. Gott, der uns beide gesetzt hat und vor dem wir beide stehen, hat jedem von uns beiden den Platz angewiesen." (Heim, a. a. O., S. 223)

– Natur in Kultur nehmen, von ihr leben, sie hegen, behüten und zähmen, sie nutzen *und* zu ihrer Entfaltung beitragen.

vgl. unten, Kap. 4.2

Derartige Thesen führen notwendigerweise, falls man sie konkretisiert, zu Zielkonflikten zwischen menschlichen Interessen, ökonomischem Bedarf, menschenwürdigem Leben und Naturschutz. Dementsprechend sind Abschätzungen notwendig:
- Erhebung der real gegebenen Handlungsoptionen;
- Kennzeichnung der wünschenswerten Folgen sowie der Risiken;
- Bewertung dieser Folgezustände;
- Feststellung der Wahrscheinlichkeit, mit der diese eintreten werden.

„Christlicher Glaube ... schreibt keine Handlungen vor und stellt keine Handlungsnormen für jeden denkbaren Fall auf. Ein solches Verständnis von Verantwortung wäre gesetzlich.“ „Es bleibt nichts anderes als die anstrengende und zeitraubende Übung des Gespräches, des Austausches von Informationen, Argumenten, Überzeugungen und Zielvorstellungen.“ (M. Honecker in: Beier, a. a. O., S. 146)

Kompliziert und komplex wird dieses Vorgehen dadurch, dass hier nicht allein quantitative Berechnungen möglich, sondern auch bewertende Abschätzungen im Sinne obiger Kriterien notwendig sind, welche die differierenden Intentionen in ihrer Rangordnung einstufen bzw. – besser – in ihrem gegenseitigen Gefüge optimieren: Es ist sorgsam zu erwägen, welcher Bedarf „berechtigt“, welche Daseinsform „sinnvoll“, welche Art der Existenzsicherung „human“ erscheint.

3.2.3 Der Zeitbegriff

Dass Zeit und Raum keine objektiven, absoluten, isolierten Größen sind, dass sie also keine Qualität der von uns wahrgenommenen Welt darstellen, ist längst bekannt:
- Der Philosoph Immanuel Kant (1724–1804) erfasste beide als Formen der Anschauung, das heißt als Brille, mit deren Hilfe *wir* in die Welt hineinschauen. Sie sind dementsprechend subjektive Ordnungsschemata, um Erfahrung zu strukturieren.
- *Einstein dagegen behauptete, dass Raum und Zeit nicht vom Beobachter in das Geschehen eingebracht werden, sondern immer auf ein *Objekt bezogen* sind und darum nicht unabhängig davon verstanden werden können (vgl. oben, S. 46f.). Sie sind weder im Subjekt noch im Objekt begründet, sondern in der jeweiligen Beziehung zwischen beiden. Sie können nur an den sich eben in Raum und Zeit *verändernden* Objekten gemessen werden: Geschwindigkeit beispielsweise ist defi-

vgl. AW Religion, 1999, Kap. 1.1.2

„Zeit ist der gemeinsame Nenner aller Prozesse ... Zeit ist als Raumzeit untrennbar mit dem Raum verbunden.“ (F. Cramer in: Gräb, a. a. O., S. 82f.)

niert als Strecke pro Zeit, Leistung als Arbeit pro Zeit, Radioaktivität als atomare Zerfälle pro Zeit.

Geht man von dieser Erkenntnis aus, so ist zu fragen, wie Zeit zu definieren ist:

1. Für die *klassische* Physik war Zeit reversibel, weil gleichgestaltet dahinfließend. Ihr Verlauf galt als linear: eine Abfolge von wiederholbaren Zeitpunkten. Unterschiede zwischen den Zeitmodi Vergangenheit, Gegenwart und Zukunft waren objektiv eigentlich nicht möglich; denn Zeit bleibt sich gleich, zu welchem Zeitpunkt auch gemessen wird. Die Bewegung jedes Körpers ließ sich dementsprechend unter gegebenen Bedingungen berechnen und auch wiederholen. Ohne eine solche Definition von Zeit lassen sich grundsätzlich überhaupt keine Bewegungsgesetze definieren (vgl. beispielsweise das Fallgesetz; oben, S. 20): Zeit war also bloßer *Parameter der Bewegung, eine analoge Größe.

reversibel (lat.) = umkehrbar (z. B. bei chemischen oder biologischen Vorgängen)

- Gegenwart wurde total, weil die Erfahrung der Vergänglichkeit methodisch ausgeblendet war.
- Von diesem Zeitbegriff aus war es ebenfalls nicht möglich, dass Neues entstehen kann – bzw. man vermochte das Entstehen des Neuen nicht zu verstehen.

„Die klassische Physik (versteht) Kausalität ... als notwendige Folge in der Zeit ... Die (entsprechenden) Gesetze erlauben die Vorhersage künftiger Ereignisse aus vorhergehenden – oder umgekehrt. Mit anderen Worten: Sie sind deterministisch. Eine Welt, die von ihnen allein beherrscht würde, wäre eine gigantische Maschine." (M. Born in: Dürr, a. a. O., S. 81)

Der *Kosmos* erschien demgemäß statisch: ewig und unveränderlich. Alle zukünftigen Ereignisse ließen sich – weil durch unabänderliche Gesetze eindeutig bestimmt – voraussagen, falls man diese Prozesse – wissenschaftlich hinreichend gesichert – erforscht hatte. Der Schöpfergott fand in diesem Modell keinen Platz: Die aufgezogene Uhr läuft in immer gleichen Bewegungen weiter.

Der Mathematiker P. S. Laplace (1749–1827) meinte, dass ein intelligenter Dämon, der die Lage eines jeden Stoffpartikels in der Welt kennte, auch Vergangenheit und Zukunft aufgrund der Gesetze der Mechanik berechnen könne.

2. Seit der Urknalltheorie, seit *Darwins Evolutionstheorie, seit dem *Entropiebegriff weiß man: Es gibt Ereignisse, die nicht wiederholt werden können – die vielmehr spontan entstehen. *Evolution beispielsweise ist die Herausbildung komplexer Strukturen aus einfacheren: ein Phasensprung also. Elektronen wiederum verhalten sich unberechenbar und spontan; sie verschwinden an einer Stelle, an anderer entstehen sie wieder. Es *gibt* also die Faktizität der Vergangenheit und die Offenheit der Zukunft.

vgl. Kap. 2.1.2

Die Chaos-Theorie geht davon aus, dass früher oder später jede Rotation, jede zyklische Bewegung, jede Oszillation in eine zeitliche oder räumliche Diskontinuität hineingerät. Sie führt dann keine regulären Schwingungen mehr aus, sondern kippt in eine neue Situation um. "Alle Strukturen sind in Wirklichkeit nur Durchgangsstadien, auch unser Planetensystem. Wir wissen, dass es entstanden ist und eines Tages kollabieren wird, um in irgendetwas anderes überzugehen. Irreversibilität und Werden sind direkt miteinander verbunden." (Cramer in: Gräb, a. a. O., S. 77)

Die Natur enthält chaotische, **irreversible** Prozesse, in welchen einzigartige Strukturen aufgebaut oder zerstört werden. Die Welt existiert somit nicht lediglich; sie *ereignet* sich. In der physikalischen Existenz der Natur ist das schöpferisch Neue, das Prozesshafte, das Nicht-Gleichgewicht erfahrbar.

Bei lebendigen, sich selbst organisierenden Systemen kann man diese nicht umkehrbare und nicht von außen steuerbare Strukturbildung und Eigendynamik ebenfalls gut bei der Entwicklung der Individuen studieren: Diese *verbrauchen* Energie, um ihre – streng genommen einmalige – Form auszubilden und danach aufrechtzuerhalten. Diese natürlichen Prozesse sind grundsätzlich nicht umkehrbar.
- Jedes mobile System hat demgemäß eine Geschichte.
- Zukunft erscheint unvorhersehbar, als offenes, werdendes Gefüge, als Inventar von Möglichkeiten, als Raum des Unbestimmten.

„Das Jetzt ist der Grenzpunkt, der die Zeitstrecke in zwei Teile teilt, von denen der eine Teil schon abgelaufen ist, während der andere Teil noch im Schoß der Zukunft ruht. Über den ersten Teil des Geschehens ist die Entscheidung schon gefallen, der zweite Teil ist noch unentschieden." (Heim, a. a. O., S. 106)

Zeit ist demnach ein Gebilde über alle drei Modi hinweg – nicht mehr bloß eindimensional. Und die Natur enthält ein *geschichtliches,* ein gestaltendes Element. Sie ist nicht bloß eine große Weltmaschine, sondern sie enthält in der Zeit offene Prozesse.

Wenn Naturwissenschaft also Strukturen stabiler Systeme – die Gleichförmigkeit der Ereignisse, die auftretenden Regelmäßigkeiten – beobachtet, gilt die reversible Zeit; falls man dagegen Wandlungsfähigkeit und Evolution behandelt, die irreversible Zeit – die Option bestimmter Singularitäten.

„Strukturen sind in der Realität nichts als Warteschleifen." (Cramer in: Gräb, a. a. O., S. 82)

Aus theologischer Sicht stellen sich hinsichtlich des letzteren Aspektes Fragen, die die Einmaligkeit und Unumkehrbarkeit thematisieren:
- Von welchem Punkt gehen die kosmischen Prozesse aus – und wohin führen sie?
- Worauf beruht die Fähigkeit der Natur zur Eröffnung neuer Entwicklungsplateaus?

„Eines jedenfalls ist gesichert: ... Der Kosmos ist ein unvollendeter Prozess, der seine eigene Zukunft nicht kennt." (ebd., S. 81)

Es wäre nun unangemessen, die genannten Erkenntnisse direkt auf den Gottesbegriff zu beziehen, indem man etwa Gottes Handeln als Werdegesetz der Welt interpretiert. Wohl aber erhält die Zeit eine neue Struktur: Nicht mehr bestimmen festgestellte Naturgesetze und Regelhaftigkei-

vgl. oben, S. 79f.

ten allein das Geschehen in Gegenwart und Zukunft, indem sie sich ohne weiteres in alle Zeitmodi hinein verlängern lassen. Zeit also erstreckt sich nicht *prinzipiell* linear aus der Vergangenheit in jede folgende Dimension hinein. Welt besitzt vielmehr neben ihrer Prähistorie einen Zukunftshorizont. Sie ist offen für Neues. Sie umfasst nicht allein das Faktische, sondern auch das Mögliche bzw. Überraschende oder sogar das Wunderhafte.
Der Bezug zum Schöpfungsgedanken besteht nun darin, dass es auch dort nicht allein um die Frage nach der Herkunft der Welt in einer fernen Vergangenheit geht, sondern ebenfalls um die der Zukunft – um Hoffnung also, die *vor* den Menschen liegt; um die Verlässlichkeit und Dauer der geschaffenen Ordnungen trotz aller gegenwärtigen – z. B. ökologischen – Bedrohungen; um Schöpfung als bestimmende Größe über die gesamte zeitliche Ausdehnung der Welt hinweg.

„In der schöpferischen Macht der Zukunft als Feld des Möglichen äußert sich die Dynamik des göttlichen Geistes in der Schöpfung.“ (Pannenberg, a. a. O., S. 119)

Schöpfung geschieht ständig: auf nicht prognostizierbare Zustände hin. „Welt“ gilt als von einer Bewegung erfüllt, die Neuanfänge und schöpferische Antriebe ermöglicht.

Bereits Thomas v. Aquin (1225–74) unterschied die creatio originans (= Schöpfung an einem endlichen Punkt der Vergangenheit) von der creatio continua (= der weiterhin andauernden Abhängigkeit alles Geschaffenen vom Schöpferwillen). Dieses Prinzip hat der Liederdichter J. J. Schütz (1640–1690) so ausgedrückt: „Was unser Gott geschaffen hat, das will er auch erhalten.“ (Evangelisches Gesangbuch Nr. 326)

Gott kann dementsprechend nicht als weltloser Impulsgeber vorgestellt werden:
- Gott ist als kreativ zu verstehen, indem alle drei Zeitmodi verwendet werden: „Gott *hat* die Welt geschaffen, er *ist* schöpferisch im gegenwärtigen Moment, und er *wird* in schöpferischem Sinne sein Telos (= Ziel, Zweck) erfüllen.“ (Tillich, a. a. O., S. 291) Die Lehre von der Schöpfung spricht vom Beginn, von der Erhaltung der Welt sowie von der göttlichen Vorsehung seinen Geschöpfen gegenüber. Gott ist dem Neuen gegenüber offen.
- Die Begriffe „*Immanenz“ bzw. „*Transzendenz“ Gottes sind symbolisch zu verstehen; es handelt sich um Raumsymbole. Immanenz heißt dementsprechend: Gott ist dauernder schöpferischer Grund der Welt. Er ist darum im Endlichen gegenwärtig, ist zur Stelle, erreichbar, anwesend. Transzendenz zielt demgegenüber auf die Freiheit Gottes, insofern er nicht an Raumstrukturen gebunden ist. Er ist vielmehr der „ganz Andere“, der unergründlich und unberechenbar bleibt.

*„Gott ist ... durch seine Allgegenwart jedem Geschöpf an dessen eigenem Ort gegenwärtig.“ (Pannenberg, a. a. O., S. 113) Dies heißt allerdings nicht, dass Gott mit dem Werden der Welt **identifiziert** würde.*

3.2.4 Ganzheitliches Verstehen

Schöpfung war für die Autoren der Hebräischen Bibel kein isolierter Glaubenssatz. Denn eine Wirklichkeit außerhalb Gottes existierte für sie nicht. *Wie* er die Welt erschaffen haben mochte, erschien deshalb nicht als dogmatische Frage, nicht als intellektuelles Rätsel über das Woher des Menschen und das Zustandekommen der Welt. Der Vorgang der Schöpfung wurde vielmehr so erzählt, wie sich das die Menschen zu den verschiedenen Zeiten vorgestellt haben, ohne dass diese Darstellungsformen vereinheitlicht werden mussten. Aus diesem Grunde gibt es keine konsistente Schöpfungs-Lehre. Die Frage des jeweiligen Weltbildes spielte ebenfalls keine Rolle: Glaube und Vorstellungswelt bildeten eine Einheit, ein in sich geschlossenes Ganzes.

vgl. oben, Kap. 3.1

Das Auseinandertreten von Religion, Philosophie und Wissenschaft in der Neuzeit

Die Frage nach der Entstehung von Mensch und Welt als *theoretisches* Problem entstand, als Glaube und Rationalität sich voneinander lösten; als der Wahrheitsanspruch des Glaubens und die Ambitionen der autonomen Vernunft nicht mehr in eins gingen.

Im 17./18. Jahrhundert allerdings erschien eine Durchdringung von „Welt" noch ebenso machbar, wie die Wirksamkeit Gottes selbstverständlich blieb:

- Der Philosoph René Descartes (1596–1650) nahm Gott in Anspruch, um die scharfe Differenz zwischen den „res extensae" (= der räumlich ausgedehnten Dingewelt) und der „res cogitans" (= dem denkenden Bewusstsein) zu überbrücken – und um auf diese Weise die Möglichkeit einer adäquaten Erkenntnis der Außenwelt zu begründen. Eine Wechselwirkung zwischen den beiden gegensätzlichen Substanzen sollte dadurch vermittelt werden.
  Gott erschien hier als diejenige Instanz, welche die sinnliche Wahrnehmung der physikalischen Substanzen ermöglicht. Als guter Schöpfergott hat er menschliche Denkstrukturen und Wirklichkeitsstrukturen analog erschaffen.
- *Newton ging davon aus, dass diejenigen Kräfte und Gesetze, die sich in der Mechanik der irdischen, beweg-

vgl. AW Religion, 1999, S. 22ff. Diese cartesische Unterscheidung erscheint aus logischen Gründen unhaltbar, weil die Postulierung einer eigenständigen Denksubstanz nicht erkennbar macht, wie deren Entscheidungen in die Körpermaschine transformiert werden können.

ten Körper zeigen und errechnen lassen, für *alle* Naturerscheinungen gelten. Diese mathematische Struktur der Welt sowie deren Harmonie und Zweckmäßigkeit seien nur aus dem Wirken eines intelligenten Schöpfergottes heraus abzuleiten.

Gott wurde also als Erklärungsprinzip des Kosmos verstanden; anders: als übernatürliche Kraft, die anzunehmen ist, um die Planmäßigkeit und Regelhaftigkeit von „Welt" zu begründen.

Als abstraktes, mathematisches Ordnungsprinzip verliert Gott seine Personalität sowie Spielräume, um in geschichtliche Prozesse einzugreifen.

- Der Philosoph Immanuel Kant (1724–1804) demgegenüber zeigte, dass die Existenz Gottes *nicht* beweisbar sei, weil der menschliche Verstand nicht über das Empirische hinausreichen kann, die *Metaphysik ihm verschlossen bleibt.

  Aus zwei Gründen jedoch erschien es Kant notwendig, Gott als Postulat menschlichen Denkens zu setzen:

  vgl. AW Religion, 1999, S. 30ff., 54ff.

  - zum einen als Bedingung der Möglichkeit umfassender Erkenntnis. Denn der Mensch ist bemüht, erforschte Partikularitäten zu Ganzheiten – zum Gesamtbild von „Welt" – zu integrieren und so die Einzelerfahrung zu erweitern. Dazu ist aber ein Welturheber der theoretischen Vernunft anzusetzen, welcher diese Kompetenz in seine Kreaturen eingepflanzt hat. Gott garantiert also die Fähigkeit, Gesamtzusammenhänge zu verstehen.
  - Zum anderen erschien Gott als diejenige Prämisse, die den Menschen dazu bringt, dem Sittengesetz subjektiv – in seiner Lebensführung – zuzustimmen; denn Gott als moralische Weltursache ist wesentlicher Bestimmungsgrund des menschlichen Willens zum Guten.

Jedes derartige Postulat – mag es von der notwendigen ganzheitlichen Wahrheit oder vom Sittengesetz ausgehen – bleibt eine „petitio principii" (= ein Schluss, der das, was bewiesen werden soll, bereits voraussetzt).

Gott kann beide Male nicht theoretisch gewusst, sondern nur für die Praxis eingefordert werden.

Seit dem 19. Jahrhundert wurde das Dasein Gottes aus unterschiedlichen Motiven heraus bestritten:

vgl. AW Religion, 1993, Kap. II, V, VI

- Erkenntnistheoretisch müsse sich der Mensch mit dem begnügen und sich allein mit dem auseinandersetzen, was er erfassen *kann*. Dies sei allein das empirisch Sichtbare, das *Verifizierbare. Nur dieser Bereich stehe dem menschlichen Verstand zur Verfügung; diesen müsse er konsequent und ohne Vorbedingungen durchdringen. Eine jenseitige Welt oder feststehende Wahrheiten gebe es demgegenüber nicht; zumindest seien diese nicht *intersubjektiv aufweisbar. „Gott ist eine

Mutmaßung: aber ich will, dass euer Mutmaßen begrenzt sei in der Denkbarkeit“ (Nietzsche).

- Psychologisch ließe sich der Glaube an Gott aus Defiziten des Menschen herleiten: aus seiner infantilen Unfähigkeit, sich auf das zu beschränken, was er aus sich selbst heraus zu tun und selbstverantwortlich auf den Weg zu bringen vermag. Die Annahme eines göttlichen Wesens hindere den Menschen folglich, sich mit dem auseinanderzusetzen, was er zu gestalten vermag; mehr noch: sie beschwichtige alle Impulse, die Realität zu verbessern. „Gott ist der Ersatz der verlornen Welt – das Leben der Theorie“ (Feuerbach).
- Moralisch gründe Religion in subjektiven Heilsansprüchen, in Egoismen also, in dem Wunsch, für sich als Einzelnem Glück zu erhaschen. Der andere gerate nur in den Blick, sofern er für diese Zielsetzungen instrumentalisiert werden könne. Gott sei dementsprechend zu töten, „weil er von den Menschen trennt“ (Sartre).

Christen haben den philosophisch konstatierten „Tod Gottes“ hingenommen – mit der Feststellung, gestorben sei der aus Wünschen und abstrakten Begriffen hergeleitete Götze, nicht aber der tragende, anredende, anwesende Gott. Fatale Konsequenzen hatte allerdings der häufig damit verbundene Rückzug von Religion auf das Exklusivgebiet der biblischen Heilsgeschichte, um von dort aus Gott zu verkünden. Dies sei diejenige Sphäre, in der persönlich Segen erfahren werden könne. Wenn damit aber der wesentliche Akzent verlorengeht, dass Gott in aufweisbarer Form in die *Strukturbedingungen* von „Welt“ eingreift, dann bleibt unklar, was dieser Gott mit den Umwelt- und Daseinsgestaltungen zu schaffen hat (vgl. oben, S. 80ff.).

„Der Christ hat nicht wie die Gläubigen der Erlösungsmythen aus den irdischen Aufgaben und Schwierigkeiten immer noch eine letzte Ausflucht ins Ewige, sondern er muss das irdische Leben ... ganz auskosten.“ (D. Bonhoeffer, Widerstand und Ergebung. München 1961, S. 226f.)

Die genannte Verabschiedung objektiv verhandelbarer Themen verschärfte sich, als in denjenigen Bereich, den man als „Schöpfung“ bezeichnet, die Wissenschaft einzog. Als Angelpunkt der wissenschaftlichen Konzeption ist die soeben angesprochene Behauptung von Descartes anzusehen, dass das erkennende Ich (als Subjekt) sich in Kontrast setzt zur Welt als einem von ihm unabhängigen Gegenstand (bzw. Objekt).

- Der Mensch sei „res cogitans“ (eine denkende, über Bewusstsein verfügende Substanz);

- die Sinnenwelt verblasse demgegenüber zur „res extensa“: zu bloßen Substanzen; mathematisch exakt könne allein deren räumliche Struktur gemessen werden. Alle übrigen Qualitäten – wie Licht, Farben, Töne, Geruchs- und Geschmacksqualitäten usw.; erst recht alle ästhetischen Wesenszüge – könne man nicht genau berechnen und voraussehen. Diese vermag man nur verschwommen und dunkel zu denken.

Alle Materie also – ob anorganischer oder organischer Natur; ob Stein, Pflanze oder Tier – sei als res extensa allein in ihren *Bewegungen* als unabänderlich determiniert und berechenbar zu analysieren. „Welt“ sei objektiv vorauszubestimmen und mathematisch zu beschreiben: *wenn* man Körper als durch Stoß und Druck – durch eine Kraft also – in Bewegung gesetzte Gegenstände auffasst.

vgl. oben, S. 18; Kap. 2.1.1

Tiere beispielsweise seien ebenso uhrwerksmäßig bedingte Naturgebilde wie das Planetensystem: In allen ihren Reaktionen seien sie genauso unabänderlich-mechanisch vorausbestimmt. Dass wir ihr Verhalten (noch) nicht berechnen könnten, sei allein dadurch zu erklären, dass dieser Naturvorgang der tierischen Bewegungen und Reaktionen zu kompliziert sei, die Wissenschaft erst noch am Anfang ihrer Entwicklung stehe.

Tiere gelten für Descartes als seelenlose Mechanismen. Das Heulen eines geschlagenen Tieres liege auf der gleichen Ebene wie das Erzeugen eines Tones auf einem Musikinstrument.

Gerade in dieser Überzeichnung wird ein Aspekt plastisch, der Naturwissenschaften seit Descartes bestimmt (hat):

Das Subjekt stellte sich im Erkennen die „Welt“ als Einzel-Objekte gegenüber. Mit Hilfe des methodischen Prinzips der Messung konnte es sie – rational gesteuert – Baustein für Baustein rekonstruieren und ihre mathematischen Gesetzmäßigkeiten in *intersubjektiv gültiger Weise nachzeichnen.

Für Kanitscheider (a. a. O., S. 148) ist dieser Ansatz effizient: Die Aussageleistung von Naturgesetzen bestehe darin, „innere Strukturen der Realität“ zu erfassen.

Nachdem Glaube und Kirchen zunächst noch – vergeblich – versucht hatten, dieses wissenschaftliche Konzept zu bekämpfen (beispielsweise in der Auseinandersetzung mit *Galilei oder *Darwin), wurde die bereits im Zusammenhang mit der Religionskritik geschilderte Konsequenz verstärkt: der Rückzug auf den Bereich des Geschichtlichen und Individuellen.

„In solchem Klima werden die Naturwissenschaften mehr durch Wegsehen als durch Hinsehen zur Kenntnis genommen.“ (in: Beier, a. a. O., S. 3)

Naturwissenschaften und religiöse Vorstellungen wuchsen als zwei gegensätzliche Gedankenwelten auseinander; sie bezogen sich auf zwei ganz verschiedene Bereiche:

vgl. oben, S. 9

- Naturwissenschaftliche Rationalität stand vor der Aufgabe, richtige Aussagen über die materielle Wirklichkeit zu machen und deren Zusammenhänge zu verstehen.
- Religiöser Glaube dagegen war Ausdruck einer subjektiven Entscheidung, nach der man sein Leben ausrichtete und für sich selbst Werte setzte.

Im 19. Jh. bereits hat demgegenüber F. Schleiermacher für die ***Theologie*** *konsequent alle Versuche einer Welterklärung verabschiedet. Aber er bestand darauf, dass religiöse Weltdeutung und wissenschaftliche Weltentstehungstheorie zwei* ***kompatible*** *Kultursphären darstellen (vgl. AW Religion, 1999, Kap. 3.1.2).*

Der Fromme geriet damit in die Gemarkung eines weltlosen Gottes, an den man zwar glauben kann, der aber ohne jede Relevanz für die Natur ist, der also hinter dem Horizont der „Welt" verschwunden ist. Ein solcher Gott wird innerhalb einer technischen Kultur irgendwann jede Überzeugungskraft verlieren und selber irrelevant erscheinen. Naturwissenschaften ihrerseits entwickelten Methoden, um die „Welt" als Summe von zuvor atomisierten Gegenständen zu saldieren.

Verhältnisbestimmungen von Geist und Materie

Die unterschiedlichen Denkansätze von Wissenschaft und Religion – zergliedernd der eine, integrierend-sinnorientiert der andere – zeigen sich prägnant bei der Frage: Ist das Seelen- und Geistesleben nur eine Begleiterscheinung rein physisch determinierter Vorgänge? Oder aber gibt es eine *Kompatibilität* der Materie mit dem Geist, die das Auftreten des Geistes in der Materie ermöglicht?

Von folgenden Aussagen kann man ausgehen:
- Zwar wird menschliches Bewusstsein durch Milliarden von Nervenzellen der Großhirnrinde organisiert; es ist also an die neuronalen Codierungen und deren Wechselwirkungen gebunden.
- Aber das Bewusstsein verarbeitet diese einzelnen materiellen Vorgänge zu einer *Ganzheit:* Es formt sie zu Wahrnehmung, Erinnerung, Reflexion, Willensbildung, Planung, Gestaltung, Empfindung, Gewissen usw. – letztendlich zur Erkenntnis der Ich-Haftigkeit der eigenen Person.

„Der Materialist, dessen Überzeugung es ist, dass alle Erscheinungen sich aus Elektronen, Quanten und ähnlichen Dingen, deren Verhalten mathematisch beschrieben werden kann, zusammensetzen, müsste somit auch glauben, dass seine Frau durch eine sehr komplizierte Diffe-

Zwischen dem letztgenannten Erleben in der Innenperspektive des Subjekts einerseits und den biochemischen Vorgängen andererseits besteht eine Erklärungslücke. Der Physiologe Emil du Bois Reymond (1818–96) hat dies so ausgedrückt: „Es ist in keiner Weise einzusehen, wie aus ihrem Zusammensein (gemeint sind Kohlenstoff-, Wasserstoff-, Sauerstoff- usw. -atome) Bewusstsein entstehen kann." (zit. in Spektrum der Wissenschaft 10/92, Heidelberg, S. 48)

rentialgleichung dargestellt sei. Aber er wird wahrscheinlich taktvoll genug sein, diese Ansicht nicht auf sein häusliches Leben übertragen zu wollen." (A. Eddington in: Dürr, a.a.O., S. 119)

Will man die genannten Festlegungen interpretieren, so existieren zwei Beschreibungssysteme:

Erstens: die Frage nach dem Geist als eigenständiger Größe stellt eine Grenzüberschreitung dar, weil sie empirisch-quantitativ nicht lösbar erscheint. Belegbar sind allein folgende Aussagen:

- dass Geist im Sinne eines materiellen Determinismus *allein* als biochemisch-neuroelektrisch ablaufendes Phänomen erforscht werden kann. Die Frage nach dem „Wesen" von Vernunft ist demgegenüber nicht zu beantworten und kann wissenschaftlich nicht entschieden werden;
- dass Geist methodisch geregelten Analysen nur dann zur Verfügung steht, wenn er vielleicht graduell, aber nicht prinzipiell bzw. kategorial von nicht-geistigem Leben unterschieden wird.

vgl. oben, S. 37f.

Wer demnach unterstellt, es „gebe" eine eigene Qualität namens „Geist", verschiebt das Aufzuzeigende in den Bereich des nicht Fassbaren, des Obskuren. Eine kausalanalytische *Deduktion ist dann nicht mehr möglich. Mit einer Erklärung durch Unerklärliches ist aber nichts gewonnen.

Der bereits zitierte Physiologe du Bois-Reymond urteilte: „Ignorabimus" (wir werden es nicht wissen). Er meinte damit, dass Bewusstsein ***niemals*** *aus seinen wissenschaftlich greifbaren, d. h. materiellen Bedingungen heraus erfasst werden könne.*

Alternative Einordnung: „Geist" können wir mit Hilfe unseres Erkenntnisapparates zwar letztlich und unwidersprochen weder definieren noch kausal erhellen. Es lässt sich aber konstatieren,

- dass er zwar der materiellen, codierenden Struktur bedarf,
- dass er aber durch physikalisch-chemische Erklärungen in seinem *Wesen* überhaupt nicht verstanden werden kann.

Das Bewusstsein als Gesamtheit ist also nicht mit seinen molekularen Bestandteilen identisch, sondern ist nur als qualitativer Sprung in eine andere Dimension verständlich zu machen. Anders herum: der Geist synchronisiert auf komplexe Weise wahrgenommene Teilaspekte in einer Zusammenschau, in einer Gesamtsicht, in einem Weltbild

„Dass Sprache ein (während der Kindheit) von schon Sprechenden Erlerntes ist, besagt, dass auch Geist ein von vorgegebenem Geist zu Erlernendes ist ... Es beginnt also

... eine der physischen Ontogenese überlagerte, neuartige Ontogenese aus nunmehr geistiger Information; und nur vorgängiger Geist von außen kann sie liefern und damit die aus der inneren, blinden ‚Information' des Genoms erstandene Potentialität zur Realisierung bringen." (Jonas, 1988, S. 73)

und überschreitet damit reflexiv das Partikulare – was aus den aufzeigbaren, messbaren Gehirnprozessen allein nicht abzuleiten ist. Der Geist existiert zwar *an* der Materie, er lässt sich aber nicht auf das empirische Gehirn reduzieren, sondern er wurzelt in ganzheitlichen Strukturen des menschlichen Seins. „Die Wirklichkeit hängt zu einem erheblichen Teil von unserer Seele ab" (W. Heisenberg). Denn: Das „innere Auge" repräsentiert eine originelle, eine interpretierende, eine synthetische Sicht, welche wir nicht realisieren könnten, wenn wir nur biologische Maschinen wären.

Die erste Antwort erscheint insofern einsichtig, als sie sich auf das empirisch Nachweisbare zurückzieht: auf materielle Elemente, auf molekulare Bewegungen, auf chemische Prozesse. Sie sind es, mit deren Hilfe das Gehirn arbeitet.

„Mit der Zerlegung (der) Wirklichkeit in eine objektive und eine subjektive Seite wird man nicht viel anfangen können." (Heisenberg zitiert Bohr, ebd., S. 301)

Die zweite Antwort ist vielschichtiger, komplexer. Denn sie behauptet, daß die „Begabung *mit* Innerlichkeit" (H. Jonas) sich daraus ergibt, dass Bewusstsein eine Einheit verschiedener Ebenen darstelle: „Die Innendimension als solche, vom dumpfsten Empfinden bis zur hellsten Wahrnehmung ..., ist der allgemeinen Weltsubstanz als eigene ... Leistung anzurechnen." (Jonas, 1988, S. 23f.). Das heißt: Materie besitzt die ausgebildete Möglichkeit, Geist zu realisieren – das Vermögen also, das physiologische Geschehen in inneres Erleben zu transformieren. „Bewusstsein und Materie sind verschiedene Aspekte derselben Wirklichkeit" (C. F. v. Weizsäcker). Der Mensch lebt dieses strukturierte Gefüge, indem er Wahrgenommenes zu Gesamtphänomenen *transzendiert und diese „seelisch" deutet.

vgl. unten, S. 115f., 117ff.

„Zwischen den materiellen Bestandteilen eines Organismus sind noch nie Reaktionen beobachtet worden, die irgendwie gegen die physikalischen und chemischen Gesetze der anorganischen Natur verstoßen. Aber dies ist eine Aussage, die sehr verschieden von der weiter gehenden Behauptung ist, dass es keinerlei andere Prinzipien gibt, die bei diesen Vorgängen eine Rolle spielen können." (Whitehead, a. a. O., S. 12f.)

„Die Auflösung der Wirklichkeit in ein Geflecht von Kausalfäden ist ein Irrtum. Eine Kultur, welche die Wirklichkeit so missversteht, kann nicht anders als die Wirklichkeit zerstören, die sie zu beherrschen und zu verbessern meint." (C. F. v. Weizsäcker in: v. Weizsäcker/Krishna, a. a. O., S. 15f.)

Anders: Wie mentale Prozesse aus einem neuronalen Substrat heraus entstehen, wie also immaterielle mit materiellen Prozessen in Wechselwirkung treten, bleibt rätselhaft. Das naturwissenschaftliche, isolierende Beschreibungssystem ist jedenfalls hier unzulänglich. Denn das Selbst erscheint zumindest teilweise als eine Art externer Bereich, welcher nach eigenen Prinzipien biologische Regelkreise mit kulturellen Welten verknüpft.

„Der Geist in der Materie ist Geist vom Heiligen Geist ... Durch den weiterschaffenden Geist Gottes ereignet sich die fortgesetzte Schöpfung, die der Selbstbewegung (und) Selbstorganisation der Materie zugrunde liegt." (S. M. Daecke, Evang. Theologie 3/85. Kaiser, München, S. 275)

Vermag menschliche Vernunft Ganzheiten zu begreifen?

Wir fassen wesentliche Ergebnisse zusammen:

- Die materiellen Eigenschaften und Prozesse erklären nicht, wie auf einmal aus ihnen emergente (= neu auftauchende) Bewusstseinsphänomene (Emotionen, Verstehen, gestaltende Entwürfe, Selbstbewusstsein u.a.m.) entstehen können. Denn diese Vollzüge fassen auf molekularer Basis ablaufende Vorgänge zu einer neuen ganzheitlichen Totalität zusammen. Beides läuft nicht parallel zueinander, sondern als Sprung in eine andere Qualität: Ein physikalisches System erreicht einen bewussten, erlebbaren Zustand.
- Anders: Die menschliche Fähigkeit, über den unmittelbaren Bereich hinauszustoßen, zeit- und raumübergreifende Überlegungen anzustellen und Ziele in Angriff zu nehmen, weist darauf hin, dass der Geist nicht allein *materiell,* sondern auch *ideell-konzeptuell* geprägt ist. Absichten sind demgemäß zeitübergreifende ideelle Vorstellungen, die anschließend verwirklicht, also in materielle Veränderungen der Welt umgesetzt werden können.
- Geist und Materie stehen also in einem doppelten Zusammenhang: (1) Auf der Basis neuronaler Aktivitäten kann (2) festgestellt werden, „was der Fall ist". Der Mensch vermag Begriffe zu bilden, diese dann in Kommunikation mit anderen Menschen zu *verifizieren und anschließend (3) einige Bereiche seines Lebensraumes planvoll zu gestalten. Leben ist die Begegnung einer ideellen mit der materiellen Welt. Anders: Materie hat, so verstanden, als objektiviertes Korrelat der kulturellen Tätigkeit zu gelten.

„Obgleich die Einsicht unseres Bewusstseins die einzige Möglichkeit darstellt, zu einer ***inneren*** *Kenntnis der hinter den physikalischen Symbolen liegenden Realität zu gelangen, so dürfen wir uns doch nicht einfach ohne Nachprüfung auf sie verlassen. Die Geschichte lehrt uns, wie religiöser Mystizismus oft zu Übertreibungen geführt hat." (A. Eddington in: Dürr, a. a. O., S. 118)*

Die Physik beginnt „sich wieder darauf zu besinnen, dass sie Naturwissenschaft ist, deren Aussagen über begrenzte Bereiche der Natur auch nur eine entsprechend begrenzte Gültigkeit haben: und dass sie nicht Philosophie ist, die eine Weltanschauung über die Natur im Ganzen und über das Wesen der Dinge entwickelt". (W. Heisenberg, Das Naturbild der heutigen Physik, Hamburg 1961, S. 111)

Die These, Geist sei allein als materiell zu interpretieren,
- wird der **Komplementarität** von Erkennen und Denken einerseits und materiellem Träger andererseits nicht gerecht;

– **erklärt** nicht die Kompetenz des Menschen, „Welt“ von innen her zu durchdringen und ganzheitlich zu verstehen.

Der Theologe, Philosoph und Humanist Albert Schweitzer (1875–1965) hat dementsprechend sein Konzept der „Ehrfurcht vor dem Leben“ als gezielte Korrektur des Cartesianismus verstanden: „Das zum Erleben werdende Erkennen lässt mich der Welt gegenüber nicht als rein erkennendes Subjekt verharren, sondern drängt mir ein *innerliches* Verhalten zu ihr auf … Willen zum Leben (ist) Sehnsucht nach dem Weiterleben und nach der geheimnisvollen Gehobenheit des Willens zum Leben, die man Lust nennt, und Angst vor der Vernichtung und der geheimnisvollen Beeinträchtigung des Willens zum Leben, die man Schmerz nennt.“ (A. Schweitzer, Kultur und Ethik. München 1960, S. 330f.) Erkennen erweitert sich also zum Erleben, zum Ganzheitswissen, zu Gesamtentwürfen über das „richtige Leben“ und überwindet so die Trennung von Subjekt und Objekt. Anders: Wissenschaft und technische Weltgestaltung werden blind, wenn sie nicht im Horizont des Guten – der Erhaltung von Existenz – betrieben werden. Dies setzt dann allerdings einerseits das *Erfassen* von komplexen Sinn-Gebilden, andererseits das *Konzipieren* von sinnbestimmtem Handeln voraus.

vgl. oben, 2.2.2

Dieser ganzheitlichen Erkenntnis gegenüber ist allerdings die cartesianische Subjekt-Objekt-Sprache unangemessen. Die umfassende, vernetzte Wirklichkeit lässt sich vielmehr in ihrer Verflechtung nur symbolhaft aussprechen: Mit *Bildern* vermag man sich dem Gesamtzusammenhang zu nähern. Denn Symbole stellen nicht partikulare Sachverhalte fest, sondern sie sind geprägt durch das existenzielle Verstehen von Ganzheiten. Sie erfassen bewusstes Verhalten und inneres Leben. In der Bibel wird beispielsweise „schöpferischer Geist“ durch die Metapher des „göttlichen Atems“ verständlich gemacht. Denn: „Über den letzten Grund der Wirklichkeit kann nur im Gleichnis gesprochen werden.“ (Heisenberg in: Dürr, a.a.O., S. 334) Damit ist eine eigenständige Sprachebene angenommen: Mit Symbolen – wie Gottesebenbildlichkeit, Geschöpf, neue Schöpfung, Kreuz, Auferstehung – wird man den gesamtheitlichen Erfahrungen gerecht. Anders herum: In diesen Symbolen wird das Ganze der Wirklichkeit durchsichtig, werden Grundbefindlichkeiten transparent. Sym-

vgl. S. 73; 82; 121f.
zum Symbolbegriff: vgl. AW Religion, 1999, S. 149ff.

bole stellen die semantische Koppelung zwischen bildhaftem, kontemplativem Sinnverstehen und bilderlosem, funktionsbezogenem Wissen dar.

Den beschränkten Möglichkeiten menschlicher Erkenntnis kann man sich also nicht entziehen, indem man die Welt monokausal auf beweisbare Aussagen reduziert, jede andere Dimension abschneidet.

„Dass die ‚letzten Fragen', die auf keine ***beweisbare*** *Antwort hoffen können, deshalb* ***sinnlos*** *seien, ist nicht ernst zu nehmen; hinter jedem Denken lauern sie und noch der erklärte Agnostiker (= derjenige, der das „wahre Sein" für unerkennbar hält) beantwortet sie mit seiner darin versteckten *Metaphysik." (Jonas, 1988, S. 64)*

Es ist „zwischen der Autorität der Wissenschaft im Hinblick auf Entscheidungen über ihr eigenes methodisches Vorgehen und der fragwürdigen Autorität der Wissenschaft bei der Festlegung fundamentaler Erklärungskategorien zu unterscheiden" (Whitehead, a.a.O., S. 26). Denn: Die Tiefenstruktur der Welt ist mit den fragmentierenden Mitteln der Wissenschaft nicht in ausschließlich gültiger Weise zu erfassen.
Anders herum:

- Auch wenn man konstatiert, dass das Bedürfnis, Ganzheiten zu denken, für den Menschen von zentraler Gewichtigkeit ist;
- auch wenn man gleichzeitig zu dem Ergebnis gelangt, dass diesem Wollen kein – durch Experimente und Forschungen an Genen bzw. Neuronen *quantifizierbares* – Können entspricht,

so erscheint es dennoch inadäquat, daraus die Konsequenz zu ziehen, dass dieses Begehren nicht im Naturzusammenhang diskutiert werden kann. Es bleibt vielmehr ein *feststellbares* Faktum, dass der Mensch zu dem „An-Sich der Welt" vordringen möchte – und dies auch kann, selbst wenn er dazu von den Wissenschaften unterschiedene Wege beschreitet und andersartige Denkmöglichkeiten wahrnimmt. Dieses zentrale Motiv und diese existenzbestimmende Möglichkeit zu verschweigen bzw. zurückzuweisen, bedeutete, implizit vorausgesetzte, „hinter dem Rücken verborgene" (Nietzsche), nicht artikulierte Glaubensmeinungen zu verdrängen, unausgedrückte ganzheitliche Überzeugungen im Dunkeln zu lassen.
Denn die wissenschaftliche Perspektive, die sich an messbaren Substanzen orientiert und sich dabei auf Teilausschnitte beschränkt, vermittelt kein *vollständiges* Verständnis für „Welt". Die Einengung auf das Objektivierbare erscheint für Lebensgestaltung darum nicht hinreichend. Die Wissensgesellschaft kann das spirituelle Verlangen nach Symbolen, nach Sinn und Bedeutung zwar

„Entweder es gibt überhaupt keine Antwort auf die Frage, wo ich herkomme; die Setzung meines Ichs ... ist ein absolut unlösbares Rätsel ... (bzw.) ein ganz lächerlicher Zufall. Ich bin durch eine Flutwelle an irgendeiner x-beliebigen Stelle an das Gestade dieser Welt geworfen worden. Oder aber die setzende Instanz ist ein Ich." (Heim, a. a. O., S. 215)

für substanziell-materiell nicht erfassbar, sie vermag jedoch nicht, diesen kategorial andersartigen Blick für gegenstandslos zu erklären.

Der cartesische **Dualismus** von Geist und Materie erklärt das Ganze aus den Eigenschaften seiner analysierten Teile. Eigentlich ist es aber umgekehrt: Nur aus der **ganzheitlichen** Dynamik eines komplexen Systems lassen sich die Eigenschaften der einzelnen Teile verstehen.

Neuansätze in Naturwissenschaften

Die Meinung, „Welt" allein auf das Wirken physikalisch-chemischer Gesetze zurückführen und auf diese Weise erschöpfend beschreiben zu können, wird inzwischen von Naturwissenschaften selbst zumindest im Ansatz aufgehoben.

vgl. oben, S. 54ff.

Leben wird beispielsweise nicht mehr *allein* durch die mechanischen Grundkategorien „Materie und Energie" beschrieben (als Grundmerkmale gelten hier: Stoffwechsel, Fortpflanzung, Mutationen der Vererbung). Leben wird vielmehr zusätzlich konstituiert durch das Phänomen der Information. Indem Leben als „Prozess der Selbstorganisation der Materie durch informationelle Koordination" (in: Beier, a.a.O., S. 12) verstanden wird, wird nämlich der Dualismus von Geist und Materie zumindest relativiert. Der Informationsaustausch zwischen Partnerzellen innerhalb eines Organs durch chemische Botenstoffe beispielsweise ist „als informationeller Verbund *mehr* als nur eine Addition von Materie" (ebd., S. 13). Denn diese Informationen sind bedeutungsgeleitet, und ihre Meldung – ihr semantischer Effekt – muss jeweils von den kommunizierenden Zellen eingeordnet werden, um das jeweilige Leben zu erhalten, zu sichern und zu entfalten. Die informationell organisierten Funktionszusammenhänge werden darum zu Kreisläufen verknüpft, das heißt, zu Sinn-Gebilden, zu Ganzheiten: „Information ist konstitutiv eine Botschaft zwischen Sender und Empfänger. Ihre Bedeutung muss von beiden verstanden werden. Somit ist Leben eben nicht nur ein physiko-chemisches, sondern wesentlich auch ein Kommunikationsphänomen." (Fischbeck, ebd., S. 62)

„Im Leben kommt es zur Begegnung einer ideellen Welt abstrakter Strukturen mit der materiellen Welt. Die Schnittstelle ist die Information mit ihrer ideell-materiellen Doppelstruktur aus Semantik (= Bedeutung) und Syntax (= kodierende Struktur)." (Fischbeck, ebd. S. 64)

Leben wird getragen von bedeutungsgeleiteten Prozessen, welche die Vielzahl von Vorgängen ordnen und so etwas wie semantische Kohärenz realisieren. Umgekehrt: Materie ermöglicht „nur im Verbund mit Informationen belebte Wirklichkeit" (ebd., S. 13).

Semantische Kohärenz ist Kohärenz auf der Bedeutungsebene, d. h. chemische Funktionskreisläufe werden in sinnbestimmter Weise geschlossen, also verfugt, um durch Informationsaustausch – sprich: Kommunikation – Leben zu verwirklichen.

Die Methode, sich auf künstlich isolierte Teilaspekte zu beschränken und diese experimentell und distanziert zu untersuchen, ist für wissenschaftliches Erkennen nicht nur unentbehrlich; sie ist auch äußerst erfolgreich gewesen. Sie war die Voraussetzung, um präzise umrissene Probleme zu beschreiben und diese dann exakt – und das heißt: mathematisch – zu lösen. Die Sachfragen wurden in handhabbare Größenordnungen aufgeschnitten.

vgl. oben, S. 25f; 32ff.

Überführt man diese Methode jedoch in eine objektivierende Aussage über die Welt, so erscheint die Welt als in Stücke und Details zerbrochen.
- Die Teilbarkeit liegt jedoch nicht im Wesen der Wirklichkeit begründet, sondern in den Strukturen unseres Denkens. „Fragmentierung (besteht) nicht nur im Gedankeninhalt, sondern in der ganzen Vorgehensweise desjenigen, der ‚sich Gedanken macht', und damit ebensosehr im Vollzug des Denkens wie in seinem Inhalt." (D. Bohm, ebd., S. 283) Die Einheitlichkeit, die das System der Natur konstituiert, wird aufgehoben.
- Werden Theorien als direkte Beschreibungen der Welt, „wie sie ist", – als deckungsgleich mit der Realität – verstanden, so interpretiert man Welt so, als sei sie aus getrennten Bruchstücken zusammengesetzt. Sie erscheinen nicht mehr als Aussagen über einen begrenzten Geltungsbereich, innerhalb dessen sie genau und angemessen sind, sondern als Welt-Bilder. Es gibt dann keinen qualitativen Unterschied mehr zwischen Rechnen und Verstehen, zwischen sinnlicher Wahrnehmung und Empfindung. Um zu solchen Weltbildern zu gelangen, muss wissenschaftliches Wissen über seinen Geltungsbereich hinaus ausgedehnt werden. Ein derartiger „Realismus" ist nämlich – ebenso wie jede Weltanschauung – ein Konstrukt auf der Basis von Wertentscheidungen.

„Weil die Realität ganz ist, erhält der Mensch auf sein fragmentierendes Vorgehen notwendig eine entsprechend fragmentierende Antwort. Was also dem Menschen nottut, ist Aufmerksamkeit gegenüber seinem gewohnheitsmäßig fragmentierenden Denken." (D. Bohm in: Dürr, a. a. O., S. 271)

„Schon das Bekenntnis zu dem Glauben, dass die objektivierbare Schicht der Wirklichkeit die ‚eigentliche' Wirklichkeit sei, verwandelt oder bestimmt die Wirklichkeit in ähnlicher Weise wie irgend ein anderer Glaube." (W. Heisenberg in: Dürr, a. a. O., S. 335)

Heutige Naturwissenschaften blenden den Aspekt von Ganzheitlichkeit in vielen Forschungsbereichen nicht mehr grundsätzlich aus. Vielmehr rechnen sie ein Gewebe *vgl. dagegen oben S. 23ff.*

von Interdependenzen und Wechselwirkungen ein. Darum müssen sie – angesichts der Komplexität ihrer Gegenstände – die Rahmenbedingungen in ihr Kalkül einbeziehen, können diese also nicht mehr konstant halten:

- Grenzüberschreitende Disziplinen wie Kybernetik, Ökologie oder Theorien der offenen Systeme nehmen ungeteilte, dicht verwobene Phänomene wahr. Sie alle nämlich sind vom kumulativen Zusammenspiel mehrerer Ursachenketten – von Rückkoppelungen und Synergieeffekten – geprägt. Diese markieren eine „Gesamtvernetzung“ von Strukturen und Prozessen.
- Die Welt der Atome „ist“ keine gegenständliche Welt, wie eine „objektive Betrachtung“ dies als selbstverständlich voraussetzt. Die Auflösung der Quantenphänomene führt zu dem Ergebnis, dass eine Trennung von Akteur und Zuschauer, von subjektiver und objektiver Wahrnehmung nicht mehr streng möglich ist. Objektivierende Aussagen (wie: Welle, Korpuskel) stellen Bilder und Gleichnisse dar, mit deren Hilfe der Mensch diese Welt des Allerkleinsten ordnet und sich zugänglich macht. Naturgesetzliche Zusammenhänge lockern sich: Im mikrophysikalischen Geschehen wird die Vorstellung ungültig, dass im Forschungsprozess Erkennender und objektive Realität sich bloß gegenüberstehen.

vgl. oben, S. 16f.; 21f.

vgl. „Kopenhagener Deutung“ unten, S. 105

Das Problem liegt – anthropologisch gesprochen – darin, dass sich unser Denken im Laufe der *Evolution entwickelt hat und es dazu diente, Überleben abzusichern. Es bezog sich demgemäß auf den jeweiligen Raum sowie die jeweiligen Umstände – nicht aber darauf, größere und das Vorhandene überwölbende Dinge zu erkennen. Verstandesapparat und Sprache (dazu gehört auch die Mathematik) genügen nur der Möglichkeit, präzise auszudrücken, was *wir* erfassen und mitteilen können. „Unsere Sprache reicht prinzipiell nur so weit, wie wir das Materielle sozusagen mit Händen greifen können.“ (Dürr in: Dürr u. a., a. a. O., S. 8) Und dies sind partikulare Aspekte einer bestehenden, aber analytisch nicht zu durchschauenden Gesamtwirklichkeit. Das abstrakte, mathematisierte, unanschauliche Wissen vermag darum eines nicht: Sinnbedürfnisse zu befriedigen, Beziehungen zu erklären, von Gut und Böse zu erzählen, Zeit und Vergänglichkeit zu interpretieren, zu trösten, zu orientieren.

Ein Weltbild gab stets nur „eine annähernde Erklärung der Phänomene, die ausreichte, um dem Menschen das Leben zu ermöglichen“. (Fromm, a. a. O., S. 133)

Glaube und Wissenschaft

4

Wir fassen zunächst wesentliche Ergebnisse aus dem bisher Gesagten zusammen:

1. Lange Zeit schien es so, als hätten sich im Laufe der Neuzeit zwei gegensätzliche Denkbereiche herausgebildet: Religion und Wissenschaft. Sie gehörten vermeintlich zwei Kulturen an, die ohne Verbindung zueinander standen. Die wissenschaftliche galt als die dominierende der beiden: Denn sie besitzt eine globale Spannweite, mit weltumfassenden Strukturen und erstaunlichen sowie gewaltigen Leistungen.

Einstein formulierte bereits 1941 die Antithese: „Naturwissenschaft ohne Religion ist lahm, Religion ohne Naturwissenschaft ist blind." (in: Dürr, a. a. O., S. 75)

2. Die Annahme von der Deckungsgleichheit von Wissenschaft und Realität ist allerdings längst über Bord geworfen worden: Wissenschaften stellen der Natur eng begrenzte Fragen, während andere Problemstellungen, Faktoren und Aspekte beiseite geschoben werden. Die Präzision im Detail wird mit der Ausklammerung von Ganzheiten erkauft: Wissenschaftliches Erkennen ist zur Abblendung und Abstraktion genötigt, um sicheres Wissen zu erlangen. Theorien sind somit nicht Kopien der an sich seienden Welt, sondern Modelle und Entwürfe von begrenzter Reichweite.

„Bei naturwissenschaftlichen Gesetzen ist die Frage ‚Wahr oder falsch?' meist irrelevant. Die richtige Frage muss lauten: ‚Unter welchen Umständen ist dieses Gesetz wahr, und unter welchen ist es falsch?'" (Whitehead, a. a. O., S. 45f.)

3. Eine Vertiefung erfuhr diese Erkenntnis durch Ergebnisse der Quantenphysik. Danach sind bei jedem Experiment Wechselwirkungen zwischen erkennendem Subjekt und erkanntem Objekt einzukalkulieren. Beispielsweise wird ein Elektron in einem Wasserstoffatom, das mit Hilfe von Lichtquanten beleuchtet und kontrolliert werden soll, dadurch aus seiner Bahn herausgebracht, evtl. sogar vom Atom gelöst. Grundsätzlicher: Alle Messungen im Bereich der Atome werden *wesentlich* dadurch gestört, dass mit jeder Durchführung der Beobachtung eine Veränderung des Objekts verbunden ist. Physikalische Tatbestände sind dementsprechend nur darzustellen, wenn der diese Systeme erfassende Prüfer mit in die Beschreibung aufgenommen wird.

„Ich und Gegenstand können zwar durch eine Abstraktion voneinander unterschieden, aber nicht konkret voneinander gesondert werden." (Heim, a. a. O., S. 136)

In der „Kopenhagener Deutung" der Quantentheorie durch N. Bohr und W. Heisenberg (1926/27) wird darum die neuzeitliche Trennung von Subjekt und Objekt – das Fundament des „cartesianischen" Naturbildes also – im

**Einstein stand dieser Indeterminismus- bzw. Unbestimmtheits-These skeptisch gegenüber. Berühmt ist sein Epigramm: „Der Alte (gemeint ist Gott) würfelt nicht!“*

Quantenbereich in Frage gestellt. Der Forscher ist danach sowohl Zuschauer als auch Teilnehmer: Jeder experimentelle Eingriff beeinflusst den Faktenkomplex; jede Beobachtung bedeutet eine Umformung der Struktur des jeweiligen Atoms. „Wir haben gesehen, dass da, wo die Wissenschaft am weitesten vorgedrungen ist, der Geist aus der Natur nur wieder zurückgewonnen hat, was der Geist in die Natur hineingelegt hat. Wir haben an den Gestaden des Unbekannten eine sonderbare Fußspur entdeckt. Wir haben tiefgründige Theorien, eine nach der anderen, ersonnen, um ihren Ursprung aufzuklären. Schließlich ist es uns gelungen, das Wesen zu rekonstruieren, von dem die Fußspur herrührt. Und siehe! es ist unsere eigene.“ (W. Heisenberg, Das Naturbild der heutigen Physik. Hamburg 1961, zit. S. 111 Eddington)

4. Gemeinsam ist Religion und Wissenschaft, dass sie von einer existierenden vernünftigen Weltordnung ausgehen – aber gleichzeitig auch davon, dass deren Ganzheit niemals direkt erfasst werden kann. Religion setzt Symbole, Bilder und Gleichnisse ein, um die Verlässlichkeit der Welt zu beschreiben. Wissenschaften formulieren Naturgesetze, die nichts über das Wesen der Erscheinungen und Dinge aussagen, das ja sinnlich nicht wahrnehmbar ist. Ihre Thesen müssen vielmehr mit den empirisch beobachtbaren Phänomenen übereinstimmen, sich in der Erfahrung als brauchbar erweisen.

„Das Wahrheitsverständnis, das den Naturwissenschaften mit ihrem Anspruch, ‚festzustellen, was der Fall ist‘, unreflektiert zugrunde liegt, ist das der Korrespondenztheorie: Übereinstimmung zwischen Aussage und Sachverhalt, konstatiert durch Experiment.“ (Fischbeck in: Beier, a. a. O., S. 73)

5. Wahrheit ist für Wissenschaft eine zutreffende, nachweisbare Aussage über einzelne spezifische Sachverhalte – und damit etwas, was die Möglichkeit zulässt, „Welt“ erfolgreich zu gestalten. Es wurden zuverlässige methodische Verfahren zur Entdeckung von Wahrheit entwickelt:
- Analyse partikularer Ursachenketten: Wirklichkeit ist also zerlegbar;
- empirische und mathematisch formulierbare Vorgehensweisen, die sich auf *intersubjektiv überprüfbare Fakten stützen;
- exakte Formulierung bestehender Gesetzmäßigkeiten und funktionaler Zusammenhänge.

*„Man **kann** die Wirklichkeit objektivieren, indem man sie in ein Kausalgeflecht auflöst. Das Unternehmen ist erfolgreich; die Frage ist nur, was dabei verlorengeht.“ (v. Weizsäcker in: v. Weizsäcker/Krishna, a. a. O., S. 116*

Damit wurde der Mensch in die Lage versetzt, sich Arbeit zu erleichtern, sich ausreichend zu ernähren, Krankheiten zu heilen, sich Informationen zu erschließen und Kommunikationswege zu konstruieren, das Geheimnis des Lebens zu entschlüsseln u. v. a. m.

6. In der Religion geht es nicht primär um objektive Feststellungen, sondern um die Grundlagen der menschlichen Existenz. Mit dem Glauben an Gott den Schöpfer sind die Behauptungen verbunden, dass
- diese Welt ihre Tiefe und Bedeutsamkeit aus dem Bezug zu diesem Schöpfergott erhält;
- der Mensch als Ebenbild und Geschöpf Gottes seinen Sinn und seinen Wert erhält;
- er in jedem Augenblick von Gottes gegenwärtigem schöpferischem Wirken abhängt;
- er von da aus dazu befähigt ist, Verantwortung im Weltganzen auszufüllen und wahrzunehmen.

„Wenn ich ein göttliches Wesen annehme, (habe) ich zwar weder von der inneren Möglichkeit seiner höchsten Vollkommenheit, noch der Notwendigkeit seines Daseins den mindesten Begriff, aber alsdenn doch (kann ich) allen anderen Fragen, die das Zufällige betreffen, ein Genüge tun ... (Dies) beweiset, dass ihr (der Vernunft) spekulatives Interesse und nicht ihre Einsicht sie berechtige, von einem Punkte, der so weit über ihrer Sphäre liegt, auszugehen, um daraus ihre Gegenstände in einem vollständigen Ganzen zu betrachten." (I. Kant, Werke Bd. II, S. 587)

Die Einbettung der Vorgänge in Kausalzusammenhänge stellt also die eine Betrachtungsweise dar. Die andere richtet den Blick auf die göttlich gewollte, schöpferische Dynamik, und sie benutzt dafür spezifische Sprachspiele mit eigenen Kriterien und Rationalitäten.

7. Religiöse Wahrheit liegt in der zutreffenden Situationsbeschreibung des Menschen, das heißt, im Verstehen von Lebenszusammenhängen. Religion geht also fehl, wenn sie bereits festgestellte Fakten nochmals benennt, Probleme, die jeder kennt, nochmals wiederholt. Die inhaltliche Beschreibung von der Entstehung der Welt, von den Strukturen des Lebens, von den Kausalbeziehungen der Einzelelemente, von der möglichen Behebung von Funktionsstörungen u. a. sind vielmehr *alleiniges* Forschungsgebiet der Wissenschaften. Demgemäß bleibt es auch prinzipiell anmaßend, wenn Lücken in naturwissenschaftlichen Modellen mit religiösen Implikaten aufgefüllt werden.
Aufgabe ist es demgegenüber, die analytisch zerlegte und erforschte Welt wieder in ihren Zusammenhängen zu begreifen und zumindest annäherungsweise den Blick aufs Ganze – auf die vernetzte „Welt" mit ihren vielen offenen bzw. geschlossenen Systemen – zu richten. Die Ermittlung von Wahrheit (als Unternehmen, die menschliche Wirklichkeit der Realität anzunähern) und die Suche nach Sinn lassen sich letztlich nicht trennen.

„Es kann der Theologie nicht genügen, angesichts der ökologischen Krise nur noch einmal in religiöser Metaphorik zu wiederholen, was ohnehin gedacht wird, und zur moralischen Forderung zu erheben, was inzwischen sowieso jedem einleuchtet." (Gräb in: Gräb, a. a. O., S. 8)

8. Wissenschaft ist wertfrei, und sie untersucht die von wertfreien Gesetzen bestimmte Natur. Sie vermag Fakten und Erkenntnisse und Regelhaftigkeiten anzubieten. Sie ist auch befähigt zu beurteilen, inwieweit Werturteile mit Fakten kompatibel sind. Aber es übersteigt ihre Möglichkeiten, daraus Folgerungen zu ziehen, die in den Bereich

*„Die naturwissenschaftliche Erkenntnis **kann** weder für sich allein zur lebensbestimmenden Wahrheit werden noch **darf** sie angewandt*

werden ohne Rücksicht auf ihre Auswirkungen auf das Leben." (Ebeling, a. a. O., S. 302)

der existenziellen Lebensorientierung hineinreichen. Ganzheitliche Wahrheit ist nämlich prinzipiell nicht wertfrei, sondern mit Werturteilen verbunden. Ziel- und Sinnfragen sind darum mit den Mitteln der Wissenschaften ebensowenig *festzulegen* wie Wesensfragen. Tatsachen und deren Verknüpfung durch Kausalketten führen nicht zur vollständigen Beschreibung von Welt und Leben. „Die Entscheidung über die Ziele kann innerhalb der Naturwissenschaft ... gar nicht gefällt werden; sie wird, wenn wir nicht völlig in die Irre gehen wollen, an einer Stelle getroffen, wo der Blick auf den ganzen Menschen und seine ganze Wirklichkeit ... gerichtet ist ... Wo keine Leitbilder mehr den Weg bezeichnen, verschwindet mit der Wertskala auch der Sinn unseres Tuns und Leidens." (W. Heisenberg, Guardini-Rede, FAZ 71/1973, S. 7)

„Aus der noch so klaren und vollkommenen Erkenntnis des Seienden kann kein Ziel unseres menschlichen Strebens abgeleitet werden." (Einstein in: Dürr, a. a. O., S. 72)

9. Umgekehrt: Deutung von Welt ist zwar auf inhaltliches Wissen von den in und um uns verlaufenden Prozessen angewiesen, aber sie liegt nicht auf der Ebene dieser Faktenkenntnisse.

- Sie integriert zwar wissenschaftliche Ergebnisse in ihr Welt- und Selbstverständnis. Würde Religion von den Erkenntnissen der Naturwissenschaften abgekoppelt, erschiene sie für das an diesen Ergebnissen orientierte Weltbild der Gegenwart irrelevant.
- Aber sie erhält ihre spezifischen Konzepte aus der sinnverstehenden und Zwecke bzw. auch Grenzen setzenden Reflexion.

„Die eigentümliche Befriedigung, die das spekulative Denken mit sich bringt, ist das Durchsichtigwerden der Dinge. Das ist der Grund, warum die Tatsachen den Vorrang vor dem Denken haben." (Whitehead, a. a. O., S. 66)

M. Planck brachte diese Dialektik auf die Formel: „Die Naturwissenschaft braucht der Mensch zum Erkennen, die Religion aber braucht er zum Handeln." (in: Dürr, a. a. O., S. 38) Wahrnehmung ist zugleich Beobachten *und* Mitspielen; objektivierende Distanz *und* ganzheitliche Beteiligung.

„Jede Wissenschaft muss auf ihrer eigenen Ebene methodisch selbstständig, autonom verfahren. Das muss nicht hindern, dass dieses Verfahren, sowie die dabei zur Anwendung kommenden Grundbegriffe und die gewonnenen Ergebnisse, in andere gedankliche Zusammenhänge integriert werden." (Pannenberg in: Gräb, a. a. O., S. 141)

10. Die beiden Grundhaltungen – die rechnende, zergliedernde auf der einen Seite; die Ganzheiten aufnehmende, Wesensstrukturen verstehende auf der anderen Seite – sind für den Menschen konstitutiv. Sie stellen zwar ein Gegensatzpaar dar, welches aber komplementär aufgefasst werden muss. Umfassende und partikular-kausale Erkenntnisansätze müssen einander zugeordnet werden.

„Um des guten Fortgangs des Lebens willen sind beide Wissenschaften aufeinander angewiesen." (Hübner in: Beier, a. a. O., S. 58)

Dass die Wahrnehmung von Welt einen bestimmten Umgang mit ihr erfordert, soll im Folgenden in zweifacher Hinsicht skizziert werden:

- In einem ersten, theoretischen Teil werden einige grundsätzliche Bestimmungen von Religion und Wissenschaft aus unterschiedlicher Perspektive her wiedergegeben;
- in einem zweiten Ansatz soll die Veränderung der Natur mit Hilfe der Technik – die durch die wissenschaftliche Vernunft gegebenen Beherrschungsmöglichkeiten also – thematisiert werden. Denn dies ist der Bereich, in dem Sachverstand und ganzheitliche Wahrnehmung in Beziehung treten können.

4.1 Zuordnungen

Wir wählen – relativ willkürlich – vier differierende Konzeptionen aus. Kriterium ist jeweils, dass der oben skizzierte Gesprächsstand vorausgesetzt ist, das heißt, alle vier Texte sind in den 90er Jahren des 20. Jahrhunderts erschienen.

4.1.1 Bernulf Kanitscheider: Naturalismusthese

geb. 1939, Professor für „Philosophie der Naturwissenschaft" in Gießen

Kanitscheider (abgekürzt: K.) geht von der erkenntnistheoretischen (cartesischen) Position der Subjekt-Objekt-Beziehung aus: Erkenntnis ist als spezifische Wechselwirkung zwischen zwei realen Systemen (dem menschlichen Organismus einerseits mit seiner Umgebung andererseits) aufzufassen. „Beim Erkennen findet ein Informationsfluss statt, und dieser besteht immer in der Übertragung eines Stückes kodierter Materie, z. B. eines modulierten elektromagnetischen Signales, das in das Sensorium des Lebewesens eindringt." (Kanitschneider, a. a. O., S. 21)

Aus dieser Prämisse heraus stellt sich für K. die Frage, ob Religion und Naturwissenschaft auf der Grundlage *logischer Analyse* kompatibel sind. K. konzediert hier zwar, dass Religion erklärbar sei. Aber diese Ebene mit der Begründungsebene zu verwechseln, stellt für ihn einen „genetischen Fehlschluss" dar:

- Religion lässt sich erklären aus dem Wunsch des Menschen nach Sinnfindung, nach Bewältigung des Daseins

*Es „lässt sich ein starker Naturalismus[1] formulieren, wonach unser materielles raumzeitlich organisiertes Universum **alles ist, was existiert,** und es ein transzendentes Jenseits nicht gibt." (ebd., S. 159)*

[1] „Solange wir alle empirischen Befunde unter Zugrundelegung einer naturalistischen Ontologie erklären

können, darf nach dem Prinzip des **starken Naturalismus** keine theistische Hypothese eingesetzt werden. Die Welt ist danach die Menge aller Dinge, die notwendigerweise zum Verständnis der bekannten Phänomene gebraucht werden, aber nicht mehr." (ebd., S. 161)

– und zwar im Angesicht der Tatsache, dass er als endliches Wesen zwar faktisch *ist,* aber auch nicht sein könnte und irgendwann auch nicht sein wird. Religiöse Sinngebung verortet demgemäß den Menschen mit Hilfe eines *transzendenten Ankers. Religion ist als psychologischer Mechanismus zu identifizieren: als „psychosomatisches Placebo".
- Es müsste demgegenüber analytisch sauber bewiesen werden, dass für derartige religiöse Aussagen gute, das heißt logisch klare und empirisch abgestützte Gründe angeführt werden können.

Die Ermittlungen führen zu einem negativen Ergebnis: „Die beiden Satzklassen, die religiösen und die wissenschaftlichen Aussagen, sind metatheoretisch inkompatibel." (ebd., S. 149)

Unvereinbarkeit von Religion und Wissenschaft

Auf methodologischer Ebene bereits

vgl. oben, S. 43f.

- sind die jeweiligen Erkenntnisbegriffe zu unterscheiden: Wissenschaftliche Einsicht gilt grundsätzlich als *vorläufig,* möglicherweise fehlerbehaftet, ungesichert und damit revidierbar. Das Wissen um die göttlichen Dinge kann davon nicht ausgenommen werden. Für das religiöse Denken demgegenüber gilt das Prinzip der *Inerranz* (der Irrtumslosigkeit), das heißt, einzelne Grundwahrheiten werden gegebenenfalls zwar interpretiert, aber nicht grundsätzlich angezweifelt. Sie erscheinen endgültig und unrevidierbar. „Die uneinholbare Fehlbarkeit der Vernunft und die Unmöglichkeit, letzte, unbezweifelbare wahre Prinzipien zu finden, *widerstreiten* dem Selbstverständnis der Offenbarungsreligion, wonach die in den kanonischen Schriften enthaltenen Aussagen ... irrtumsfreie Wahrheit repräsentieren." (ebd., S. 132)
  Wenn demgemäß – zeitgebunden – bestimmte Aussagen zwischen Religion und Wissenschaft übereinstimmen sollten, so gilt dies nur für den jeweiligen Moment: Die Karawane der Wissenschaften zieht immer weiter, zu immer neuen Erkennntnishorizonten; religiöse Gruppen dagegen verbleiben auf der Oase, auf der sie institutionalisiert wurden.
- ist der Wirklichkeitsbezug, den die jeweiligen Aussagen haben, der Echtheitsgrad, den sie besitzen, zu hinterfragen. Die *Wissenschaften* verfügen ja über ein Arsenal

vgl. oben, S. 26f.

methodischer Instrumente zur *intersubjektiven Überprüfung von Aussagen. K. sieht demgegenüber bei *religiösen* Erfahrungen die hohe Gefahr gegeben, dass diese auf rein mentale Geschehnisse zurückzuführen sind: auf Täuschungen, auf psychologisch zu erklärende Erlebnisse und Überzeugungen. Es bleibe dementsprechend offen, ob sie „einen authentischen Informationskanal" darstellen. „Blindes Vertrauen, vorrationale Akzeptanz, bedenkenloses Sich-Öffnen gegenüber einer angeblichen *transzendenten Realität machen es unmöglich, subjektive Phantasmagorien über eine Scheinwelt (einerseits) und objektive Erkennung von einer autonomen Realitätsschicht (andererseits) zu unterscheiden." (ebd., S. 131)

„Es muss etwas in der menschlichen Natur sein, das ... dazu treibt, mit teilweise abenteuerlichen Strategien die Übernatur anzupeilen." (ebd., S. 161)

Phantasmagorie (griech.) = Trug- und Wahngebilde; Zauber

Der folgenschwere Konfliktstoff liegt für K. demgemäß nicht in inhaltlichen Fragen (z.B. ob der biblische Schöpfungsbericht und die Urknalltheorie in einer Synthese vereinbar erscheinen), sondern in dem methodischen Befund, dass die hinter den biblischen Aussagen stehende religiöse Erfahrung verstandesmäßig nicht als „objektiv", als realitätsbezogen einzuordnen ist. Theologische Rede müsse sich aber doch auf irgendwelche innerweltlichen Prozesse und irdische Begriffe beziehen; „sonst kann niemand verstehen, was gesagt wird".

Martin Heideggers Frage, warum denn überhaupt etwas ist und nicht vielmehr nichts, „ist aufgrund der ***logischen*** *Struktur einer Erklärung gar nicht lösbar ... Eine Erklärung kann immer nur etwas mit etwas anderem (Seiendem) verknüpfen, aber niemals etwas mit nichts. Also gibt es auf diese Frage keine Antwort". (B. Kanitschneider in: Spektrum der Wissenschaft 11/99, Heidelberg 1999, S. 82)*

„Ich denke, Sie sollten hier bei Schritt zwei etwas präziser sein."

*„Die Wissenschaft bedarf **nur** des immanenten Naturalismus ... Gegenwärtig scheint sich aus der Wissenschaft selber kein Indiz zu ergeben für die Notwendigkeit, die ontologische Annahme des Naturalismus zu überschreiten." (a. a. O., S. 159)*

Erkenntnistheoretisch hat Glaube als „eine reine Fahrt ins Blaue" zu gelten:

- Es bleibt nämlich offen, inwiefern es rationale tragfähige Gründe gibt für die Behauptung, dass die wirkliche Realität umfassender sei als die empirisch verifizierbare. K. räumt ein, dass sowohl die These, dass das materiale Universum in Raum und Zeit in eine Übernatur eingereiht sei, als auch die Gegenthese sich aufstellen lasse. Die Naturwissenschaft selbst erklärt lediglich innerweltliche Zusammenhänge und lässt die Option auf eine *transzendente Einbettung solcher kausaler Zusammenhänge offen, „wenn die innere Motivation (jemanden) dazu drängt". Aber K. verlangt, dass aus dieser logischen Möglichkeit eine empirische bzw. zumindest eine gedanklich verantwortbare *Wahrscheinlichkeit* zu *deduzieren sein muss. „Ein blindes Zulaufen auf eine hypothetische Realität, für die nur ein unbezähmbarer Wunsch, aber nicht die geringste Plausibilität spricht, ist das Charakteristikum der Irrationalität." (ebd., S. 135)
- K. fordert demgemäß, es müsse irgendein Beleg, irgendein *intersubjektiv nachvollziehbarer Beweis gefunden werden für die These, dass das Universum aus einem *transzendenten Urgrund abzuleiten sei. Die komplementären Aspekte Natur und Übernatur müssen *logisch* aufeinander bezogen werden. Eine *transzendente Anstückelung, die sich innerweltlich in keinem einzigen Phänomen auswirkt, die sich ausschließlich als luftiges Gedankengebilde, als folgenlose Verdoppelung der Ursachenkette darstellen würde, besäße „eine erklärende Kraft gleich Null".

„Das Universum geht ... seinen Weg ...; kein Iota an diesem Ablauf ändert sich, ob nun der transzendente Verursacher am Ablauf mitwirkt oder nicht." (ebd., S. 176)

Inhaltliche Kritik am christlichen Glauben

K. stellt zentrale Aussagen des Christentums in Frage:

- Es erscheint ihm nicht nachvollziehbar, dass der Mensch nach seinem Tod – nach dem Zerfall seiner materiellen, neurobiologischen Strukturen also – als immaterielles Selbst weiterleben kann. „Die persönliche Unsterblichkeit ist mit der naturwissenschaftlichen Analyse des Gehirns und den Resultaten der Psychobiologie unvereinbar." (ebd., S. 137)
- Ebenfalls erscheint K. das Gebet – verstanden als Wechselwirkung zwischen menschlicher Natur und einem übernatürlichen Sein – als nicht rational auflösbares Problem. „Ein als eine reale Wechselwirkung gedeute-

ter Informationsaustausch zwischen dem Menschen und einem (außerweltlichen) göttlichen Wesen bedeutet einen Bruch mit der kausalen Geschlossenheit und vollständigen nomologischen (= naturgesetzlichen) Bestimmtheit der Welt." (ebd., S. 138)
- Ähnlich ist die Auferstehung Jesu als *transzendenter Eingriff Gottes in die Naturgesetze nicht rational darstellbar. Wenn Theologen hier von einem Mysterium sprechen, so deutet K. dies „als Zugeständnis, dass der Konflikt (zwischen wissenschaftlichem Realismus und Glaubensaussage) unaufhebbar ist".

*„Wenn wir das genetische Prinzip **einmal** durchbrechen, spricht nichts dagegen, es auch öfter zu tun ... Die **kausale** Erklärung eines Prozesses als eines analysierbaren Vorganges der Erzeugung einer spezifischen Klasse von Dingen aus einer anderen Objektmenge würde durchbrochen." (ebd., S. 144)*

Fazit: Wenn Religion von einem Eingreifen Gottes in den Weltlauf spricht, so *kann* sie dies,
- *wenn* sie Gott mit den Naturgesetzen selbst identifiziert. Jedoch würde Gott in dem Fall zur erhabenen Etikette für die sowieso ablaufenden Prozesse; oder
- *wenn* sie Gott als verborgen wirkende Zweitursache hinter den Kausalbeziehungen vermutet. Dann jedoch wird Gott funktionslos. „Wenn das Fallen eines Steines vollständig durch die Gravitationskraft ... erklärt wird, kann man nicht noch die magische Anziehung eines Koboldes ... hinzufügen. Übte der Kobold eine reale Zusatzkraft auf den Stein aus, müsste dieser schneller fallen ..., womit Newtons Theorie falsifiziert wäre. Übte er keine Kraft aus, ... wäre er so gut wie nicht existent." (ebd., S. 177)

Wenn sich Religion demgegenüber von derartigen Behauptungen zurückzieht und sich nur noch auf ethische Aussagen einlässt – auf Handlungsempfehlungen und deren Konsequenzen –, dann ist für K. die Auseinandersetzung beendet. Die in Kapitel 1 genannte Möglichkeit Nr. 2 ist gegeben.

vgl. oben, S. 9

4.1.2 Frank J. Tipler: Physik der Unsterblichkeit

geb. 1947, Professor für mathematische Physik in New Orleans/USA

Tipler (abgekürzt T.) möchte – so die Widmung – zeigen, dass sich „die Hoffnung auf die universelle Auferstehung der Toten ... am Ende der Zeit erfüllen wird". In einem umfangreichen wissenschaftlichen Anhang mit vielen technischen Details will er nachweisen, dass das Universum in einem kosmischen, Milliarden von Jahren dauernden Spiritualisierungsprozess seinem „Omegapunkt" zustrebt: Dies ist die Endsingularität (vgl. oben, S. 46); in ihr gibt es nur einen einzigen Punkt.

*Den **Dualismus** von Geist und Materie hatte bereits der französische Jesuitenpater und Paläontologe P. T. de Chardin (1881–1955) in die*

__Synthese__ eines schöpferischen Prozesses aufgehoben: Er erfasste Geist energetisch als Innenseite der Materie.

Dieses kosmologische Modell geht also davon aus, dass das Universum in seiner ganzen Ausdehnung vom geistigen Leben, das anfänglich nur auf der Erde in Erscheinung trat, bestimmt und beherrscht werden wird. Ihre vollendete Gestalt wird jene geistige Herrschaft im Omega des kosmischen Prozesses erhalten.

„Die Omegapunkt-Theorie ist eine lebensfähige wissenschaftliche Theorie über die Zukunft des physikalischen Universums, aber das einzige, was im Moment für sie spricht, ist ihre Schönheit als Theorie, denn noch haben wir keinerlei experimentellen Beweis, der sie bestätigt ... Ich halte die Chance, dass sie richtig ist, für sehr hoch." (Tipler, a. a. O., S. 369)

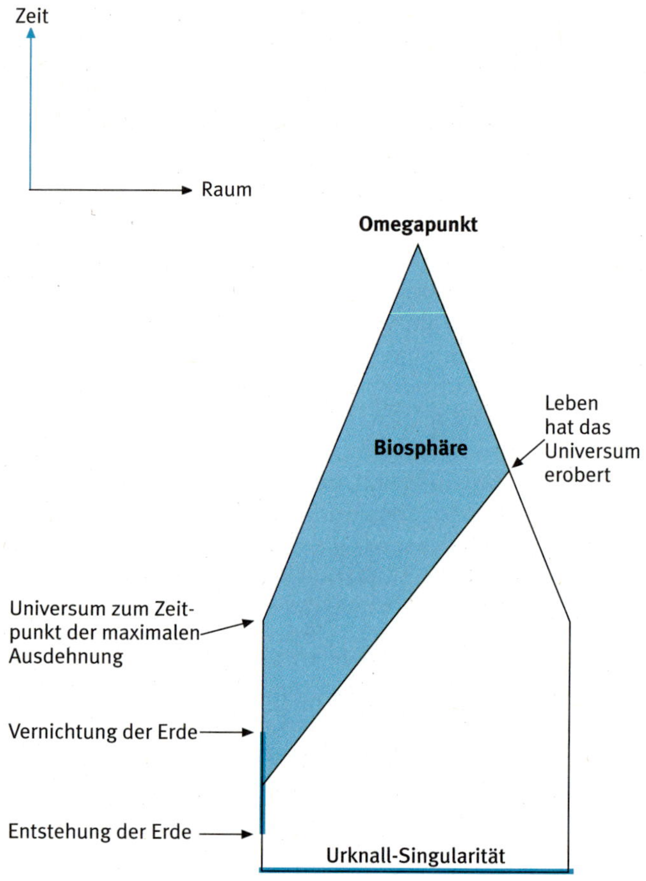

Penrose-Diagramm für die Zukunft des Lebens im Universum. Die fette vertikale Linie steht für die gesamte Geschichte der Erde. Der hellgrüne Bereich ist die Biosphäre. Die Biosphäre beginnt jetzt in das Universum zu expandieren (im Maßstab der Abbildung bedeutet „jetzt" jeden beliebigen Zeitpunkt in den nächsten paar Millionen Jahren). Die Biosphäre erobert das gesamte Universum kurz nach dem Zeitpunkt der maximalen Ausdehnung.

T. betont, dass es sich bei der Omegapunkt-Theorie „um reine Physik" handele. Sie ergebe sich aus der vernunftgemäßen Analyse des „Buches der Natur" und der physi-

kalischen Gesetze. Sie bedürfe keiner Ableitung aus Glaubensüberzeugungen.
Zentrale Aussagen der Theorie lauten:
- Es existiert ein personaler Gott, der das Universum geschaffen hat. Und
- er wird dafür sorgen, dass wir nach dem Tod in Glückseligkeit weiterleben werden.

(a.a.O., S. 388, 394, 406)

Theoreme von Gott und Mensch

T. geht von folgenden Annahmen aus:
Gott ist nicht *ein* Seiendes, *ein* Wesen, das – abgesondert von der Welt – dieser gegenübersteht. Vielmehr ist er als das „Sein an sich" zu denken, als „letzte Realität", welche jede endliche Wirklichkeit einschließt. Er ist darum überall in der Welt: immer bei uns, neben uns. Er macht sich dabei einerseits seine Hände schmutzig. Diese Präsenz Gottes ermöglicht es andererseits der Physik, ihn in der Natur zu entdecken.

vgl. S. 80f.; 97f.; T. definiert Transzendenz also, indem er Materie und Geist nicht prinzipiell voneinander abgrenzt.

Gott ist also dialektisch zu bestimmen:
- Er ist *transzendent, allmächtig, allwissend, allgegenwärtig, unveränderlich (dies sind die traditionellen Beschreibungen Gottes, die ihn einerseits in Analogie zum Menschen sehen und andererseits als Vervollkommnung und Vollendung all der Bestimmungen, die der Mensch nur in beschränkter Weise realisieren kann). T. übersetzt: Gott besitzt die Macht über die Welt.
- Er ist der Welt immanent, in Raum, Zeit und Materie vorhanden. Er greift ein, er bringt Interesse für seine Schöpfung auf, er sorgt sich. Kurz: Er ist ein liebender, gnädiger, personaler Gott. Er verändert sich dabei: Sein Wissen und seine Macht nehmen ewig zu. In gewissem Sinne sind deshalb sowohl sein Sein als auch seine Herrschaft noch nicht gekommen. Sie liegen in der Zukunft; die „Vollendung" Gottes steht noch aus.

Jesus erscheint T. nicht göttlicher Natur bzw. nicht dadurch geprägt, dass er mehr über Gott gewusst habe als andere in seiner Zeit. „Ein Hinweis auf dieses mangelnde Wissen ist der Widerspruch zwischen Jesu Darstellung von einem Gott der Liebe und seinem Beharren auf ewiger Bestrafung in der Hölle." (a.a.O., S. 382)

„Der Omegapunkt und der Heilige Geist sind lediglich zwei verschiedene (und letztlich gleichwertige) mathematische Modelle für personale Realität, wobei das erste die Transzendenz betont und das zweite die Immanenz." (ebd., S. 379)

Der Mensch *ist* „nichts weiter als eine besondere Art von Maschine, das menschliche Gehirn lediglich ein Gerät zur Informationsverarbeitung, die menschliche Seele ein von einem ‚Gehirn' genannten Computer durchgeführtes Programm" (ebd., S. 15). Der Mensch unterliegt – wie alle Formen von Leben – denselben physikalischen Gesetzen wie Elektronen und Atome. Er ist im Prinzip als „biochemische Maschine" aufzufassen. Menschliche Aktivitäten (wie Zuhören, Genießen, Nachdenken, Beten und Lieben)

„Genaugenommen besteht eine erstaunliche Ähnlichkeit zwischen der Vorstellung, der menschliche Geist sei ein Computerprogramm, und der mittelalterlichen christlichen Vorstellung von ‚Seele'. Beide sind dem Wesen nach ‚immateriell'." (ebd., S. 166)

„Im Rahmen der Omegapunkt-Theorie entspricht die höhere Ebene der Realität einer höheren Vollzugsebene in Computern ... Jedesmal wenn wir unseren PC benutzen, arbeitet dieser mit solchen verschiedenen Ebenen der Realität." (ebd., S. 418)

„Der Gedanke, dass dieses Muster, das sich beim Tode auflöst, durch einen Akt der Wiedererweckung ... neu entsteht, scheint keine Schwierigkeiten zu verursachen ... Es gliche der Übertragung der Software eines Computerprogramms von einem Stück Hardware (unserem Körper) auf ein anderes (unseren Körper in der künftigen Welt)." (ebd., S. 356, ein Zitat von Polkinghorne)

sind auf *physikalischer* Ebene als Informationsverarbeitung zu definieren.
Auf *menschlicher*, subjektiver Ebene – in ihrer Innensicht also – haben die genannten Tätigkeiten jedoch als „seelische", gefühlte Prozesse zu gelten. Menschliches Bewusstsein ist nämlich eine Einheit vieler Ebenen (vgl. oben, S. 96ff.). Aber allein die auf niederer Stufe ablaufenden materiellen Vorgänge stellen denjenigen Bereich dar, der wissenschaftlich analysiert werden kann. Für den höheren Bereich, die höhere Vollzugsebene fehlen dem Menschen dagegen die notwendigen Informationseinheiten: Er kann zu wenige Einheiten codieren. Wir können nur eher einfache Zusammenhänge und Prozesse begreifen.

Religion als Zweig der Naturwissenschaften

Auf der genannten Basis entwickelt T. seine Thesen:

- Beten ist nach T. nicht als Botschaft des Menschen an Gott aufzufassen; denn wenn Gott allwissend ist, kann er durch das Gebet keine neue Information erhalten. Die Botschaft erfolgt vielmehr in umgekehrter Richtung: von Gott zum Menschen hin. „Beten ist ein Versuch zu *spüren*, dass Gott existiert, zu *spüren*, dass Er/Sie uns liebt, dass sich die Dinge am *Ende* zum *Besten* wenden und wir alle eines Tages zum ewigen Leben in Gott auferstehen werden." (ebd., S. 405)
- Auferstehung heißt innerhalb der Omegapunkt-Theorie, „dass ein allgegenwärtiger, allwissender, allmächtiger Gott eines Tages in der fernen Zukunft jeden einzelnen von uns zu einem ewigen Leben auferwecken wird" (ebd., S. 24).

  Dies darf man sich nicht so vorstellen, als ob die jeweiligen Personen in demselben Quantenzustand reproduziert würden, in dem sie existiert haben; dies ist schon deshalb unmöglich, weil im Körper ständig (bei der Ernährung) Atome gegen andere ausgetauscht werden. Nicht die Substanz des Menschen wird also erhalten, sondern nur die Information. T. setzt Seele ja mit einem bestimmten Computerprogramm gleich. Bewahrung dieses Musters kann man als „Unsterblichkeit der Seele" interpretieren; Auferweckung heißt: Diese Information wird in der Materie wiederhergestellt, so dass dasselbe Original entsteht. „Ein Mensch, der das exakte Replikat eines Musters einer lang verstorbenen Person ist, wäre demnach dieselbe Person." (ebd., S. 348f.)

– Dem Glauben an die Auferweckung Jesu widerspricht T.: Die empirisch durch milliardenfache Beobachtung bestätigte Regel laute: „Die Toten stehen nicht auf." Wenn ein paar Jünger das Gegenteil behaupteten, dann sei dies als Täuschung bzw. als Vision zu qualifizieren. „Diese ‚Vision' war aber in keiner Weise ein objektives Phänomen; wenn sie überhaupt stattfand, könnte sie nur eine kollektive Halluzination gewesen sein." (ebd., S. 374) Die wahre Ursache der Auferstehungsberichte sei heute nicht mehr zu rekonstruieren.

Die von Kanitscheider erwähnte Möglichkeit, dass sich Religion auf Moral zurückziehen solle, lehnt T. als „Unsinn" ab:
– Das Hauptanliegen der Religionen war immer, so behauptet T., das Eigeninteresse des Menschen.
– Dementsprechend verbanden sich moralische Forderungen mit Festellungen von Fakten. Beispielsweise: „du sollst nicht töten – *denn sonst* kommst du in die Hölle" (jüdisch-christlich-islamische Tradition); bzw. „du sollst nicht töten – *denn sonst* wirst du als Kakerlake wiedergeboren" (hinduistische Überlieferung).

Die Durchschlagskraft von moralischen Forderungen beruhte also immer auf feststellenden Vorbedingungen, auf physikalischen Aussagen: z. B. der Existenz einer Hölle bzw. dem Mechanismus einer Verbindung zwischen Vorleben und Reinkarnation.

Dem ließe sich allerdings die These gegenüberstellen, dass auch in der Ethik die ***Begründungsfrage*** *unverzichtbar erscheint: Nicht Tatsachenbehauptungen, sondern die Anerkennung von Normen als berechtigt oder legitim sei entscheidend. Dem wiederum ließe sich entgegnen, dass Normen eine Analyse von Fakten voraussetzen.*

In der Frage des Schwangerschaftsabbruchs wird über die *sachliche* Frage gestritten, ob der Fötus eine „Person" ist. Beide Seiten berufen sich auf das, was sie als Fakt ansehen: die Gegner darauf, dass der Fötus bereits eine menschliche Seele habe, von Gott im Augenblick der Empfängnis eingepflanzt; die Befürworter darauf, dass der Fötus keinerlei Eigenschaften habe, die eine Person definieren (Gehirnfunktionen u.a.m.).
Fazit: „Sämtliche (moralische) Streitfragen sind Auseinandersetzungen über Tatsachen." (ebd., S. 398)

Würde man diesen Zusammenhang auflösen bzw. das Eigeninteresse der Menschen nicht mehr ansprechen, gäbe es für die Menschen keine Begründung mehr für moralisches Verhalten – bzw. moralische Problemstellungen würden zu bloßen Geschmacksfragen, die gegebenenfalls mit Gewalt zu lösen wären.

Diese Argumentationsfigur hatte bereits Kant eingesetzt; vgl. AW Religion, 1999, Kap. 1.3.1 geb.1947, Naturwissenschaftler und Autor von Büchern zu interdisziplinären wissenschaftlichen Problemen

4.1.3 Ken Wilber: Versöhnung von Wissen und Weisheit

Wilber (abgekürzt: W.) sieht Naturwissenschaft und Religion als zwei elementare Kräfte:
- Die Wissenschaft ist „zweifellos eines der tiefgründigsten Verfahren, das die Menschheit bisher entwickelt hat, um Wahrheit zu entdecken.
- Religion ist diejenige Kraft, die wie keine andere Sinn stiftet" (a. a. O., S. 17).

vgl. AW Religion, 1999, Einleitung zu Kap.3

Das Ziel des Autors besteht darin, diese beiden Weisheitstraditionen „zu ihrer Versöhnung und schließlichen Integration hinzuführen" (ebd., S. 19).

Spezifische Merkmale von Religion und Wissenschaft

W. versucht zum einen, den inhaltlichen Kern beider Seiten herauszuarbeiten, zum anderen deren Wahrheit. Beides liegt für ihn im jeweiligen Erkenntnismodus beschlossen:

vgl. bereits Aristoteles: AW Sozialethik, Kap. I.2.2

Religion sieht das Sein als eine Aufeinanderfolge von Verschachtelungen, als ein Gewebe ineinander greifender Ebenen, wobei jede höhere Dimension die niedere einhüllt und einfaltet. Jede höhere Ebene *besitzt* also die Grundmerkmale der niedrigeren, *fügt* ihr aber neue Elemente *hinzu:* Sie *transzendiert die untere Ebene und schließt sie ein.

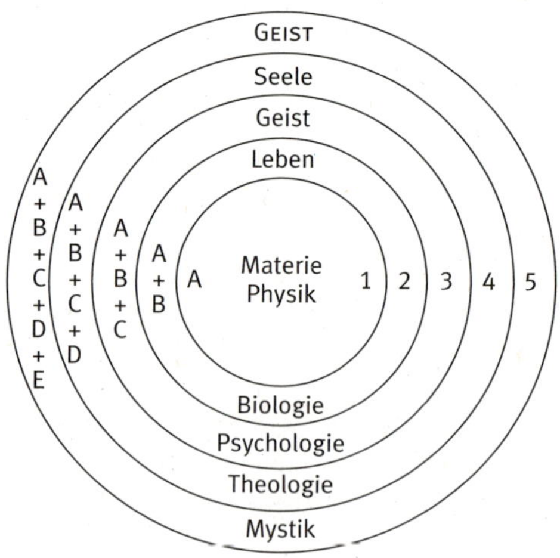

Die große Verschachtelung des Seins

Unter Religion im engeren Sinne versteht W. den Blick in das Reich des Geistes: Dieser Erkenntnisweg wird erreicht durch authentische Spiritualität, Kontemplation, Ganzheitserfahrung.

W. begreift Religion nicht als das Für-wahr-Halten von Dogmen, sondern als Erfahrung von Hintergründigkeit.

- Die Stärke des religiösen Ansatzes liegt in seiner umfassenden Sichtweise: darin, dass Wahrheit und Sinn, objektive Feststellungen und Tiefe, Verstand und Kontemplation ineinander gehen, also verschachtelt sind.
- Allerdings legte man früher den Nachdruck auf die inneren (transmentalen, spirituellen) Ebenen, die als die „höheren" eingestuft wurden. Und da die „niederen" Ebenen erkenntnistheoretisch nicht klar genug getrennt, vielmehr alle Dimensionen in einer Art von Eins-Sein verschmolzen wurden, war Religion in der beginnenden Neuzeit (siehe *Galilei) bestimmten wissenschaftlichen Wahrheiten nicht gewachsen. Sie geriet in den Strudel des „selbstgefälligen Theoretizismus" und der Undifferenziertheit.

vgl. oben, S. 96

Innerhalb der „großen Verschachtelung" sind mit Ausnahme ihrer untersten alle Ebenen geistig geprägt.

Wissenschaft hingegen differenziert die Bereiche und hat demgemäß die Wertsphären Kunst und Ethik *abgetrennt.* Die Welt wurde „entzaubert" und schließlich ausgeweidet. Die ehemaligen Verschachtelungen wurden auf das Stoffliche reduziert, so dass nur noch die Bereiche Körper und Geist (bzw. Verstand) analysierbar erschienen; letzterer darum, weil er aus chemisch-morphologischen Ordnungen der Materie – als physische Substanz also – erklärbar sei. Geistige, innere Prozesse verloren jede „Jenseitigkeit"; allerdings konnten sie zunächst auch nicht „objektiv" als materielle Vorgänge untersucht werden. In der radikalen materialistischen Version wurde deshalb *alles,* was ist, jede Wirklichkeit „restlos" als stoffliches System beschrieben; die anderen Wertsphären wurden für sachlich nicht existent bzw. für wissenschaftlich nicht greifbar und damit wertlos erklärt.

vgl. bereits den Theologen Schleiermacher (AW Religion, 1999, Kap. 3.1.2)

Die moderne Weltsicht ist also weitgehend äußerlich, naturalistisch.

vgl. oben, S. 36ff.

- Die Stärke der Wissenschaft liegt in ihren Erfolgen, die sich aus ihrer Selbstbeschränkung, ihrem Rückzug auf das empirisch Evidente ergeben.
- Problematisch wird sie als diejenige „Flachland-Auffassung", die Welt *grundsätzlich* als naturalistisch-materialistisch aufgebaut versteht: Es „vollzog sich der erschütternde Zusammenbruch eines reich strukturierten und multidimensionalen Kosmos in ein flaches und blasses System monotoner Es-heiten, in denen nichts mehr von Bewusstsein, Zuwendung, Leid, Fürsorge,

*„Die Differenzierung von Wissenschaft, Moral und Kunst ist der Kern der Würde der Moderne ..., weil jede Sphäre jetzt ihrer eigenen Wahrheit folgen konnte, ohne die Gewalt und Dominanz der anderen fürchten zu müssen. Man konnte (beispielsweise) durch *Galileis Fernrohr schauen, ohne vor die Inquisition gezerrt zu werden". (ebd., S. 71f.)*

Werten, Tiefe und dem Göttlichen zu finden war" (ebd., S. 109). Es gibt keinen Raum mehr für *innere* Wahrnehmungen; denn diese hätten keinen konstatierbaren, aufzeigbaren Ort, keine substanzielle Realität. Gnadenlos wird alles auf das *empirisch* Feststellbare reduziert. Wissenschaft hat die Alleinherrschaft angetreten.

Fazit: Will man also Religion und Wissenschaft zusammenführen, so muss man die „Verschachtelung des Seins" einerseits mit den Differenzierungen der Moderne andererseits verbinden.

Die elementare Verbindung von transzendenten Realitäten mit Empirie

Um einer solchen Integration von Wissenschaft und Religion den Weg zu ebnen, stellt W. in einem Diagramm die Erkenntnismodi dar, welche *mehrdimensionale* Eindrücke erlauben:
- die innere Wahrnehmung: das intime, erlebte Gewahrwerden und Bewusstsein (Gedanken, Empfindungen, Interpretationen, Begierden, Sehnsüchte); entfaltet auf der linken Seite des Diagramms;
- die äußere Wahrnehmung: zum einen empirische Betrachtungsweisen, zum anderen verstandesmäßige Vorstellungen, welche an die Sinneswahrnehmungen gebunden sind; wiedergegeben auf der rechten Seite.

Die vier Quadranten beziehen sich auf das Innen und Außen des Individuums und des Kollektivs:
- Der rechte obere Quadrant entspricht der *wissenschaftlichen* Denkweise, wobei von innen nach außen Ganzheit und Komplexität zunehmen: Die Abfolge schreitet von Atomen über Moleküle und Zellen bis zu Organismen.
- Der rechte untere ist der soziale Quadrant, welcher äußere *Systeme* darstellt, wobei die Hierarchie von der zunehmenden Tiefe (also der Zahl der quantifizierbaren Ebenen) geprägt ist. Die Darstellungsform bei beiden genannten Quadranten ist die Es-Sprache, welche Gegenstände in objektivierender Weise beschreibt.
- Der linke obere Quadrant enthält die *innere* Wahrnehmung, angefangen beim Aufnehmen äußerer Reize bis hin zu Emotionen, Begriffen und schöpferischer Vision.

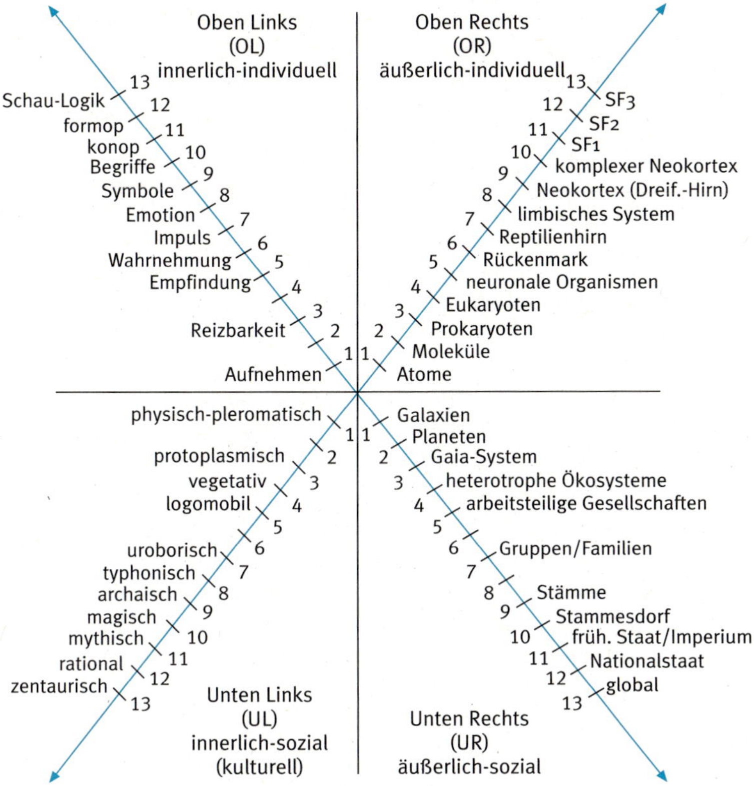

Einige Details der vier Quadranten

Die Sprache ist die des Subjektiven, des gelebten Gewahrseins, also die des „Ich“.

– Der linke untere Quadrant schließlich beschreibt *kollektive* Weltsichten, die sich aus dem gegenseitigen Austausch von Wahrnehmungen sowie dem sich daraus ergebenden Diskurs erschließen. Sie steigen auf von einfachen Empfindungen bis zu gemeinsamen kulturellen Zeichen, Interpretationen und Bedeutungsinhalten. Die Sprache ist die des „Wir“, der gemeinschaftlichen Innensicht.

„Links verflachte zu rechts. Dies ist in vier Worten die ganze Katastrophe der Moderne, die ... als die ‚Kolonisierung der Wertsphären durch die Wissenschaft‘ (Habermas) bezeichnet wurde ..., die Geburt des ‚eindimensionalen Menschen‘ (Marcuse), das ‚entqualifizierte Universum‘ (Mumford).“ (ebd., S. 104)

Erkenntnis – dies soll gezeigt werden – wird aus der Analyse von Realität gewonnen, aber dabei bedarf der Mensch eines ganzen Aufgebots innerer Strukturen, die von der Logik über die Mathematik bis zu Wertsetzungen und bis zur Ethik reichen. Dies bedeutet ein Doppeltes:

– „Jedes linksseitige Ereignis hat seine rechtsseitige Entsprechung ... Wo Emotionen sind, gibt es auch ein limbisches System. Wo eine intentionale Vernunft ist, gibt es auch einen Neokortex usw." (ebd., S. 110f.)

- Aber dies heißt nicht, dass die sensorischen Korrelate bereits die Summe der Wirklichkeit *ausmachten,* die linksseitigen Dimensionen also auf ihre materiellen Bestandteile hin zu reduzieren sind: „Die linke Seite ist (vielmehr) der Sitz der Qualität, die rechte Seite derjenige der Quantität ... Die linke Seite hat Signifikanzordnungen, die rechte Seite Größenordnungen. Links gibt es besser und schlechter, rechts nur größer und kleiner." (S. 113)

„Unsere Aufgabe besteht nicht ... in dem Versuch, irgendwie den Nachweis zu bringen, dass die moderne Wissenschaft allmählich doch mit Gott kompatibel wird. Dieser Versuch lässt die Kernprobleme ungelöst ... Nicht der GEIST, sondern das ***Innen*** *ist der Leichnam, der zuerst wiederbelebt werden muss." (ebd., S. 185)*

Das EEG beispielsweise zeichnet Gehirnströme auf. Es vermag also Veränderungen der Gehirnwellen empirisch zu beobachten. Allerdings vermag es nicht die qualitativen (linksseitigen) Aspekte zu identifizieren: Es vermag nicht auszusagen, welche subjektive Wirklichkeiten diesen Gehirnwellen zugrunde liegen: Traumzustände, Emotionen, Willens-Entschlüsse o. a. Erst recht sagt es nichts aus darüber, ob „Wahrhaftigkeit besser ist als Hinterlist, Toleranz besser als Fanatismus, Fürsorge besser als Vernachlässigung" (ebd., S. 253).

Empirische Analyse von musikalischen oder literarischen Werken heißt: deren Gewicht, die Anzahl der Moleküle oder der organischen Verbindungen u. a. m. zu *quantifizieren.* Die Bedeutung dieses Werkes jedoch zu *qualifizieren,* seine Absichten, seine Tiefen – dies bedarf der Interpretation, die äußerlich-empirisch nicht zu leisten ist.

„Die interpretativen und kulturellen Wissenschaften fragen: ‚Was bedeutet es?' Sie nähern sich einer Kultur nicht von außen ..., sondern von innen in einer Haltung des Verständnisses und der Anerkennung." (ebd., S. 231)

Empirische Wissenschaft verwirft die inneren Dimensionen aus zwei Gründen, welche „wie eine Mauer" vor einer möglichen Integration von Wissenschaft und Religion stehen:

1. Die inneren Bereiche hätten keine eigene Wirklichkeit. Dies lässt sich mit oben genannten Argumenten bestreiten. Aber mehr noch: Wissenschaft selbst operiert mit *nicht* empirisch-sinnlichen Begriffsapparaten (imaginären Zahlen, Vektoranalyse, Tensorrechnung, Theorien des n-dimensionalen Raumes usw.) „Offensichtlich ist ‚sinnlich' und ‚wissenschaftlich' durchaus nicht dasselbe." (ebd., S. 197)
2. Es bestehe keine Möglichkeit, linksseitige Erkenntnismodi durch überprüfbare Merkmale zu *verifizieren. Forschungsoperationen seien also nicht möglich. Der Spiritualität insbesondere käme also kein Erkenntnis-

zum Behaviorismus vgl. oben, S. 63

„Niemand hat je imaginäre Zahlen (wie z. B. die Wurzel von –1) in der sinnlichen Welt herumspazieren sehen, und doch arbeiten Mathematiker mit ihr, und zwar in der Weise, dass sie die ***inneren Strukturen*** *erkunden, die nicht empirische Symbole auf eine Schnur reihen." (ebd., S. 192); vgl. oben, S. 34ff.*

wert zu, weil sie nicht messbar sei. W. wendet ein, dass empirische Wissenschaft *äußere Korrelate* des inneren Bereichs beobachten könne:

- Seelische Vorgänge zeigen sich in der Physiologie des Körpers – von realen Veränderungen des Stoffwechsels bis hin zu Gehirnströmen.
- Malerei manifestiert seelische Prozesse in plastischer Form.
- Moralische Strukturen sind innerlich, bestimmen jedoch das Verhalten in der Welt: beispielsweise als Mitgefühl, Verantwortung, Fürsorge.

zu den „Lebenswissenschaften" vgl. oben, S. 64f.

Fazit: „Die höheren Ebenen sind nicht *über* den natürlichen, empirischen oder objektiven Ebenen, sondern *in* diesen. Nicht ihnen aufgesetzt, sondern ihnen beigesellt." (ebd., S. 250)

Die Integration von Wissenschaft und Religion ist also möglich, wenn man die in dem Diagramm aufgeführte rechte Seite als objektives Korrelat der linksseitigen Komponenten ansieht. Beide *zusammen* bilden das Äußere und Innere einer jeden Existenzebene. „Wir brauchen ... nur die Spiritualität mit dem differenzierten Kosmos oder der Würde der Moderne zu integrieren." (ebd., S. 241)
F. J. Tipler hatte kategorisch formuliert: „Entweder ist Theologie blanker Unsinn, eine Wissenschaft ohne Gegenstand, oder aber die Theologie wird letztlich ein Teilbereich der Physik." (a. a. O., S. 26) Wenn damit keine Rangordnung, sondern ein Komplementärverhältnis gemeint ist, kann W. zustimmen.

Der Philosoph O. Marquard formuliert die ethische Konsequenz eines solchen Ansatzes: „Die – durch die experimentellen Wissenschaften vorangetriebene – Modernisierung verursacht lebensweltliche Verluste, zu deren Kompensation die Geisteswissenschaften beitragen." (zit. bei Mathwig, a. a. O., S. 86)

4.1.4 Wolfhart Pannenberg: Gott im Sinne eines Kraftfeldes

geb. 1928, Professor für Systematische Theologie in München, unternimmt in vielen Schriften den Versuch, naturwissenschaftliche Erkenntnis in das theologische Denken einzuordnen

Wenn Pannnenberg (abgekürzt: P.) die physikalische Feldtheorie aufgreift, so will er nicht einfach naturwissenschaftliche Betrachtungsweisen in Gebrauch nehmen. Vielmehr versucht er, in einer angemessenen Weise *von Gott* zu sprechen, das naturwissenschaftliche Modell also deshalb zu nutzen, weil theologische Gründe es nahelegen.

Gotteslehre

In der christlichen Tradition wurde der Begriff Gott als „Geist" sehr früh – unter Aufnahme griechisch-platonischer Philosophie – mit Vernunft identifiziert. Auch wenn

Gott dabei als *körperloser* Geist, als *höchste* Vernunft verstanden wurde, so geriet diese Vorstellung aber doch in die Nähe eines exzessiven *Anthropomorphismus: Gott erschien nicht selten als Über-Mensch, der von den Wolken des Himmels aus die Welt beobachtet.

vgl. die Projektionsthese; AW Religion, 1993, S. 42 ff., 112

In der Bibel jedoch gibt es, so P., eine andere Linie: „Geist" bedeutet danach den Atem Gottes, verstanden als Wind oder Hauch. Gott wird also nicht primär als einzelne, *transzendente Person aufgefasst, sondern als eine Art von bewegender Kraft oder als das ganze Universum durchwirkender Lufthauch – vergleichbar mit dem unsichtbar alles durchdringenden Äther, dem brausenden Wind bzw. dem belebenden Atem. „Die Vorstellung vom Göttlichen als einem Willen hängt nicht ursprünglich zusammen mit der Vorstellung von Gott als Intellekt ..., sondern die Vorstellung des Willens verbindet sich einfach mit der Macht, die auf uns Menschen eindringt und etwas zu wollen scheint ... (Jesus redet) dieses Geheimnis des Geistes, der alles durchdringt und uns von allen Seiten umgibt, als Vater an." (P. in: Dürr u.a., a.a.O., S. 22f.)

Als Belegstellen nennt P.: Gen 1,2; 2,7; Pred 12,7; Joh.3,8 und 4,24; vgl. oben, S. 82

Dass die christliche Theologie diesen Weg bereits sehr früh abgebrochen und Gott im Sinne einer körperlosen Vernunft ausgelegt hat, führt P. auf die damalige Gefahr zurück, dass Gott materiell verstanden werden könnte – und damit auch als weltliche, fassbare Größe. Gott als stoffliches Gebilde wäre jedoch theologisch absurd.

Wenn sich Theologie heute wieder der „urprünglichen biblischen Rede von Gott" nähern könne, so ist dies nach P. dadurch begründet, dass die naturwissenschaftliche Feldtheorie Feldgrößen *ohne* materielles Substrat denkt.

Feldtheorie

In den sich etablierenden Naturwissenschaften wurden Naturprozesse seit Descartes *mechanistisch* verstanden. Alle Vorgänge wurden damit erklärt, dass quantitativ messbare Kräfte auf bewegliche, aber passive Körper einwirken. Alles Naturgeschehen ließ sich auf diese Weise als Bewegung durch Kraftäußerungen *vollständig* beschreiben. Damit war Gott prinzipiell als Kausalerklärung ausgeschlossen; der Satz, Gott handele in seiner Welt, erschien sinnlos.

vgl. oben, S. 19; 93f.

Quantenphysik versteht demgegenüber alle körperhaften Erscheinungen als *Manifestationen* von elektrischen und magnetischen Feldern:

vgl. oben, S. 38f.

- Ein Feld ist nicht materiell zu verstehen, sondern als eine Art Potenzial, welches über die Fähigkeit verfügt sich zu materialisieren. Das Feld vermag also – bildhaft geredet – zu „gerinnen" und dabei Teilchen zu erzeugen. Auf diese Weise entstehen recht zufällig – also indeterministisch – Atome (mit Elektronen und Atomkernen), die an anderer Stelle wieder verschwinden.
- Anschaulich gesprochen, ist ein Kraftfeld die mit Spannungszuständen erfüllte Luft. Die Feldwirkungen bedürfen allerdings nicht eines materiellen Mediums wie der Luft; vielmehr können sie sich ohne ein solches im Raum ausbreiten und eine Kraft übermitteln. Dies geschieht auch nicht wellenförmig, wie die klassische Physik annahm; vielmehr können Feldwirkungen jederzeit und ohne Verzögerungen Materie erzeugen.

Die bewegenden Kräfte sind also letztlich nicht materieller Art, nicht von Körpern ausgehend – auch wenn Feldwirkungen ihr *Korrelat* in Massen haben.
- Kraft erscheint nicht mehr als Wirkung eines Körpers und seiner Masse, sondern – umgekehrt – stellen sich Körper als Erscheinungsformen des raum-zeitlich ausgedehnten Kraftfeldes dar. Letzteres ist damit als grundlegende Realität in allem Naturgeschehen zu verstehen.
- Welt besteht in ihrem Grunde nicht aus Teilchen, sondern aus einem den ganzen Raum erfüllenden Feld. Sie weist eine immaterielle Grundstruktur auf. „Es mag nahe liegen, Teilchen als lokale Erregungen eines den ganzen Raum erfüllenden Feldes aufzufassen." (P., a.a.O., S. 150)
- Der Primat des Feldes vor dem Entstehen naturaler Gebilde bedeutet ferner, dass die Welt eigentlich ein Ganzes ist: Subatomare Vorgänge und Zustände gehören in Ganzheitshorizonte, aus denen auch die größeren und komplexeren Gestalten hervorgehen. Diese „(unbestimmte) Ganzheit äußert sich zwar in Einzelerscheinungen, ist aber nicht aus ihnen zusammengesetzt". (P., ebd.)
- Damit ist allerdings eine Wechselbeziehung, wie dies beispielsweise beim *Gravitationsfeld – zwischen Körpern und Feld – der Fall ist, nicht ausgeschlossen. Vielmehr wirken materielle „Elemente" auch auf das Feld zurück.

*Seit *Einstein wird Masse (Materie) nicht mehr als konstante Größe begriffen. Energie und Masse lassen sich nämlich ineinander umwandeln: Energie ergibt sich aus der mit dem Quadrat der Lichtgeschwindigkeit multiplizierten Masse ($E = m \cdot c^2$).*

„Für die Quantenmechanik stellt sich nicht die Frage, wie es kommt, dass viele Teilchen in Wechselwirkungen miteinander Systeme bilden, die sich dann zu höheren Strukturen entwickeln, sondern eigentlich umgekehrt: Wir haben etwas Ganzes, was sich immer mehr ausdifferenziert und so etwas wie Unterstrukturen erzeugt, die dann hinterher so aussehen, als wären es Teilchen." (Dürr in: Dürr u. a., S. 139)

Die Möglichkeit eines göttlichen Handelns in der Schöpfung

Der Feldbegriff lässt sich zwar nicht unmittelbar auf die Wirksamkeit Gottes im Universum übertragen, nicht direkt theologisch interpretieren:

- Zwar beziehen sich die theologische Aussage über das Wirken des Geistes Gottes in der Schöpfung einerseits, die physikalische Feldtheorie andererseits auf dieselbe Wirklichkeit.
- Mehr noch: Der biblische Satz, dass Gott Geist ist, steht – in der Interpretation bei P. – in direkter Nähe zu dem Feldbegriff der Physik. Dazu gehört auch, dass Gott in Raum und Zeit wirksam ist, er seinen Geschöpfen eine eigene Dauer sowie einen spezifischen Ort zuweist.
- Aber die Beschreibungsform ist unterschiedlich: Der Geistesbegriff ist philosophisch, vorphysikalisch geprägt; er ist bildhaft. Er übersteigt Raum und Zeit, auf welche sich menschliche Messungen beziehen. Der Feldbegriff demgegenüber ist empirisch-experimentell überprüfbar und mathematisch formalisiert. Die Dynamik des Feldes wird nach naturgesetzlichen Regeln wirksam.

vgl. den Gottesbegriff bei Tillich: AW Religion, 1999, S. 152 ff.

Indem jedoch alle korpuskulare Materie als Manifestation von Feldgrößen auftritt, Ganzheit also den Teilen vorausgeht, „kann theologisch von der Hervorbringung der geschöpflichen Gestalten durch Gottes Schöpfungshandeln gesprochen werden, ohne damit zur naturwissenschaftlichen Aufklärung der Bedingungen ihres Hervortretens in Konkurrenz zu geraten und prinzipielle Lücken der naturwissenschaftlichen Beschreibung zu postulieren" (P., a. a. O., S. 149). „Das Feld der göttlichen Allmacht tritt nicht in Konkurrenz zu den Feldgrößen der Physik, sondern es wirkt durch die Naturkräfte hindurch, ohne durch sie erschöpfend ausgedrückt zu sein." (P. in: Dürr u. a., S. 199)

Eine Metapher wäre die Art, wie unser Geist die Glieder unseres Körpers bewegt (vgl. oben, S. 96 f.).

Man kann den Feldbegriff also als Analogiebegriff verstehen: Er würde die dynamische Wirksamkeit des göttlichen Geistes in der Schöpfung verdeutlichen – dessen Wirken in Raum und Zeit –, ohne dass er selbst an Raum und Zeit gebunden ist. Seine Geistnatur ist als Kraft zu denken, welche „alle körperliche Realität *transzendiert, aber auch durchdringt, und die unbeschadet ihrer Transzendenz in der Immanenz des materiellen Universums wirksam ist"

(P. in: Gräb, a.a.O., S. 151). Gott hat die Welt also nicht allein in ihre Existenz gerufen, sondern er bewahrt auch jede geschaffene Kreatur in jedem Augenblick ihres Daseins. Andernfalls würde sie zerfallen.

Gott ist also
- jenseitig, ein Gegenüber der Welt, nicht selbst im Raum lokalisierbar, nicht auf einen Ort im Raum beschränkt;
- derjenige, der die Wirklichkeit seiner Schöpfung prägt, der schöpferisch gegenwärtig ist, seine Geschöpfe in Raum und Zeit von allen Seiten umgibt, sie – als „Feld" – umschließt.

Gott ist also zwar – bildlich gesprochen – *„über"* bzw. „jenseits" der Welt, aber eben nicht in Distanz zu ihr, vielmehr *mit* ihr. Er wirkt in der Welt.

Man kann diese Repräsentanz so ausdrücken: „Nicht so, dass alles Gott ist, wohl aber so, dass Gott in allem ist und alles in Gott." (Ebeling, a.a.O., S. 292)

Geist und Materie sind dementsprechend
- nicht *dualistisch* voneinander geschieden (vgl. oben, S. 113ff.);
- auch nicht – in *monistischer* Weise – identisch: Sie gehen nicht in eins.

Vielmehr gehört die Welt zu Gott: Er ist die kreative und gestaltende Kraft der Wirklichkeit (Joh 1,10), die „manchmal als leiser Atem und manchmal als kräftiger Sturmwind … alles beherrscht" (P. in: Dürr u.a., S. 22).

„Durch alle anderen Mächte und Kräfte hindurch bekundet sich immer auch das Wirken des göttlichen Geistes als Ursprung des Lebens." Deshalb ist „keine Verderbensmacht erschöpfender Bestimmungsgrund der geschöpflichen Wirklichkeit, in der sie (die göttliche Macht) herrscht." (P., a.a.O., S. 131)

Metaphorik der Engel

Diese Beschreibung Gottes eröffnet nach P. auch einen neuen Zugang zu der Vorstellung von Engeln.

Engel wurden im 19. Jh. zwar immer wieder zu Putten verkitscht, aber dies entspricht nicht der Tradition. Im Neuen Testament wurden sie als „Boten" und „Geister" gekennzeichnet; in der Folgezeit wurden sie als immaterielle, geistige Wesenheiten aufgefasst, die sowohl in die Naturwelt als auch in die menschlichen Geschichte eingreifen: die also verborgen wirksam sind. In einem Gedicht aus dem Jahre 1944/45 nennt Dietrich Bonhoeffer sie „gute Mächte", die uns „treu und still umgeben", die „wunderbar" behüten und trösten.
Es stellt sich innerhalb der Konzeption von P. die Frage nach dem Verhältnis dieser Geister zu dem Geist an sich, zu Gott, sowie zu dem Wirken Gottes.

In der Bibel
- werden Engel als *Geschöpfe* Gottes bezeichnet, die im Unterschied zum göttlichen Geist begrenzte Wirklichkeiten darstellen;
- können sie sich als *Werkzeuge* Gottes betätigen (im Einzelfall kann sogar Gott selbst unmittelbar in Erscheinung treten), oder sie stellen sich in dämonischer Emanzipation gegen Gott.

Innerhalb der Feldstruktur interpretiert P. Engel nicht als Personen, sondern als relativ unabhängige Teile eines kosmischen Feldes. „Die Anwendung personaler Prädikate hat ihren Ursprung in der Erfahrung, von der Einwirkung nicht voll durchschaubarer Mächte betroffen zu sein." (P., a.a.O., S. 128)

Engel können „zu widergöttlichen, dämonischen Mächten werden, wenn sie sich der Zukunft Gottes, dem Reich seiner Möglichkeiten verschließen, also zu ‚geschlossenen Systemen' werden. Es lässt sich nicht ausschließen, dass das Weltgeschehen wenigstens teilweise unter dem Einfluss solcher Machtzentren steht". (P., a.a.O., S. 131)

- In den Engeln manifestiert sich das dynamische Kraftfeld des göttlichen Geistes, die Erfahrung von Machtwirkungen.
- Innerhalb dieser Einheit bilden sie jedoch „besondere Zentren als Teile des Gesamtfeldes", spezifische „Gravitationsfelder" innerhalb des Gesamtfeldes der Gottesherrschaft.
- Daraus ergibt sich aber auch, dass sie eine gewisse kreatürliche Eigenständigkeit besitzen, ohne die sie nicht als *Geschöpfe* unterscheidbar wären. Ihre dynamischen Sphären können als gut oder als böse erfahren werden.

4.2 Das Problem der technischen Weltgestaltung

Plato, griechischer Philosoph, 428/27–347 v. Chr., berichtet von einer Begegnung mit dem „Weisesten unter denen, die jetzt leben" (Protagoras, 320 c ff.).

In einem Mythos erzählt Plato von der Entstehung der „sterblichen Geschlechter": Götter bildeten sie aus Erde und Feuer, aber wegen eines Versehens blieben sie „nackt, unbeschuht, unbedeckt, unbewaffnet" – also ohne angeborenen Schutz vor Witterungseinflüssen sowie ohne urwüchsige Waffen für die Jagd bzw. für die Selbsterhaltung. Um diese unzureichende natürliche Ausstattung zu kompensieren, erhielten sie nachträglich das Feuer sowie handwerkliche Fähigkeiten.
Aber erneut gab es eine Panne: „Die zum Leben nötige Wissenschaft erhielt der Mensch auf diese Weise, die bürgerliche aber hatte er nicht". (321 d) Weil also moralische

Normen ausblieben, brachten sich die selbstsüchtigen Menschen aufgrund ihrer nun zur Verfügung stehenden Fähigkeiten um, bis sich Göttervater Zeus schließlich ihrer erbarmte und sie durch Gewährung von „sittlicher Scheu und Rechtsempfinden" vor dem Untergang bewahrte. *Alle* Menschen hatten von nun an Anteil an den bürgerlichen Tugenden, an Gerechtigkeit, Besonnenheit, Selbstbeherrschung und Weisheit.

Es werden hier wesentliche Aussagen über die technische Vernunft gemacht:
- Sie ergänzt die unzulängliche Ausrüstung der Menschen, gewährleistet menschliches Fortbestehen und sichert vitales Dasein.
- Technik ist die Verhaltensweise des Machens, des Hervorbringens, des Gestaltens: Sie ist somit Bestandteil der „künstlichen Welt" und insofern von der Natur als der Sphäre des Vorgefundenen und Unmittelbaren abzugrenzen.
- Das Arsenal der Werkzeuge und Geräte ist so alt wie die Menschheit selbst. Zum Wesen des Menschen gehört es nämlich, in den vorgegebenen Weltzusammenhang einzugreifen, um für sich materielle Güter bereitzustellen und seine kulturellen Bedürfnisse zu befriedigen.
- Dennoch stellt Technik nicht die primäre Ausstattung des Menschen dar, sondern sie ist etwas Sekundäres, etwas lediglich Hinzugefügtes: Sie stellt die „Organisationsform der menschlichen Arbeit" (Th. Adorno) dar, mit deren Hilfe der vorrangige, der primäre Zweck – Seinsgestaltung nämlich – erreicht werden soll. Sie selbst bleibt Instrument.
- Mit dem Gedanken der Mittelbarkeit verbindet sich eine zusätzliche Erkenntnis: Technik ist zwar konstitutiver Teil menschlicher Verfügungsmacht, Voraussetzung der menschlichen Fähigkeit zur Inbesitznahme der Welt, aber diese Potenz wurde *von den Göttern* verliehen. Damit ist ausgedrückt, dass der Mensch nicht autonom, eigengesetzlich erschafft, sondern an natürliche Gesetze sowie an Vorgegebenheiten gebunden bleibt: Er kann zwar diese objektiv bestimmenden Zusammenhänge *nutzen,* jedoch vermag er sie nicht selbst zu begründen oder auch nur zu modifizieren.
- Technische Handlungsmöglichkeiten lassen sich zu *jedem Zweck* einsetzen: Es lassen sich mit ihrer Hilfe Utopien realisieren, aber auch apokalyptische Horror-

Dieses Artifizielle wird heute – in der Mikrophysik bzw. der Mikrobiologie – besonders deutlich: Diese bleiben unanschaulich, der direkten Wahrnehmung entzogen, nur in abstrakten Modellen erfassbar.

„Technik ist eine Weise des Entbergens." (M. Heidegger, Die Technik und die Kehre. Pfullingen 1962, S. 13)

„Technisches oder instrumentelles Handeln ist, isoliert betrachtet, moralisch indifferent." (Mathwig, a. a. O., S. 179)

szenarien wahr machen. Ob Technik also dem Menschen nutzt oder schadet, hängt davon ab, wie er sie gebraucht. Der so genannte „technologische Imperativ: can implies ought" ist also daraufhin zu überprüfen, inwiefern moralische Regeln das jederzeit mögliche, selbst herbeigeführte Verderben verhindern können. Kurz: Menschliche Machtausübung hat Grenzen; es kommt darauf an, ob „Rechtsgefühl" dazu veranlasst, solche Beschränkungen zu respektieren.

Der Ausdruck „technologischer Imperativ" für das Prinzip „Können beinhaltet das Sollen" geht auf Stanislaw Lem zurück.

„Wir können technisch mehr, als wir ethisch dürfen; wir wissen aber nicht, was wir sollen." (Mathwig, a. a. O., S. 97)

4.2.1 Geschichtliche Aspekte

Deutlich ist also, dass technische Prozesse und Systeme keine objektiven, naturgesetzlich ablaufenden Zwänge darstellen, sondern durch bewusste oder auch unbewusste Absichten und Zielsetzungen des Menschen bestimmt sind. Sie gehen auf die handelnden Subjekte zurück, welche ihre Wertvorstellungen und Bedürfnisse realisieren. Der Anschein, dass hier gar keine Wahlmöglichkeiten vorliegen, wird nur dadurch erzeugt, dass bestimmte Präferenzen – wie etwa kontinuierliches Wirtschaftswachstum – ungefragt hingenommen werden.

„Ob die moderne Technik der Menschheit schließlich zum Heil oder Unheil gereicht, das liegt nicht an den Technikern, nicht einmal an der Technik selber, sondern an dem Gebrauch, den die Gesellschaft von ihr macht." (Th. W. Adorno in: Lenk / Ropohl, a. a. O., S. 29)

Der Philosoph Martin Heidegger (1889–1976), der sich als einer der ersten mit neuzeitlicher Technik auseinandersetzte, sprach deshalb von ihr in mehrdeutiger Weise als „Ge-stell". Sie gilt also
- als etwas Funktionales (als Stütze, Unterbau bzw. Hilfsmittel *für* ein Vorhaben);
- als etwas, das – mechanisch wirkend – in seine natürliche Umgebung hinein-„gestellt" wird.

Heidegger akzentuiert damit zwar einerseits die Künstlichkeit von Technik, auch die damit verbundene Gefahr und Verfremdung: dass nämlich Seiendes verdinglicht und berechenbar gemacht, also „vernutzt" werde. Aber andererseits begreift er sie in ihrer Begrenzung: als etwas, zu dem man in ein „freies Verhältnis" treten könne. Die Frage jedoch, mit welchen Alternativen man dies könne, wird nicht ausgearbeitet. Die *Einseitigkeit* des Stellens und Gestelltwerdens scheint unaufhebbar.

Holzindustrie z. B. stellt dem Wald nach, indem sie ihn in die „Bestellbarkeit von Zellulose" umwidmet. „Diese Vergegenständlichung des Seienden vollzieht sich in einem Vorstellen, das darauf zielt, jegliches Seiende so vor sich zu bringen, dass der rechnende Mensch des Seienden sicher und d. h. gewiss sein kann." (Heidegger; vgl. Zitat S. 129)

Damit ist ein grundsätzliches Dilemma gekennzeichnet, das den Lauf des Denkens im 19. Jahrhundert und bis weit ins 20. Jahrhundert hinein beschreibt:

Es traten Sachzwänge und technokratisches Wissen einerseits sowie die Vorstellung von der „Integrität des Lebens“ andererseits – als Konzept von dem moralisch Guten – auseinander.

Sprachlosigkeit herrschte, die jeweiligen Forschungsgebiete fielen auseinander, wiesen keine Berührungspunkte auf:

vgl. oben, S. 9, 93 ff.

- Die Welt wurde technisch gestaltet und in einer bis dahin ungeahnten Weise transformiert:
  - Natur wurde nicht mehr als Schöpfung Gottes und auch nicht mehr als sinnorientierter Kosmos begriffen. Sie galt vielmehr als eine von – wertfreien – Gesetzen bestimmte Ordnung. Die Kenntnis ihrer einzelnen Bestimmungen erlaubte es, sich derer bei der Realisierung menschlicher Zwecke zu bedienen.
  - Naturwissenschaften *erklärten* die regelgeleiteten Beziehungen der Dinge als kausale Determinationen der Ereignisse in Raum und Zeit.
  - Technik vermochte dieses Wissen über die anorganische – aber auch über die belebte – Natur *anzuwenden*, es „brauchbar“ zu machen.

*In Bertolt Brechts Schauspiel „Leben des *Galilei“ klagt sich Galilei an, das traurige Vorbild eines nicht nach ethischen Folgen fragenden Naturwissenschaftlers zu sein: „Wie es nun steht, ist das Höchste, was man erhoffen kann, ein Geschlecht erfinderischer Zwerge, die für alles gemietet werden können ... Ich überlieferte mein Wissen den Machthabern, es zu gebrauchen, es nicht zu gebrauchen, es zu missbrauchen, ganz wie es ihren Zwecken diente ... Ich habe meinen Beruf verraten.“ (14. Bild)*

Auf diese Weise konnte man
- die Mühsal der Arbeit mit Hilfe mechanisch wirkender Kräfte sowie verbesserter Formen der Arbeitsorganisation erleichtern,
- die Erzeugung von Gütern steigern,
- bzw. die Zahl der Produkte innovativ vergrößern, um neu geschaffene Bedürfnisse zu befriedigen,
- aufgrund vermehrter Produktivität die Freizeit in nie dagewesener Weise erweitern,
- die Mobilität der Menschen sowie den Warentransport zu Wasser, Land und Luft erhöhen,
- die Kommunikationsmöglichkeiten intensivieren,
- die Wohn- und Arbeitsbedingungen verbessern,
- Krankheiten bekämpfen und naturgegegebene Lebensrisiken vermindern,

u. a. m.

Die *Folgen* von Naturwissenschaft und Technik wurden angesichts dieser Fakten im Allgemeinen uneingeschränkt oder doch zumindest überwiegend positiv bewertet: Technik beseitigte Zwangslagen und erweiterte die Freiheitsräume; menschliches Leben wurde leichter, länger und erlebnisreicher.

Aber mehr noch: die *Verheißung* ging dahin, dass der Fortschritt unbegrenzt sei. Ein Leben allgemeiner Wohlfahrt stehe bevor und werde jedermann schrankenloses Glück gewährleisten. Zumindest aber werde es gelingen, die Lebensumstände menschlichen Ansprüchen oder gar Träumen zu unterwerfen.

„Zum ‚Opium für die Massen', das einmal die Religion gewesen sein soll, ist inzwischen eher der technische Fortschritt geworden." (Jonas, 1984, S. 277)

- Dieselbe „Naturvergessenheit" zeigte sich in ethischen Konzepten, insofern eine Analyse von Natur als Handlungsfeld oder als Gebiet göttlichen Wirkens ausgespart blieb: Theologie – aber auch Philosophie – konzentrierten ihre Bemühungen auf die Regelung und Gestaltung der *zwischenmenschlichen* Beziehungen sowie der gesellschaftlich-politischen Zustände, das heißt
  - auf ethisch reflektierte Begrenzungen des rücksichtslosen Egoismus sowie der selbstsüchtigen Erfolgserwartungen, indem die Rechte und Hoffnungen der Mitmenschen einbezogen wurden;
  - auf die Konzipierung von Prinzipien und Normen politischer Ordnungen und Operationen angesichts widerstreitender Profit- und Machtinteressen

  u. a. m.

Dem narzisstischen Prinzip „Ich bin, was ich habe und was ich konsumiere" (Fromm, a. a. O., S. 37) wird die Verpflichtung zur Solidarität gegenübergestellt sowie das Glück, das aus der Harmonie erwächst.

Thematisiert wurde damit die Dialektik von Freiheit und Gerechtigkeit; anders: die soziale Bezogenheit der Rechte des einzelnen Individuums einerseits sowie die Ausgestaltung der Institutionen andererseits. Das Ziel war ein gelingendes, vor sich selbst und vor Gott verantwortetes Leben. Das Verhältnis zur Natur kam in diesen Bestimmungen höchstens indirekt zum Ausdruck.

Zwar wurde der technische Prozess bereits von einzelnen sehr früh kritisch bewertet:
- Jean-Jacques Rousseau (1712–78) sah in der zunehmenden Entfremdung von der Natur das Grundübel der menschlichen Zivilisation; sein Modell des „edlen Wilden" manifestierte demgegenüber ein einfaches und naturnahes Leben.
- Karl Marx (1818–83) griff die kapitalistischen Wirtschaftsstrukturen an, welche die Arbeit immer sinnleerer und unangenehmer – also unmenschlicher – werden sowie das Proletariat durch schamlose Ausbeutung in Elend und Not verkommen lassen.

vgl. genauer: AW Religion, 1998, Kap. 4.3

vgl. AW Religion, 1993, Kap. III

Aber diese kulturelle Misere wurde den *sozialen Verhältnissen* – den Besitz- und Lebensverhältnissen – angelastet, auch deren Nutznießern, nicht aber der Technik selbst. Marx sah vielmehr – so sein „Kommunistisches Manifest" – die „Unterjochung der Naturkräfte" positiv, wurden dadurch doch „massenhafte und kolossale Produktionskräfte" im Interesse des Fortschritts geschaffen. Die Technik werde es ermöglichen, eine Welt zu konstruieren, die gleiche menschenwürdige Entwicklungen für *alle* Glieder der Gesellschaft erlaube; anders herum: eine „Humanisierung der Natur" zu erreichen, deren Angleichung an den Menschen also.

Marx' Freund Friedrich Engels (1820–95) sprach von der Verwandlung der „Dinge an sich in Dinge für uns".

Ein grundsätzlicher Umbruch im unbehelligten Nebeneinander von Technikgestaltung einerseits und ethischer Theorie andererseits erfolgte erst dann, als erkennbar wurde, dass die technisch-industrielle Zivilisation mit Risiken verbunden ist, die das Leben auf Erden konkret bedrohen:

- Umweltverschmutzung könnte die Ökosphäre destabilisieren (Stichworte: Treibhauseffekt, Ozonloch);
- Regenerationspotenziale könnten zerstört werden (Stichwort: radioaktiver Abfall),
- großtechnische Anlagen weisen unkalkulierbare Betriebsrisiken auf,
- gentechnisch manipulierte Organismen könnten nach ihrer Freisetzung unabsehbar bleibende Entwicklungen initiieren,
- Eingriffe in die menschliche Keimbahn unter dem Kriterium der Optimierung des Genoms beschädigen die menschliche Würde und Identität,
- Informationstechnologien könnten eine Isolation unserer Umwelt bewirken,
- die gewaltige Zunahme der Arbeitsproduktivität vernichtet Arbeitsplätze der geringer Qualifizierten (Stichworte: jobloses Wachstum, Zweidrittelgesellschaft),
- autochthone Kulturen und Traditionen werden durch global stattfindende technische Entwicklungen und materielle Gegebenheiten nivelliert bzw. sich selbst gegenüber entfremdet

u. a. m.

Es ließen sich hier auch kriminelle Aktivitäten vorstellen: z. B. Übertragungen von DNA aus krebsverursachenden Viren oder aus Organismen, die Giftstoffe produzieren.

„Die Not ist groß! / Die ich rief, die Geister / Werd ich nun nicht los." (Goethe, Der Zauberlehrling)

Umgekehrt diskutierte man, welche Unterlassungen Leben beeinträchtigen können. Problemfelder waren:

„Zu einer seriösen Folgenabschätzung (gehört auch die Frage), welche Folgen das Unterlassen und ein ‚technologischer Fadenriss' hätten." (in: Beier, a. a. O., S. 4f.)

– Erschließung alternativer Energiequellen für eine ausreichende und gleichzeitig ökologisch vertretbare Energieversorgung,
– Forschungsstrategien zur Energie-Einsparung,
– Präparate einer neu konzipierten Präventions-Medizin

u. a. m.

Man wurde sich der prinzipiellen **Ambivalenz der Technik** bewusst – der Tatsache also, dass Technik wesenhaft Instrument für beliebige und also auch gegensätzliche Ziele ist: „Technik ist die Sphäre der Mittel und nicht der Zwecke." (D. Birnbacher, a. a. O., S. 13)

Weil aber ein Diskurs bisher niemals stattgefunden hatte, wurde die Auseinandersetzung schrill und verletzend und war charakterisiert durch gegenseitige Vorwürfe:

– Den technischen Disziplinen wurde unterstellt, dass sie „weder eine erkenntniskritische noch eine anwendungskritische Selbstkontrolle enthalten, sich also mehr oder weniger willenlos ökonomisch verwerten lassen" (Beier in: Beier, a. a. O., S. 7). Die außermenschliche Welt werde als bloße Ressource zur Bedarfsdeckung missbraucht: „Der Industrialismus versachlicht die Seelen." (Horkheimer/Adorno, Dialektik der Aufklärung, Frankfurt/M. 1969, S. 34)
– Dementsprechend galten viele Wissenschaftler als „Sachzwangverwalter und Grenzwert-Beschwichtiger" (P. Beier). Sie verhielten sich wie „interplanetarische Eroberer" (K. M. Meyer-Abich), welche mittels ihres „blindlings pragmatisierten Denkens" (Horkheimer/Adorno) die Welt in Besitz nehmen wollten und die Schöpfung als „ausbeutbaren Steinbruch" ansähen. Sie

Als Topos lässt sich in dem Zusammenhang die Legitimation Edward Tellers für den Bau der H-Bombe zitieren: „Wir würden der Tradition westlicher Zivilisation untreu, würden wir vor der Erforschung dessen zurückscheuen, was der Mensch vollenden kann, würden wir versäumen, die Herrschaft des Menschen über die Natur auszudehnen." (zit. bei Link, a. a. O., S. 334, Anm. 1)

lebten in der „Illusion narzisstischer Allmacht" bzw. „infantilen Größenwahns" (H. E. Richter).

- Der Theologie andererseits wurde eine prinzipielle Aversion gegen eine von der Technik geprägte Welt angelastet bzw. fehlender Sachverstand, um kompetent und sachlich mitzureden. Der modernen Industriegesellschaft schalle lediglich ihre „technikfreie Grundmelodie" entgegen – aufgebaut „aus unchristlicher Überangst, innerer Emigration aus der Risikogesellschaft und ethischem Elitewissen" (Naturwissenschaftler in: Beier, a.a.O., S. 3).
- Viele Theologen wurden einer „ignoranten Veto-Ethik" beschuldigt, kirchliche Umweltbeauftragte träten wie Anwälte „gegen die Technik" auf. Aufgrund „diffuser und vagabundierender Angst" sowie einer „aufgeregten Frömmigkeit" kultivierten diese Geistlichen pauschalisierende, apokalyptische Zukunftsbilder und seien eher „Medium vulgärsoziologischer Zivilisationskritik", als dass sie sich von dem Willen zur rationalen Mitwirkung leiten ließen (ebd., S. 4f., 31).

„Veranstaltungen, von denen es in der Kirche mehr gibt, als sie sich erlauben kann, (verschärfen) die vorhandenen Gegensätze nur, statt sie zu überbrücken ... Sie verhindern, was sie bewirken wollen, nämlich den gesellschaftlichen Diskurs, in dem sich Wissenschaftler ihrer Verantwortung durchaus stellen wollen." (Naturwissenschaftler in: Beier, a. a. O., S. 21)

Diese Vorwürfe lassen sich so zusammenfassen:
Das Denken der Naturwissenschaften sei verengt auf die Mechanismen von Ursache und Wirkung; das der Ökonomie auf technische Anwendung sowie die Ausplünderung der Natur als Ware; das der Theologie auf gedankenlosen Verzicht auf Technik sowie auf „genüssliches Krisenbewusstsein".

Viele dieser Unterstellungen ergaben sich, wie gesagt, aus der Tatsache, dass grundlegende Fragen höchstens vereinzelt gestellt und gar nicht beantwortet worden waren.

4.2.2 Ambivalenz der Technik

Der Philosoph René Descartes hatte mit seinem bereits erwähnten Modell des Gegenübers von – materieller, wissenschaftlich erforschbarer – Objektwelt einerseits sowie – immaterieller – Seele andererseits

vgl. oben, S. 18f.; 92f.

- hervorheben wollen, dass Welt insgesamt dem menschlichen Erkundungswillen zur Verfügung stehe; schärfer: der Mensch als „Herr und Besitzer der Natur" zu qualifizieren sei,
- aber daneben sollte auch vorstellbar bleiben, dass Gott in dieser Welt einen Raum behält.

In diesem Konzept werden geschichtlich wirksame, zugleich widersprüchliche Aspekte angedeutet:

- Technisches Wissen räumt in seiner Subjekt-Objekt-Struktur dem Menschen Verfügungsgewalt über die Natur ein. Der Mensch tritt der Natur als einer Sache gegenüber, welche er in systematischer Weise erforscht. Die Natur umgekehrt wird durch gezielte Eingriffe zu Prozessen bzw. zu Zuständen gezwungen, die sie von sich aus nicht annehmen würde. Sie dient als Mittel, um – wie bereits erwähnt – Arbeit bzw. Lebensumstände zu verbessern. Sie wird funktionalisiert.
- Der *moderne* Mensch ist demgemäß nicht mehr nur derjenige, welcher Natur beobachtet und Fragen an sie stellt. Er ist vielmehr zum „homo faber“ geworden: Seine Technik setzt Wissen, die Kenntnis von „wahren“ Zusammenhängen voraus. Wissen ist jedoch machtförmig: Es ermöglicht Macht über Dinge und Menschen. Mit Hilfe der Mechanik kann der Mensch seinen Willen durchsetzen.
- Ökologische Gefahren sind dementsprechend nicht bloß als „Naturereignisse“ einzustufen, sondern als nicht beabsichtigte Nebenfolgen der technischen Naturbeherrschung sowie der ökonomischen Naturausbeutung. Der Mensch hat sich hier jeweils auf ein Gestaltungsmodell festgelegt, welches von der Natur nicht mitgetragen wird. Er hat sich von den Naturverhältnissen abgekoppelt.

Die Formel lautet: „Industrialisierung als letztes Evangelium ..., Lebensstandard als Ersatz für Lebenssinn“ (Max Frisch, Homo faber. Stuttgart-München o. J., S. 66)

- Umstritten bleibt, inwiefern derartige Eingriffe *prinzipiell* als destruktiv zu gelten haben. Die Philosophen Horkheimer und Adorno sehen das Dilemma in der *Verknüpfung* von Technik und Rationalität einerseits und „Ausnutzung" bzw. „Herrschaft" andererseits. Die „neue Art von Barbarei" bestehe darin, dass der Mensch seine Möglichkeiten missbraucht, weil er Vernunft auf die mit wissenschaftlich-technischen Methoden durchgesetzte Effizienz einengt, um sich die Dinge in rücksichtsloser Weise zu unterwerfen. Die *grundlegende* Frage der Zielsetzungen dagegen wird nicht einmal gestellt. Diese „Selbstzerstörung der Aufklärung" führe dahin, dass die Menschen „die Vermehrung ihrer Macht mit der Entfremdung von dem bezahlen, worüber sie Macht ausüben" (Dialektik der Aufklärung, Frankfurt/M. 1969, S. 15). Die *zweckorientierte* Rationalität des „homo sapiens" ist also ersetzt worden durch die an *quantitativen* Interessen ausgerichtete, auf technische Beherrschung der Mittel zielende Pragmatik des „homo faber".
- Es stellt sich also die Frage, inwieweit Gewalt über die Dinge „aufgehoben" bzw. modifiziert werden kann durch die Einsicht, dass der Mensch integrativer Teil der Natur, ein Mitspieler unter anderen ist, er als Subjekt mit dem Objekt seiner Erfahrung verflochten bleibt und er darum Regulative anzuerkennen hat, die die Natur selbst vorgibt. Umgekehrt: es wäre „eine alternative Orientierung des Fortschritts anzubieten" (G. Altner). Maschinen ließen sich dann in „immer reiferer Anpassung" (H. Schelsky) an die vitalen und humanen Bedürfnisse der Menschen verfeinern. Konzeptionell gesprochen: Man kann das Potenzial an technischem Können mit praktisch-ethischem Wollen in Verbindung setzen, indem beides „in den Konsensus handelnder und verhandelnder Bürger zurückgeholt" (J. Habermas) werde.
- Nicht übersehen werden darf in diesem Zusammenhang der pragmatische Gesichtspunkt, dass Technik zum konstitutiven Bestandteil menschlichen Lebens auf globaler Ebene geworden ist, eine *radikale* Zurückführung ihrer Ausmaße also kaum noch möglich ist, wenn man keine überdimensionalen Hungerkatastrophen provozieren will.

„Unsere Wissenschaft ist schrecklich geworden, unsere Forschung gefährlich, unsere Erkenntnisse tödlich. Es gibt für uns Physiker nur noch die Kapitulation vor der Wirklichkeit. Sie ist uns nicht gewachsen. Sie geht an uns zugrunde. Wir müssen unser Wissen zurücknehmen." (F. Dürrenmatt, Die Physiker, 2. Akt, Zürich 1985))

*„Die Aussage: ‚ich (Subjekt) habe O (Objekt)' drückt eine Definition meines Ichs durch meinen Besitz des Objekts aus ... Der Gedanke, der der Aussage ‚ich bin ich' zugrunde liegt, ist **ich bin ich, weil ich O habe** ... Wir Menschen haben (daneben) ein angeborenes, tief verwurzeltes Verlangen zu **sein:** unseren Fähigkeiten Ausdruck zu geben, tätig zu sein, auf andere bezogen zu sein, dem Kerker der Selbstsucht zu entfliehen." (Fromm, a. a. O., S. 80, 100)*

Der Hunger auf der Welt lässt „jede ökologische Sensibilisierung als Neurose der Satten und Reichen erscheinen. Die Hungernden und Elenden müssen erst einmal satt werden, ehe sie an den Schutz des nichtmenschlichen Lebens denken können". (Altner, 1980, S. 17)

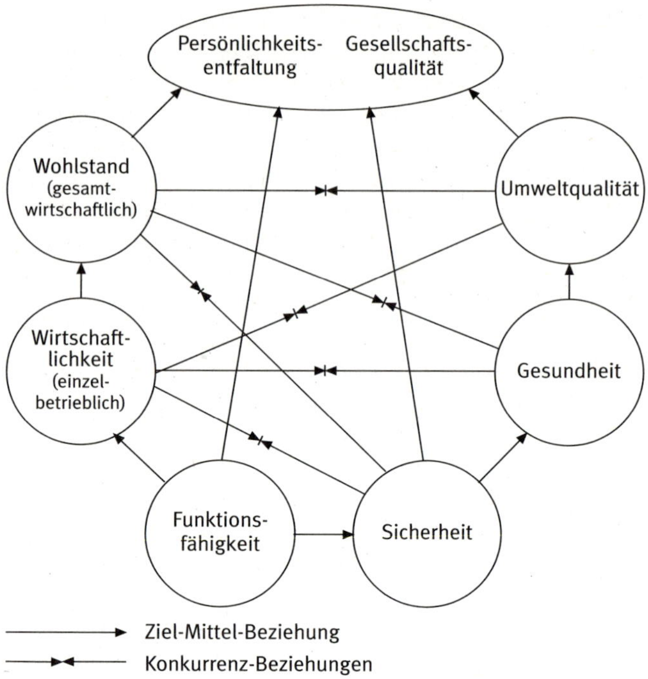

Verein Deutscher Ingenieure, Ausschuss Grundlagen der Technikbewertung: Richtlinie VDI 3780. Technikbewertung: Begriffe und Grundlagen (1991)

> Grundlegend erscheint also, ob und inwieweit das tradierte Subjekt-Objekt-Denken durch eine neue Sicht von Natur aufgebrochen werden kann: beispielsweise dadurch, dass der **Natur eine eigene Würde** zugeordnet wird, ihr also Subjektqualität – mit eigenen Zielen und Zwecken – zukommt.

„Es ist die Frage, ob wir ohne die Wiederherstellung der Kategorie des Heiligen ... eine Ethik haben können, die die extremen Kräfte zügeln kann, die wir heute besitzen und ... auszuüben beinahe gezwungen sind.“ (Jonas, 1984, S. 57)

Überspitzt: Sind Rinder als Filets wahrzunehmen, Bäume als Bau- oder Brennholz, Hasen als Eier transportierende Osterüberraschungen? Ist Natur also *bloßes* Mittel, das beliebig umgepflügt, begradigt, trockengelegt, asphaltiert, bebaut, bejagt, verbraucht, mechanisiert werden kann? Muss man demgegenüber nicht dem modernen *Anthropozentrismus, der „instrumentellen Vernunft“ mit ihren vermeintlichen Sachzwängen prinzipiell abschwören, um den an menschlichen Interessen orientierten Machbarkeitswahn zu überwinden?

Dazu einige grundsätzliche Überlegungen:

– Die Behauptung eines Eigenrechtes oder -wertes der Natur erscheint hoch spekulativ. „Ein Subjekt der Natur bleibt so lange problemhaft, als keine konkrete *Vermittlung* durch den Menschen ... gelungen ist.“ (E. Bloch, Das Prinzip Hoffnung, Frankfurt [4]1977, S. 810, stw 3) Dies heißt, dass es vorgängig der Mensch ist, der die Form von Natur bestimmt. Nur der Mensch ist Subjekt von Handlungen und Träger von Verantwortung; Natur ist niemals aus ihrer Bezogenheit auf die spezifischen Erlebnis und Wahrnehmungsformen des menschlichen Subjekts zu lösen. Erich Fromm unterscheidet darum die Prägungen: „ich habe Wissen“ bzw. „ich weiß“ (a.a.O., S. 48f.). Damit meint er zwei unterschiedliche *Sichtweisen*. Erstere zielt auf den Erwerb von verfügbarem Wissen, welches bedürfnisorientiert in Besitz genommen und umgesetzt wird. Die zweite meint produktive Denkprozesse, den Versuch, elementare Ansprüche der Natur zu verstehen und demgegenüber eigene Forderungen zu *transzendieren und zu relativieren – was heißt, die reine Binnenperspektive des *Anthropozentrismus zu überwinden. Ein bloßer Naturalismus dagegen lässt sich logisch damit nicht verbinden. Denn damit wird an die Stelle der menschlichen Gestaltungsaufgabe der Gedanke einer Substanz gesetzt, die „von Natur aus“ ist.

– Überhaupt stellt sich hier die Begründungsfrage: Natur selbst nämlich vermag keine Rechte einzufordern, keine Interessen zu artikulieren. Stellvertretend für sie kann der Mensch aus *seiner* eigenen Bedürfnislage heraus diejenige der Natur ableiten. Damit bleibt aber ungelöst,
  - inwieweit die „Erwartungen“ der Natur tatsächlich getroffen worden sind,
  - und welchen Stellenwert diese gegenüber denen des Menschen besitzen;
  - außerdem, welchen spezifischen Bereichen der Natur und welchen Lebensformen gegenüber derartige moralische Verpflichtungen bestehen.

  Die „klassische“ Ethik hat darum die Konsequenz gezogen, dass *nur* solche Wesen, die Vernunft besitzen, sich wechselseitig als moralische Wesen anerkennen und moralische Pflichten in gegenseitiger Verpflichtung übernehmen können. Denn nur solche können Begründungen ihrer Bedürftigkeit ausdrücken und gegebenen-

Missbrauch ist selbst dann nicht ausgeschlossen, „wenn von einer vorbildlichen natürlichen Ordnung gesprochen wird, in die man nicht eingreifen darf, oder von einem stabilen natürlichen Gleichgewicht, das man nicht einfach stören darf, oder auch von einer vorzivilisatorischen Einfachheit des glücklichen Lebens ... Zur philosophischen Tradition des Naturbegriffs gehört auch die Einsicht in die ***kultivierende Tätigkeit*** *des Menschen“. (L. Siep in: Beier, a. a. O., S. 48); vgl. AW Religion, 1999, S. 114f.*

Aus einem Sein ein Sollen abzuleiten, bedeutet, einen „naturalistischen Fehlschluss“ zu vollziehen.

Kant unterscheidet Pflichten „in Ansehung“ anderer Wesen (d. h. als eine über den Menschen ***vermittelte****: Tierquälerei ist z. B. deshalb zu verwerfen, weil sie zur Verrohung des Täters führt) und* ***direkte*** *Pflichten „gegenüber“ dem Subjekt. Pflichten gegenüber der Natur sind für Kant nur im ersteren Sinne möglich.*

Der Preis für letztgenannte Güter (z. B. für die knappe Ressource „heile" Natur; gesunde Öko-Systeme) steigt, weil hier das Angebot sinkt.

vgl. Gen 3,16 ff. (s. oben, S. 75)

„Welch ein Buch könnte ein Teufelspriester über die unbeholfenen, verschwenderischen, stümperhaften, gemeinen und fürchterlich grausamen Werke der Natur schreiben." (Ch. Darwin, zitiert in: FAZ 120/2000, S. 49)

„Techniker gehen mit der Elektrizität um wie der Zuhälter mit der Dirne. Sie nutzen sie aus." (F. Dürrenmatt, Die Physiker, 1. Akt, Zürich 1985)

falls notwendige Einschränkungen ihrer Handlungsmöglichkeit akzeptieren. Kritiker haben gefolgert, dass dieses Konzept als ideologisch nutzbares Utensil diente, um Natur ausbeuten zu können. Sachgemäß erscheint daher eine Synthese beider Ansätze: Einerseits ist die naturale Dimension menschlicher Existenz im Blick zu behalten, andererseits müssen Handlungsnormen aus der praktischen Vernunft *des Menschen* heraus begründet werden.

- Es existieren mehrere mögliche Zugänge zur Natur: Neben dem wissenschaftlich-technischen sind der affektive (Freude, Glück) oder der ästhetische (Schönheit der Natur) zu nennen. Aber auch die letztgenannten Wege sind an menschliche Werte, an *menschliche Maßstäbe* gebunden. Auch hier bleibt das Verhältnis von Mensch und Natur „radikal asymmetrisch" (D. Birnbacher).
- Würde man Natur zur heilen, unantastbaren Welt hochstilisieren, müsste man ihre Grausamkeiten und Härten unterschlagen. „Die Klage über die entfremdende Wirkung der Technik kommt im Wesentlichen von Großstädtern." (D. Birnbacher, a.a.O., S. 628) Technik wird eigentlich erst dann problematisch, wenn die von ihr ausgehenden Gefahren beunruhigender erscheinen als die natürlichen.
- Umgang mit Technik heißt: Einordnung in hochkomplexe Zusammenhänge, die vom Einzelnen kaum zu durchschauen bzw. zu handhaben sind. Eine Konsequenzen bedenkende Auseinandersetzung mit der Natur *kann* kaum noch stattfinden.
  - Maschinen werden benutzt bzw. bedient, d.h. es werden Prozesse lediglich ausgelöst, um einen angestrebten *Zweck* (Herstellung eines bestimmten Produktes; Herbeiführung einer Dienstleistung) zu erreichen. Der Anwender aktiviert also eine Mittel-Zweck-Kette. Er kann zwar für oder gegen den jeweiligen Zweck votieren, aber sobald er sich entschieden hat, setzt er Mechanismen in Bewegung, die er nicht mehr wesentlich beeinflussen bzw. durchschauen kann. Die eingesetzte Technik folgt vielmehr mathematischen, logischen, physikalischen oder chemischen Gesetzmäßigkeiten, die dem Benutzer als etwas objektiv Vorgegebenes entgegentreten.
  - Wenn hier ein – immer noch vorhandener – Dispositionsraum besteht, so gilt dies nur noch sehr einge-

schränkt für das Phänomen, dass menschliches Dasein in eine Vielzahl von Systemen eingebunden ist (Systeme zur Bereitstellung von Energie, der Tier- und Pflanzenproduktion, der Kulturindustrie; Kommunikationsnetze; Verkehrskreisläufe; Produktionsstufen in einer hoch arbeitsteiligen Gesellschaft). Diese technischen Systeme *muss* jedermann in Anspruch nehmen. Anders: Jene bestimmen die Spielräume, innerhalb derer Handlungen überhaupt möglich sind. Die Alternative besteht zwar darin, dass man sich von diesen Systemtechnologien *prinzipiell* distanziert – was aber auch die Negation und umfassende Änderung des bisherigen Lebensstiles einschließt (siehe beispielsweise den Slogan: „ich *stehe* nicht im Stau, ich *bin* der Stau").

„Wir stehen vor der Paradoxie, dass wir denselben Prozess befördern müssen, von dem wir wissen, dass er die Menschlichkeit des Menschen zerstören könnte." (G. Picht, Mut zur Utopie. München 1970, S. 152)

Die ambivalente Einstellung gegenüber der Technikentwicklung lässt sich folglich nicht allgemeinverbindlich dadurch aufheben, dass die Naturbeherrschung als solche beendet wird. „Es ist die Frage zu lösen, wie die industrielle Produktionsweise beibehalten werden kann, ohne ... im technokratischen ‚Faschismus mit einem lächelnden Gesicht' zu enden." (Fromm, a.a.O., S. 166) Es geht also allein um das *Wie,* um die Maßnahmen, deren Kern darin besteht, dass Technik eben nicht als unabhängige, schicksalhafte Macht verstanden wird, der sowohl der Einzelne als auch die Gesellschaft als ganze ohnmächtig gegenüberstehen, der also alle ausgeliefert sind.

„Wir dürfen weder in die Zeit vor der Aufklärung zurückfallen noch im Aufklärungsoptimismus eindimensionaler Rationalität steckenbleiben. Der ersten Aufklärung muss eine zweite folgen, die die analytisch zerlegte und erforschte Welt wieder in ihren Zusammenhängen begreift." (Beier in: Beier, a.a.O., S. 9f.)

Auch wenn eine Einsicht in viele *Parameter des Maschineneinsatzes kaum vorhanden ist, erst recht nicht die Kompetenz, dessen Folgen zu erkennen, so bleibt dennoch zu betonen: „Alles, was im Bereich der Technik geschieht, geht direkt oder indirekt auf die handelnden Individuen zurück, deren Tun durch ... Absichten und Zielsetzungen bestimmt ist." (F. Rapp in: Lenk/Ropohl, a.a.O., S. 37) Wenn also Maßlosigkeit der Technik beklagt wird, so gilt dieser Vorwurf den handelnden Subjekten. Die Technik dagegen schreibt nicht vor, was zu tun ist, sondern sie unterbreitet lediglich ein – von Menschen zu interpretierendes – Angebot.

„Heute ... hat die Verantwortung ihren Schwerpunkt nicht im Menschen, sondern in den Sachzusammenhängen ... Es ist eine Welt von Eigenschaften ohne Mann entstanden." (Robert Musil, Der Mann ohne Eigenschaften. Reinbek 1970, S. 246)

Technik stellt sich dar als Gegebenheit,
- die als notwendig – wenn nicht gar wünschenswert – und *gleichzeitig* als bedrohlich – wenn nicht gar unverantwortlich – erscheint;

– die vom Menschen als Machtmittel seiner Nutzungsinteressen eingesetzt wird – auch wenn er sich *gleichzeitig* bewusst ist, dass er nur eine eingeschränkte Chance besitzt, sich aus dieser Bindung zu befreien.

„Eine *pauschale Verurteilung* ähnelt dem Versuch des Barons von Münchhausen, sich an seinem eigenen Zopf aus dem Sumpf zu ziehen." (F. Rapp in: Lenk/Ropohl, a.a.O., S. 32f.) Anders: dass es zur technologischen Moderne keine Alternative gibt, erscheint im Prinzip unstrittig.

4.2.3 Verantwortung für die Technik

Man kann sich also nicht auf Sachzwänge berufen, welche die technische Entwicklung – aufgrund einer wie auch immer gearteten Eigendynamik – vorantreiben. Vielmehr ist der Mensch frei zu entscheiden, ob Planung, Organisation oder Anwendung technischer Projekte weiterverfolgt werden sollen. Der Gedanke eines zwangsläufigen Geschehens jenseits menschlicher Steuerungsmöglichkeiten ist damit widerlegt: Der Mensch kann und muss sich sein Tun selbst zuschreiben.

„Handeln heißt, im Bereich des Möglichen eine Richtung wählen." (Mathwig, a.a.O., S. 147 zit. G. Picht)

Zwar kann *das Individuum* ein Gefühl der Ohnmacht empfinden, weil Handlungen ausgeführt werden, die ein Einzelner weder allein planen noch veranlassen noch durchsetzen noch auch verhindern kann.
- Dies heißt einerseits, dass Institutionen, soziale Gruppen oder Unternehmen als Handlungssubjekte in Frage kommen.
- Die letzte Instanz bleibt andererseits dennoch der Einzelne als Verantwortungsträger. Denn niemand kann sich hinter Pflichten in irgendwelchen gesellschaftlichen oder wirtschaftlichen Subsystemen verstecken.

*„Der Mensch ist als handelndes Wesen zugleich ein verantwortliches. Verantwortung gehört zur Konstitution des Menschen und ist somit ein **anthropologischer** Begriff." (Mathwig, a.a.O., S. 141)*

Signifikant sind in diesem Zusammenhang Dilemmasituationen: „Soll ein angestellter Ingenieur eine etwa betrügerische Datenunterdrückung, heimlich-nächtliche Schadstoffemissionen oder gar Vertuschungen von entsprechenden Messwerten, etwa durch Vorgesetzte, bei der Umweltbehörde melden oder der Öffentlichkeit anzeigen?" (H. Lenk in: Lenk/Ropohl, a.a.O., S. 112) Auch hier bleibt die oben genannte Zuweisung von Verantwortung bestehen.

Es kommt für den technisch Handelnden ein weiterer Streitpunkt hinzu: Früher begann die ethische Diskussion, wenn die den technologischen Verfahrensweisen *zugrunde liegenden* Zwecke auf den Prüfstand gesetzt wurden. Diejenigen menschlichen Absichten, Wünsche, Werthaltungen und Handlungsziele waren also zu interpretieren, die zur Nutzung erkannter Ursache-Wirkungs-Zusammenhänge führten. Heute dagegen genügt es – angesichts sowohl der Reichweite als auch angesichts der Irreversibilität der Technik – nicht, sich allein auf Ziele zu beschränken. Vielmehr ist auch das technische Handeln selbst zu thematisieren: „Moralität (muss) in die Sphäre des Herstellens eindringen, von der sie sich früher ferngehalten hat." (Jonas, 1984, S. 32) Insofern erhält die Verantwortung des Technikers eine zusätzliche Verschärfung: Auch die Sachzwänge, auch die Mittel, auch die einzelnen Projekte sind in den Rahmen ethischer Vorstellungen einzuordnen.

Diese soeben genannten Arrangements werden zwar heute üblicherweise akzeptiert, aber dennoch bestehen hierbei einige gravierende, schwer lösbare Probleme:

- Auch wenn Verantwortung nur vom einzelnen Individuum übernommmen werden, das Subjekt also für sein Handeln bzw. seine Unterlassungen einstehen muss, so bleibt dennoch die Frage, ob ihm die in einem komplexen, arbeitsteilig organisierten Prozess erzielten Ergebnisse zugerechnet werden können. Ist der Ingenieur auch für solche Folgen (mit)verantwortlich, deren Eintreten nicht unter seiner unmittelbaren Kontrolle steht? Sowohl die Größenordnungen der Systeme als auch die Neuartigkeit der Objekte als schließlich auch die Abschätzung der Folgen sind doch nur – wenn überhaupt – im Kollektiv zu bewältigen. Außerdem sind Ingenieure weder in der Lage noch berechtigt festzulegen, was „wahre" Bedürfnisse bzw. „legitime" Verfahren sind. Dies bedeutet, dass die handlungstheoretische Bezugnahme auf den Einzelnen als Verantwortungssubjekt nicht im Widerspruch, sondern nur im Ergänzungverhältnis zu dem Faktum steht, dass die Gruppe das Handlungssubjekt darstellt.
- Daraus folgt, dass bestimmte Handlungsbereiche in der Form üblicher politischer Verfahrensweisen angegangen und entschieden werden müssen: „Kalküle setzen Präferenzmuster voraus. Dies impliziert, dass Kalkula-

„Konzertierte Technikbewertung hat die institutionelle Unterstützung der Individuen und die individuelle Unterstützung der Institutionen miteinander verbunden ... (Für dieses) Organisationsmodell werden noch erhebliche theoretische und praktische Anstrengungen erforderlich sein." (G. Ropohl in: Lenk/Ropohl, a. a. O., S. 170)

tionen hinsichtlich technologischer Innovationen, die von gesellschaftlicher Relevanz sind, öffentlich vorgenommen werden müssen, weil nur so geklärt werden kann, welche kollektiven Ziele in einer Welt knapper Mittel und divergierender Präferenzen vorrangig sein sollen." (K. Ott in: J. Nida-Rümelin, a. a. O., S. 677) Es sind Chancen *und* Risiken abzuschätzen – und zwar sowohl für den Fall der Realisierung als auch für den der Zurückweisung.

– Angesichts unserer pluralistischen Gesellschaft mit ihren unterschiedlichen, z. T. gegensätzlichen Zielvorstellungen, Wertmaßstäben und Normen erwächst hier ein Miteinander des Heterogenen. Dies bedeutet konkret, dass Auswirkungen auf Mensch, Gesellschaft und Umwelt alternativ beurteilt und eingeschätzt werden. Die endgültige Entscheidung wird erstritten und in der Auseinandersetzung gerechtfertigt. Sie wird somit in der praktischen Vernunft festgemacht. „Tugend ... ist das der Kreatur nicht gegebene, sondern ihr aufgegebene Verhalten." (E. Bloch, Prinzip Hoffnung, S. 1094)

Das Problem besteht darin, dass sich der Nutzen technologischer Maßnahmen häufig in Zahlenwerten ausdrücken, während sich über die Wagnisse lediglich spekulieren lässt (z. B. Verlust an Lebensqualität; ausgelöste Ängste).

– Folgen und Nebenfolgen technologischer Innovationen können jedoch die *Gattung* Mensch bzw. das globale Überleben tangieren. Sie tun dies teilweise in – gleichzeitig – kumulativer und irreversibler Weise: Bestimmte systemische Maßnahmen sind nicht mehr revidierbar und – beim gegenwärtigen Wissensstand – nicht kompensierbar (zu nennen wären beispielsweise Gen-, Informations- oder Kernspaltungstechnologien). Es stellt sich deshalb hier die Frage, ob Mehrheitsentscheidungen angesichts der Risikozumutungen in solchen Punkten überhaupt akzeptabel erscheinen.

– Der generellen Feststellung wird kaum jemand widersprechen, dass der Mensch als Naturwesen nur dauerhaft existieren kann, wenn er seine Bezogenheit auf seine Umwelt in seine Kalküle einbezieht. Die Praxis jedoch erscheint komplizierter:

„Was einmal gedacht wurde, kann nicht mehr zurückgenommen werden." (F. Dürrenmatt, Die Physiker, 2. Akt, Zürich 1985)

• Auf der Basis hoher Entwicklungs- und Organisationskosten entsteht ein massiver bzw. auch politischer Druck zur Weiterführung eines einmal eingeführten Technikkonzepts.

zu Randbedingungen: vgl. oben S. 23ff.

• In Bezug auf die komplexe Wirklichkeit ist die Vielzahl von Anfangs- und Randbedingungen kaum vollständig zu erfassen. Weder sind diese in ihrer Fülle bzw. in ihren Kombinationseffekten kognitiv zu überschauen noch gibt es Steuerungstechniken, um sie modellhaft abzubilden. Es sind im Allgemeinen nur simplifizierte Gestaltungen möglich. Anders: Entscheidungen aus einer ganzheitlichen Vernunft heraus sind in vielen Fällen nicht formulierbar, das Denken in größeren Einheiten erscheint kaum einlösbar.

- Eines der gewichtigsten Argumente gegen die These von der notwendigen Selbstbeschränkung ist die Feststellung, dass Gier und Ausbeutung in der menschlichen Natur verwurzelt sind – haben wir doch als Nachkommen solcher Exemplare zu gelten, die in dem *Darwinschen „struggle of life“ als die „Fittesten“ sich durchgesetzt haben. Dem stellt Erich Fromm (a.a.O., S. 189f.) seine „Voraussetzung“ entgegen, dass diese Haltung lediglich aus dem „allgemeinen Druck, ein Wolf unter Wölfen zu sein“, erwachse. Eine grundsätzliche „Richtungsänderung“ stelle demgegenüber ein „starkes Potenzial der menschlichen Natur“ dar.

„Wir müssen die Methode, ein Problem erst zu isolieren, bevor wir es lösen, aufgeben und zunächst den Gesamtzusammenhang, in dem es steht, zu erkennen suchen.“ (Altner, 1980, S. 108, zitiert Bundespräsident a. D. Walter Scheel)

vgl. oben, S. 39; 55ff.

Letztlich geht es um das Problem der Güterabwägung zwischen vielfältigen Interessen und Konzepten: zwischen Gemeinwohl und Gruppeninteressen, zwischen ökologischen ebenso wie ökonomischen und politischen Motiven, zwischen Ansprüchen parlamentarisch gewählter Regierungen und Bürgerinitiativen. Reale Kausalzusammenhänge sind dabei im Rahmen menschlicher Wertsetzungen, Intentionen und Befürchtungen zu interpretieren.

G. Ropohl nennt (in: Lenk/Ropohl, a.a.O., S. 156ff.) mehrere Kategorien, mit deren Hilfe technisches Handeln auf sinnvolles Gestalten hin überprüft werden kann. Dazu gehören Technikfolgenabschätzung (d.h. Anwendungsfragen) ebenso wie eine ethische Analyse der Zwecke sowie der Wege, auf denen diese erreicht werden sollen:

„Jeder Gedanke ... von Freiheit, Macht oder Ohnmacht, Verhindern oder Zulassen, jeder Gedanke des ‚es hätte auch anders sein können' gehört grundsätzlich zum Bereich der Moral." (Mathwig, a.a.O., S. 181)

Elemente der Verantwortungsrelation

G. Ropohl, Neue Wege die Technik zu verantworten, in: Lenk/Ropohl, a.a.O., S. 155

- Subjekt (WER) der Verantwortung sind zunächst der Einzelne, allerdings auch Kollektive, Teams sowie Institutionen (z.B. staatliche Behörden im Bereich der Technologie-, Gesundheits- und Wirtschaftspolitik; Industrieunternehmen).
- Gegenstand (WAS) der Verantwortung sind zweckbestimmte Transformationen einer Anfangssituation in eine Endsituation.
- Der Bereich (WOFÜR) der Verantwortung sind beabsichtigte und auch unbeabsichtigte Handlungsfolgen. Umstritten ist, ob dazu auch (geografische bzw. zeitliche) Fernwirkungen zu zählen sind.
- Der Grund (WESWEGEN) der Verantwortlichkeit sind normative Orientierungskonzepte sowie Abwägungen gleich- oder höherwertiger Prinzipien.
- Die Instanz (WOVOR) der Verantwortung sind das eigene Gewissen, formelle Instanzen (Standesorganisationen, Arbeitgeber, Gerichte) oder auch informelle Ensembles (öffentliche Meinung, Kollegen, Verwandte).
- Der Zeitpunkt (WANN) der Verantwortung können die Etappen nach der Handlung sein (wenn sich die Folgen bereits eingestellt haben) oder auch bereits die Periode der Planung (d.h. eine vorausschauende bzw. präventive Kalkulation der Konsequenzen).

„Lebensorientierte Technikkontrolle muss präventiv in den Planungsprozess neuer technologischer Systeme integriert werden ... Wo Leben, Gesundheit und Freiheit von Menschen gefährdet werden, muss eine ... Abwägung der unterschiedlichen Risiken stattfinden." (Altner, 1980, S. 161)

4.2.4 Kriterien der Verantwortung

Weil also technische Entwicklung nicht aufgrund natürlicher Zwänge stattfindet, sondern aus menschlich gewollten Entscheidungen erwächst, weil technischer Fortschritt also Teil der gesellschaftlichen Entwicklung ist, bedarf es gesellschaftsrelevanter Entscheidungskriterien.

Es stellt sich jedoch die Frage, ob es möglich ist, aus allgemeinen, obersten Grundsätzen heraus solche Kriterien zu entwickeln. Denn es gibt bekanntlich in pluralistischen Gesellschaften keine ethisch verbindlichen, universalisierbaren Prinzipien.

Der Ausweg bestünde darin, konkrete *Einzelprobleme* (z. B. Abfallbeseitigung) zu lösen. Aber bei einem solchen pragmatischen Ansatz erwächst eine zweifache Schwierigkeit:

- Man würde sich mit eher technischen Fragen auseinandersetzen, also allein mit der Frage der Mittel und nicht auch der Zwecke.
- Oder aber es bliebe letztlich unklar, *warum* die jeweils vorgeschlagene Strategie als „gut, gerecht, vernünftig" zu gelten hat.

„Der moralische Konflikt ist das Produkt ethischer Reflexion, herausgefordert durch die konkrete Situation." (Mathwig, a. a. O., S. 28)

Der theoretische Ausweg, auf eine ethische Grundsatzdiskussion zu verzichten,

- hätte also zwar den Vorteil, dass praktische Fragen verhandelt werden können;
- hätte aber zugleich die Schwäche, dass jedes Problem als technisches identifiziert würde und lediglich Verhaltensschemata angesprochen würden, deren Relevanz nicht kritisch von Moralprinzipien aus hinterfragt und legitimiert bzw. korrigiert würde.

Probleme demgegenüber sind „das Produkt einer Konfrontation von Zuständen mit normativen Vorstellungen oder Wertmaßstäben" (Mathwig). Es gilt also, den als problematisch empfundenen aktuellen Zustand mit einem Referenzrahmen in Übereinstimmung zu bringen. Anders: Ethische Prinzipien werden durch anstehende konkrete Probleme herausgefordert; eine Reflexion dieser Prinzipien trägt in zirkelhafter Weise (s. oben, S. 64) dazu bei, eigenes Verhalten zu überdenken und zu regulieren. Situation, Verhaltensoptionen und normative Orientierungen stehen also in einem Rückkoppelungsprozess.

„Die Erkenntnis der (ethischen) Prinzipien erlaubt es, sich von den gängigen Vorstellungen sittlicher Praxis bewusst und systematisch zu distanzieren." (O. Höffe, Ethik und Politik. Frankfurt/M 1979, S. 53)

vgl. auch AW Religion, 1999, Kap. 2.2

Nun ist es allerdings nicht so, dass in den hier zu verhandelnden Fragen (der Ökologie, der Gentechnologie, der Digitalisierung usw.) unterschiedliche moralische Anschauungen – erst recht nicht moralfreie und ethisch begründete Haltungen – miteinander im Konflikt stehen. Vielmehr sind die Aufgaben in ihrer Schwierigkeit anerkannt und auch die Alternativen zur Problemlösung nicht fundamental gegensätzlich. Die grundsätzliche Orientierung als solche (z. B. Erhaltung und Förderung des Lebens) steht nirgendwo ernsthaft zur Disposition. Denn: „Der Mensch ist von Natur verantwortungs- und sittlichkeitsfähig" (W. Korff). Anders: „Wir sprechen die gleiche moralische Sprache und verwenden die zentralen moralischen Ausdrücke in ungefähr der gleichen Bedeutung; daraus folgt jedoch nicht, dass wir uns in allen Situationen einig sein müssen, was gut, richtig oder gerecht ist." (Nida-Rümelin, a. a. O., S. 3f.)

Die Vorzugsregel lautet: „Die Wahrung der Würde des Menschen und das, was sie sichert, ist im Konfliktfall allen übrigen Werten voranzustellen." Daraus ergibt sich eine Reduzierung der Ansprüche: „Nichts gefährdet das Überleben des Menschen so sehr wie die Zerstörung seiner Umwelt, des eingespielten Haushalts der Natur." (W. Korff, Kernenergie und Moraltheologie. Frankfurt 1979, S. 71, st 597)

Wenn demgemäß Kritik an den Perversionen der „instrumentellen Vernunft" geübt wird, weil sie als einzigen Bezugspunkt sogenannte „Sachzwänge" zulasse, so gilt dieses Urteil dem jeweils sichtbaren *Verhalten.* Beklagt werden nicht Norminhalte, sondern Vorgehensweisen. Die Kontroverse entzündet sich in der Regel nicht an der prinzipiellen Angemessenheit bestimmter moralischer Normen oder Anschauungen. Sie erwächst vielmehr aus der Reflexion von deren Reichweite oder Verbindlichkeit in konkreten Situationen. Denn in jedem einzelnen Gebaren ist das Problem zu lösen, wie das Selbst- und Weltverständnis der Akteure mit ihrer materiellen Interessenlage bzw. ihren Machtwünschen synchronisiert worden sind.

Anders: es divergieren nicht unbedingt moralische Überzeugungen, sondern die *Gewichtung,* die dem Konglomerat von Normen, Verhaltensmöglichkeiten und Sachzwängen in der jeweiligen aktuellen Lage eingeräumt werden.

„Die Frage lautet weniger, welche Normen sollen gelten, als vielmehr, was sollte aus der Geltung von Normen und ihrer Anerkennung sinnvollerweise folgen." (Mathwig, a. a. O., S. 255)

Bei der Frage beispielsweise, ob dezentrale Energiesysteme zentralen vorzuziehen seien, werden zunächst einmal ökonomische und technische Annahmen eine Rolle spielen:

– Für dezentrale Anlagen ließen sich folgende Argumente einbringen: geringere Fehleranfälligkeit; effizientere Nutzung der Abwärme; weniger komplexe, transparentere Firmenhierarchien; größere Kundennähe.

- Für zentrale Systeme sprächen: ökonomische Vorteile bei der Beschaffung von Materialien und Rohstoffen; Einsatzmöglichkeiten für kostspieligere aber effizientere Technologien; aufgrund von Vernetzung und hohen Kapazitäten größere Versorgungssicherheit.

Es stehen also empirische Argumente zur Diskussion, die aber ihrerseits wieder bestimmten normativen Kontexten verhaftet sind. Diese Wertmaßstäbe sind bei zu treffenden Entscheidungen letztendlich mit dem Stellenwert auszutarieren, welchen wir den technologischen oder ökonomischen Argumenten, hedonistischen Kalkülen oder emanzipatorischen Bestrebungen zumessen.

„Wir (messen moralischen Überzeugungen) in unterschiedlichem Grade Gewicht bei, wobei sich das relative Gewicht danach bestimmt, welche dieser moralischen Überzeugungen wir im Konfliktfall aufzugeben bereit sind." (Nida-Rümelin, a. a. O., S. 61)

TÜV-Normen bei Fahrzeugen, Maschinen und Apparaten wiederum, um ein zweites Beispiel zu nennen, legen technische Sicherheitsstandards fest, aber auch hier verbinden sich damit moralische Forderungen: Gefährdung von Wohlergehen und Leben sollen sowohl beim Bediener als auch bei anderen Beteiligten möglichst vermieden werden.

Als Kriterien haben bei technischen Entscheidungen also zu gelten:

vgl. oben, S. 86f.

- quantifizierbare (wie: Bedarfsschätzungen, Arbeitsplätze, Wohlstandsgewinne, Profite, Arbeitserleichterungen, Konkurrenzfähigkeit);
- „weiche" (wie: ästhetische Qualitäten, affektive Empfindungen, psychische Bedürfnisse).

Diese sind – ausdrücklich oder auch stillschweigend – verbunden mit Wertvorstellungen:
- Sicherheit für Leben und Gesundheit (wobei häufig unklar bleibt, auf welchen räumlichen bzw. zeitlichen Rahmen die Zahl der Betroffenen eingegrenzt wird).
- Daraus ergibt sich ein zweiter Aspekt: Berücksichtigung der elementaren Bedürfnisse künftiger Generationen bzw. der Menschen in der „3. Welt".
- Nicht allein wirtschaftliche Interessen sind zu befriedigen, sondern auch humane wie: Handlungsfreiheit jedes Einzelnen, Solidarität und Menschlichkeit in den unterschiedlichen Beziehungsgeflechten. Ökonomische Zielsetzungen sind also human- und umweltverträglich umzusetzen.
- Wenn der Faktor „Bedürfnisse" abgeklärt werden kann, so lässt sich der Konsum nach den Normen „ge-

sunden und vernünftigen" Verbrauchs gestalten. Dazu gehören Fragen wie: Welche Wünsche sind „natürlich", welche Ergebnisse des „kulturellen Fortschritts"; welche aktivieren die Beteiligten, welche machen passiv; welche begünstigen Gewalt und Ausbeutung? u. a. m.

- Voraussetzung dabei ist, dass Menschen informiert sind, um Komplexitäten zu durchschauen, um also bei Gesundheits-, Sicherheits- oder Organisationsfragen aktiv mitsprechen und mitbestimmen zu können (Prinzip der „participatory democracy").

Ironisch Th. Assheuer (in: Die Zeit 44/00, S. 45): Zentral erscheine „die Frage, mit welchen Mitteln man den Furcht einflößenden Funktionssystemen Bedeutsamkeit verleiht, wie es gelingen kann, das romantische Sinnversprechen in die versachlichte Moderne hineinzukopieren. Mit welchen Mitteln beseitigt man den Horror vacui (= das Grauen vor der Leere) der Wissensgesellschaft, die Bedeutungsleere eines bloß zweckmäßigen Daseins? Wie verwandelt man kalte Information in humane Bedeutung? Wer beruhigt die Stadtbewohner, denen der Traum vom glücklichen Leben und einer gerechten Gesellschaft zwischen den Fingern zerrinnt?"

Die zentrale Aufgabe besteht also in der Anklammerung der menschlichen Kultur an das sie tragende Netzwerk der Natur. Alle menschlichen Tätigkeiten, Transformationen und Gestaltungen sind nur von Dauer, wenn sie in ökologische Systeme – in deren Stoffkreisläufe, Zeitrhythmen, Regenerationsmöglichkeiten – eingebunden sind. „Wertverstehen (heißt): das Erkennen geht über in Anerkennung eines Anspruchs des Erkannten an mich." (Jonas, 1988, S. 26)

An dieser Stelle wird der Schöpfungsgedanke bedeutsam:

- nicht primär in dem Sinne, dass daraus exklusive christliche Normen abgeleitet werden. Denn sich entsprechende Konzepte sind ja, wie gesagt, weithin akzeptiert;
- auch nicht in der Weise, dass daraus eine spezifische christliche, kritische Haltung gegenüber bestimmten Vorgehensformen gefolgert werden würde. Der Satz beispielsweise „Verhaltensweisen und Gesellschaftsstrukturen, die unangemessene Besitzgier, Gewalt und das Entstehen von Feindseligkeiten begünstigen, (gehören) religiös gesprochen dem Reich der Sünde an" (W. Schweiker, Evang. Theologie 5/99, S. 330) ließe sich durchaus ohne Minderung seines Aussagegehaltes nicht-religiös formulieren.

Schöpfungsglaube stellt vielmehr eine grundsätzliche Perspektive dar, die das Leben als ganzes, die Identität der Person, den Wahrnehmungshorizont bestimmt.

- Sie enthält eine Aussage über das Wesen der Dinge: „Welt" und Mensch wird Leben verheißen, weil Gott unmittelbar schöpferisch und bewahrend wirkt.
- Zwar wird Schöpfung in den biblischen Erzählungen von Anfang an auch als chaosbedrohter Prozess in der

Zeit verstanden, aber dem steht das Faktum gegenüber, dass Gott in der Wirklichkeit präsent ist. Dies heißt beispielsweise, dass *Evolution sich nicht in einer mechanistischen Auslese und nicht in einem egoistischen Kampf ums Dasein erschöpft, sondern dass die Evolution von Gott zu dem von ihm eingeplanten Ziel geführt wird.

vgl. dazu oben, S. 80f.

- Dies hat – über pragmatische Zweckmäßigkeitsüberlegungen hinaus – eine menschliche *Grundhaltung* zur Folge: Öffnung zur Welt hin, Empathie, Bewusstsein der Mit-Kreatürlichkeit. Natur wird darum aus einem Objektverständnis heraus entlassen, nach dem sie lediglich Gegenstand für ihren „maître et possesseur" (Descartes) ist. Weil sie vielmehr einen vom Menschen unabhängigen, einen gottgewollten Stellenwert hat, ist dies ein *zwingender* Grund, sie zu schonen und zu bewahren.

„Nach der ‚Goldenen Regel' (vgl. AW Religion, 1999, Kap. 2.2) zu handeln, ist eine fragmentarische menschliche Weise, Gott nachzuahmen." (W. Schweiker, ebd., S. 332)

Damit sind zwar nicht die nicht-ethischen Motive als unannehmbar disqualifiziert. Diese werden aber von einem Regulativ und Korrektiv her durchdrungen.
Damit sind ebenfalls andere normative Überzeugungen nicht ausgegrenzt. Aber der Schöpfungsglaube aktiviert Menschen, indem er die Überzeugung enthält, dass Natur und Menschheit eine Zukunft haben. Damit ermutigt er, Ökonomie und Ökologie weiter zu entwickeln, indem beide als voneinander unablösbare, komplementäre Teilziele in Geltung bleiben. Es „entsteht statt Flucht vor der Gefahr kreatives Denken und zukunftsgestaltende Aktivität" (Beier in: Beier, a.a.O., S. 18).

Anthropomorphismus (griech.) – Vermenschlichung. Menschliche Eigenschaften werden auf Nichtmenschliches (Natur, Gott) übertragen.

anthropozentrisch (griech.) – eine Anschauung, nach welcher der Mensch Mittelpunkt und Zweck der „Welt" ist, so dass seine Wünsche und Verhaltensweisen verwirklicht werden sollten

a priori (lat.) – eigentlich: vom Früheren her; seit Kant etwas, das sachlich-logisch jeder Erfahrung vorausliegt, bzw. dasjenige, was menschliches Erkenntnisvermögen konstituiert. Heutige Naturwissenschaft betont, schärfer als Kant, dass Begriffe a priori einen Bezug zur Realität haben müssen, weil sie zum Ziel haben, sinnliche Erlebnisse möglichst sicher und vollständig einem gedanklichen Kontext zuzuordnen.

Axiom (griech.) – meint eigentlich Geltung, Ansehen; übertragen: grundlegender Satz. Es ist eine Aussage, die – in ihrer traditionellen Fassung – unmittelbar einleuchtet (evident ist) bzw. die – im heutigen Verständnis – formal (losgelöst von jedem Anschauungsinhalt) bleibt. Sie dient als prinzipielle Grundlage, als Grundsatz, als fundamentale Voraussetzung für darauf aufbauende, aus ihr abgeleitete Sätze. Axiome sind somit Definitionen, die an die Spitze eines Aussagesystems gestellt werden. Eine entsprechende Aussage hat also nicht die Gestalt „das und das gilt", sondern: „wenn die und die Axiome gelten, dann gilt auch das und das".

Darwin, Charles (1809–82) – englischer Naturforscher. Bei naturkundlichen Forschungen auf einer Weltreise (1831–36) verglich er fossile und lebende Tiere (z. B. Gürtel- und Faultiere Südamerikas) und untersuchte Tiere, die in abgeschlossenen Biotopen (z. B. auf den Galapagos-Inseln) lebten. Er folgerte, dass Tier- und Pflanzenarten sich im Laufe der Geschichte wandeln. Zwanzig Jahre lang sammelte er zu dieser Hypothese alle ihm erreichbaren Fakten aus Geologie, Paläontologie, Zoologie, Botanik usw. Er lebte seit 1837 als Privatgelehrter in der Nähe Londons.
Seine Evolutionslehre benennt zwei Ursachen – Vererbung und Auslese –, aus deren Wechselspiel die natürliche Formenvielfalt zu erklären ist. D. ging dabei von folgenden Fakten aus:

- Die Individuen einer Spezies weisen in ihrer Struktur eine große Variationsbreite auf. Jedes Artexemplar ist einzigartig, nicht wiederholbar.
- Alle Arten erzeugen mehr Nachkommen, als überleben können.
- Die Nahrungsquellen sind begrenzt.

Seine Konsequenzen lauteten:

- Die Lebewesen stehen miteinander in Konkurrenz um ihre Existenz.
- Im natürlichen Wettbewerb überleben diejenigen Individuen einer Spezies, die sich den Verhältnissen ihrer Umgebung aufgrund ihrer – zufälligen – erblichen Änderungen (Mutation) am besten anpassen können. Die anderen Varianten der Art gehen bei dieser natürlichen Auslese, der Selektion, zugrunde.
- Im Verlaufe vieler Generationen entsteht auf diese Weise eine Veränderung der Arten mit effektiver Anpassungsleistung.

deduktiv (lat.) – ableitend; gemeint ist eine Methode, die das Besondere, den Einzelfall, auf das Allgemeine zurückführt. „Verstehen" heißt demgemäß: Ein Satz wird durch logisch einsichtige Schritte bzw. Operationen aus dem vorhergehenden (bzw. einem Anfangssatz) gefolgert. Dieser Obersatz fungiert also als Prämisse eines Schlusses bzw. einer Schlusskette. Gegensatz: induktive Methode

Einstein, Albert (1879–1955) – geboren in Ulm, studierte Mathematik und Physik in Zürich, nach einer Tätigkeit am Patentamt in Bern wurde er Professor in Prag, Zürich, Berlin, nach seiner Emigration aus Deutschland in Princeton (USA). Neben vielen anderen Ehrungen erhielt er 1921 den Nobelpreis für Physik, hauptsächlich für seine Arbeiten zur Quantenmechanik. Obwohl Pazifist, regte er im August 1939 in einem Brief an Präsident Roosevelt den Bau der Atombombe an.
Seine Relativitätstheorie erhielt ihren Namen von der grundlegenden Erkenntnis her, dass Raum und Zeit keine absoluten Größen darstellen, sondern dass alle Entfernungs- und Zeitmessungen von einem bestimmten Bezugsrahmen her erfolgen, also relativ sind. Raum und Zeit sind demgemäß keine metaphysischen bzw. absoluten Größen: Ihr Sein kann nicht bestimmt werden.

Entropie (griech.) – Umkehrung. Vom 2. Hauptsatz der Thermodynamik abgeleitete Zustandsfunktion, die ein Maß für den Ordnungszustand (Gleichgewicht) eines thermodynamischen Systems bzw. ein Maß für die Irreversibilität (Nicht-Umkehrbarkeit) eines Vorgangs in einem isolierten Materiesystem darstellt. Wenn man Wärme als die Energie der ungeordneten Bewegungen der Moleküle und freien Atome auffasst, so ist es unwahrscheinlich, dass sich in einem Gasgemisch die unregelmäßig in alle Richtungen durcheinander fliegenden Moleküle (die schnelleren bzw. wärmeren einerseits, die langsameren andererseits) je wieder von selbst thermisch entmischen. Dies bedeutet eine alle kosmischen Prozesse kennzeichnende Tendenz zur zunehmenden Destrukturierung und Auflösung von Gestaltunterschieden; das heißt, eine irreversibel fortschreitende Umwandlung anderer Energieformen in Wärme.

Eschatologie (griech.) – Lehre von den letzten Dingen: vom Ende der Welt und der Geschichte; von der Auferstehung der Toten; vom Reich Gottes

Evolution (lat.) allmählich fortschreitende Entwicklung – Neuartiges entsteht, indem Vorgänge schrittweise, beständig und gerichtet zu Veränderungen führen. Letztere ermöglichen unter den herrschenden Bedingungen die optimale Leistungsfähigkeit; vgl. Darwin

falsifizieren (lat.) – eine Hypothese durch empirische Beobachtung widerlegen

Galilei, Galileo (1564–1642) – lehrte Mathematik an den Universitäten Pisa und Padua sowie am Hofe der Medici in Florenz. Er stellte sich auf den Boden der empirischen Naturbeobachtung, das heißt, er versuchte, Naturprozesse nicht *spekulativ* zu deuten, sondern hier beweisbare Wahrheiten zu finden. Seine Methode war analytisch: Er erklärte Tatsachen durch deren Unterordnung unter Gesetzesaussagen. Seine Vorgehensweise ist für die Entwicklung der naturwissenschaftlichen Methode von so grundlegender Bedeutung, weil er entsprechende Regelmäßigkeiten – sowohl bei den Fallgesetzen als auch beim Gesetz der Pendelschwingung – auf experimentellem, also quantitativem, Wege herausarbeitete und seine induktiven Schlussfolgerungen in mathematische Formeln, also in eine exakte Darstellungsform kleidete.
Er erhob den Anspruch, endgültig die Richtigkeit der Kopernikanischen Lehre bewiesen zu haben: die These also vom heliozentrischen System, innerhalb dessen die Erde

eine doppelte Bewegung – als Revolution und als Rotation, d.h. als Umdrehung um die Sonne und um die eigene Achse – vollführe. Ein erster Prozess der Inquisition 1615/16 führte zur Aufforderung, sich in Bezug auf seine astronomischen Ansichten der Autorität der Kirche zu unterwerfen. Denn nach der damaligen Forschungslage gab es – entgegen Galileis Meinung – noch keine Beweise. Als Galilei erneut seine Hypothese veröffentlichte, dass sich die Erde – wie die übrigen Planeten – um die Sonne als deren Mittelpunkt drehe, wurde er in einem Prozess zum Widerruf verurteilt (1632/33) und lebte seitdem unter Aufsicht der Inquisitionsbehörde. Der ihm zugeschriebene Satz „Und sie bewegt sich doch" ist eine literarische Erfindung.

Gravitation (lat.) – die Anziehungskraft, die zwei Körper lediglich aufgrund ihrer Masse aufeinander ausüben. Die Gravitation der Erde bezeichnet man als Schwerkraft. Die Gravitation bezieht sich auf alle Körper: auf den freien Fall auf der Erde (wenn z.B. ein Apfel vom Baum herabplumpst); auf die Bewegung von Pendeln; auf das Sonnensystem u.a.m. Sie beschreibt die Tendenz der Körper, sich in Richtung auf den Schwerpunkt des Systems hinzubewegen. Das Newtonsche Gravitationsgesetz wurde durch Einsteins Allgemeine Relativitätstheorie auf eine neue Basis gestellt: Gravitation wird von ihm als Raumzeit-Krümmung beschrieben (vgl. oben, S. 13f.).

Hypothese (griech.-lat.) – die Behauptung eines vermuteten Zusammenhangs zwischen mehreren Phänomenen. Erklärungswert besitzt eine Hypothese vor allem dann, wenn die behauptete Beziehung durch eine Kausalität zustande kommt. In dem Falle handelt es sich um eine Regelmäßigkeit (Gesetzlichkeit), die allerdings empirisch überprüfbar und d.h. messbar gemacht sein muss. – Es gibt daneben auch Hypothesen, die sich auf einzelne Sachverhalte beziehen (z.B.: „Die Motette Nr. 157 stammt vermutlich nicht von J. S. Bach").

induktiv (lat.) – zuleitend; es handelt sich um eine Methode, die vom Einzelnen, vom Besonderen zum Allgemeinen, zum Gesetzmäßigen aufsteigt. Man schließt beispielsweise aus dem Umstand, dass S und P – zeitlich und/oder räumlich – miteinander verbunden auftreten, auf eine Regelhaftigkeit. Man vermutet einen Zusammenhang. Diese Folgerung hat allerdings nur den Charakter einer Wahrscheinlichkeit, nicht einer absoluten Gewissheit. Es ist eine Hypothese, die durch Beobachtung und Experiment an den Naturerscheinungen überprüft werden muss. Gegensatz: deduktive Methode
Der Induktionsschluss beschränkt sich nicht auf die Verallgemeinerung, sondern er folgert aus festgestellten Verkoppelungen die Voraussage von neuen, künftigen Einzelfällen. Die Induktion ist also ein Verfahren, das aus gegebenen Fällen nicht-gegebene ableitet, aus Bekanntem Unbekanntes.

Intersubjektivität (lat.) – das, was von vielen verschiedenen Personen nachvollzogen werden kann. Voraussetzung ist, dass das Wahrnehmen, Erleben und Denken der einzelnen Menschen – ungeachtet ihrer individuellen Unterschiede – gemeinsame Momente enthält. Zentrale Teile unserer Gehirne sind also homolog aufgebaut. Aussagen über Gefühle und Denkobjekte sind dementsprechend für andere Menschen verständlich und nachprüfbar.

Kepler, Johannes (1572–1630) – Mathematiker und Astronom in Graz, Prag, Linz, Ulm. Er erlitt die Glaubenskämpfe seiner Zeit in eigener Person: Durch Protestantenverfolgungen wurde er aus Graz vertrieben, von seinen eigenen lutherischen Glaubens-

brüdern in Linz vom Abendmahl ausgeschlossen. Ein Jahr seines Lebens kämpfte er (erfolgreich) um das Leben seiner Mutter, die als Hexe hingerichtet werden sollte.
Mit seinen Forschungen, die es erlaubten, die Planetenbahnen auf der Basis mathematisch formulierter Naturgesetze genau zu berechnen, verschaffte er dem Kopernikanischen Weltbild Anerkennung. Seine Vorstellung, dass von der Sonne eine Kraft ausgehe, die die Planeten bewegt, bedeutete den Einbruch mechanischer Vorstellungen in den Bereich der Astronomie.

Metaphysik (griech.) – das hinter dem Sichtbaren, dem empirisch Feststellbaren Liegende; das, was jenseits der zerstückelten materiellen Welt ist. Die M. untersucht also nicht die Natur, das Physische, sondern das diesen beobachtbaren Dingen zugrunde Liegende, deren fundamentales *Wesen*. Dieses ist *begründet* in der Ganzheitlichkeit der Dinge. *Erkennbar* wird es in der Abbildung aller Teilelemente innerhalb ihres übergreifenden Zusammenhanges.
Metaphysik kann man in die allgemeine und spezielle M. untergliedern: Unter allgemeiner M. versteht man die Lehre von den Grundstrukturen der Natur und des Seins, unter spezieller M. die Lehre von den die Erfahrung übersteigenden Hintergründen der Natur, die Lehre vom Übernatürlichen.

Newton, Isaac (1643–1727) – Mathematiker, Physiker, Astronom und Philosoph, Professor in Cambridge. Er lebte in dürftigen Verhältnissen, bis ihm 1695 leitende Positionen an der Königlichen Münze übertragen wurden. Er wurde Parlamentsmitglied und 1705 geadelt.
Mit den Methoden der von ihm begründeten Differential- und Integralrechnung leitete er die Keplerschen Gesetze der Planetenbewegung von einer Kraft (der Schwerkraft) ab. Dabei wird den Körpern neben Ausdehnung, Bewegung und Undurchdringlichkeit eine neue Eigenschaft zugeordnet: die Masse, die mit der Schwerkraft verknüpft wird. Newtons Leistungen liegen darüber hinaus auf den Gebieten der Optik (Zerlegung des Lichts am Prisma, Farbenlehre, Interferenz der „Newtonsche Ringe“), Bau des 1. Spiegelteleskops, Alchemie, Theologie.
Aus seiner Gravitationstheorie ließ sich die Planetenbewegung ableiten, aber N. konnte nicht erklären, warum alle Planeten im selben Umlaufsinne die Sonne umrunden und warum ihre Bahnen auf derselben Ebene liegen. Erst Einstein konnte dies verständlich machen (vgl. oben, S. 50).

Operationalisierung (lat.) – Begriffe werden durch einen präzisen Vorstellungs-Inhalt mit genau fixierten, wahrnehmbaren Merkmalen (Indikatoren) erfasst. Anschließend lässt sich präzise festlegen, welche Methoden, Techniken und quantitativen Messungen anzuwenden sind, so dass präzise Handlungsanweisungen für Forschungsoperationen gegeben werden können. Begriffe werden auf diese Weise „greifbar“, so dass überprüfbar wird, ob ein mit dem betreffenden Begriff bezeichnetes Phänomen vorliegt oder nicht.

Paradigma (griech.) – Muster, Modell; die Summe von *prinzipiellen* Fragestellungen und Grundüberzeugungen, die einen hohen Anerkennungsgrad findet (bzw. gefunden hat), und die auf eine große Anzahl von Einzelproblemen angewendet werden kann. Zu einem P. gehören also gemeinsame Grundeinstellungen im *theoretischen* (welche Probleme sind überhaupt relevant? welche Lösungsmethoden zulässig?) sowie im *praktischen* Bereich (welche Wahrnehmungen sind bei den Beobachtungen anzuvisieren? welche Phänomene erscheinen rätselhaft?).

Parameter (griech.-lat.) – Besteht ein funktioneller Zusammenhang zwischen drei (oder mehr) Variablen, so kann man eine von ihnen konstant halten. Beispielsweise hält man in der Zustandsgleichung für ein ideales Gas ($p \bullet V = R \bullet T$; p = Druck, V = Volumen, T = Temperatur, R = absolute Konstante) eine Größe (p, V oder T) als Parameter konstant. Ein P. ist somit eine Konstante in einem Funktionsansatz, welche frei (willkürlich) wählbar ist.

Planck, Max K.E.L. (1858–1947) – studierte Physik, obwohl er auch starkes Interesse an Musik, alten Sprachen sowie an philosophischen Fragen besaß. Seit 1880 lehrte er – mit 22 Jahren bereits promoviert und habilitiert – an den Universitäten München, Kiel und Berlin. 1930–37 Präsident der Kaiser-Wilhelm-Gesellschaft, die 1946 nach ihm umbenannt wurde. Sein Leben war gezeichnet durch schwere Schicksalsschläge: Seine 1. Frau starb früh; sein ältester Sohn fiel im 1. Weltkrieg; die beiden Zwillingstöchter starben kurz nacheinander im Wochenbett; Sohn Erwin wurde im Zusammenhang mit dem 20. Juli 1944 zum Tode verurteilt und trotz der Gnadengesuche des Vaters hingerichtet.
Plancks Forschungen, die von der Wärmestrahlung ausgingen, führten zur Revolutionierung der klassischen Physik durch die Quantenphysik. Er erhielt dafür 1918 den Nobelpreis für Physik. Um die Energieverteilung der Strahlung zu beschreiben, ging er davon aus, dass Atome Strahlungsenergie nur stoßweise in bestimmten Energieportionen (Quanten) aussenden oder aufnehmen können. Die feinsten Vorgänge in der Physik erfolgen also sprunghaft. P. eröffnete damit den Weg zur Kernphysik.

reproduzieren (lat.) – etwas ständig neu erzeugen; etwas genauso hervorbringen/herstellen, wie dies in einer Darstellung genannt wurde

Spektrum (lat. = Bild, Erscheinung, Vorstellung) – Darstellung von Strahlungen (Häufigkeits- bzw. Intensitätsverteilung der Bestandteile eines Strahlengemisches) wie beispielsweise von Licht, Tönen, Photonen, Elementarteilchen in Abhängigkeit von einer gemeinsamen Eigenschaft (z.B. von der Wellenlänge, Schwingungsfrequenz, Energie, Masse)

Spektroskopie – Charakterisierung von Atomen durch Aufnahme und Auswertung ihrer Spektren

Supernova – ein ausgebrannter Stern explodiert und steigert seine Leuchtkraft dabei um das Milliardenfache. Die freigesetzten Lichtteilchen (Photonen) werden in alle Richtungen des Weltalls entsandt. Historisch verbürgt sind innerhalb unserer Milchstraße die Ausbrüche von 1054, 1572 und 1604 (ersterer durch chinesische Astronomen, letzterer durch Kepler überliefert).

Theodizee (griech.) – die Frage, wie angesichts des Bösen in der Welt und der vielen Leiden der Glaube an Gott gerechtfertigt werden kann

transzendent (lat.) – das die Grenzen der menschlichen Erfahrung und des menschlichen Erkenntnisvermögens Übersteigende, das außerhalb dieser Grenzen Liegende

verifizieren (lat.) – durch Überprüfung die Richtigkeit bestätigen

Literatur-Verzeichnis und Lektüre-Vorschläge

Reihe *Abiturwissen Religion,* Stuttgart-Düsseldorf-Leipzig *(im Text: AW Religion):*

- Fastenrath, Heinz, Religionskritik, 1993
- Stamer, Uwe, Was ist der Mensch? – Theologische Anthropologie, 1998
- Fastenrath, Heinz, Theologie und Philosophie, 1999

Aichelin, Helmut / Liedke, Gerhard (Hg.), Naturwissenschaft und Theologie – Texte und Kommentare. Neukirchen-Vluyn [4]1981

Altner, Günter, Leidenschaft für das Ganze – zwischen Weltflucht und Machbarkeitswahn. Berlin 1980 *(im Text: Altner 1980)*

ders., Die Überlebenskrise der Gegenwart – Ansätze zum Dialog mit der Natur in Naturwissenschaft und Theologie. Darmstadt 1987 *(im Text: Altner 1987)*

Beier, Peter (Hg.), Was die Welt im Innersten zusammenhält – Zum Dialog der Theologie mit den Naturwissenschaften, Bearb. Klaus Lefringhausen. Neukirchen-Vluyn 1997

Birnbacher, Dieter, Technik, in: E. Martens / H. Schnädelbach (Hg.), Philosophie – Ein Grundkurs Bd.2. Reinbek 1991 (re 457)

Brodbeck, Karl-Heinz, Die fragwürdigen Grundlagen der Ökonomie – Eine philosophische Kritik der modernen Wirtschaftswissenschaften. Darmstadt 1998

Dürr, Hans-Peter (Hg.), Physik und Transzendenz – Die großen Physiker unseres Jahrhunderts über ihre Begegnungen mit dem Wunderbaren. Scherz-Verlag [9]1996 (Sonderausgabe) *(im Text: Dürr)*

Dürr, Hans-Peter / Meyer-Abich, Klaus Michael / Mutschler, Hans-Dieter / Pannenberg, Wolfhart / Wuketis, Franz M., Gott, der Mensch und die Wissenschaft. Augsburg 1997 *(im Text: Dürr u.a.)*

Ebeling, Gerhard, Dogmatik des christlichen Glaubens, Bd. 1. Tübingen 1979

Fromm, Erich, Haben oder Sein – Die seelischen Grundlagen einer neuen Gesellschaft. München 1976 (dtb 36103)

Gräb, Wilhelm (Hg.), Urknall oder Schöpfung – Zum Dialog von Naturwissenschaft und Theologie. Gütersloh 1995

Heim, Karl, Der christliche Gottesglaube und die Naturwissenschaft. Hamburg 1953

Jonas, Hans, Das Prinzip Verantwortung – Versuch einer Ethik für die technologische Zivilisation. Frankfurt/M. 1984 (st 1085) *(im Text: Jonas 1984)*

ders., Materie, Geist und Schöpfung – Kosmologischer Befund und kosmogonische Vermutung. Frankfurt/M. 1988 (st 1580) *(im Text: Jonas 1988)*

Kanitscheider, Bernulf, Im Innern der Natur – Philosophie und moderne Physik. Darmstadt 1996

Kant, Immanuel, Werke in sechs Bänden, hg. v. W. Weischedel. Darmstadt 1983

Lenk, Hans / Ropohl, Günter (Hg.), Technik und Ethik. Stuttgart ²1993 (Reclam 8395)

Link, Christian, Schöpfung – Schöpfungstheologie angesichts der Herausforderungen des 20. Jahrhunderts. Gütersloh 1991 (Handbuch systematischer Theologie, Bd. 7.2)

Löbsack, Theo, Die Biologie und der liebe Gott – Aspekte einer zukunftsreichen Wissenschaft. München 1968 (dtv 564)

Martens, Ekkehard / Schnädelbach, Herbert (Hg.), Philosophie – ein Grundkurs. 2 Bde. Reinbek bei Hamburg 1994 (re 457)

Mathwig, Frank, Technikethik – Ethiktechnik – Was leistet angewandte Ethik? Forum Systematik, Bd. 3. Stuttgart-Berlin-Köln 2000

Nida-Rümelin, Julian (Hg.), Angewandte Ethik – Die Bereichsethiken und ihre theoretische Fundierung. Stuttgart 1996

Pannenberg, Wolfhart, Systematische Theologie, Bd.2. Göttingen 1991

Schwarz, Hans, Schöpfungsglaube im Horizont moderner Naturwissenschaft. Neukirchen-Vluyn 1996

v. Sprockhoff, Harald, Naturwissenschaft und christlicher Glaube – ein Widerspruch? Darmstadt 1992

Stegmüller, Wolfgang, Hauptströmungen der Gegenwartsphilosophie Bd. 3. KTA 409. ⁸1987

Ströker, Elisabeth, Einführung in die Wissenschaftstheorie. Darmstadt ²1977

Tillich, Paul, Systematische Theologie, Bd. I/II. Berlin-New York 1987

Tipler, Frank J., Die Physik der Unsterblichkeit – Moderne Kosmologie, Gott und die Auferstehung der Toten. München 1995 (dtv 33019)

v. Weizsäcker, Carl-Friedrich / Gopi Krishna, Die biologische Basis der religiösen Erfahrung. Frankfurt/M. 1988 (st 1557)

Whitehead, Alfred N., Die Funktion der Vernunft. Princeton 1929 (Reclam 9758)

Wilber, Ken, Naturwissenschaft und Religion – Die Versöhnung von Weisheit und Wissen. Frankfurt/M. 1998

Abbildungsnachweis

S. 14	Minkowsky-Diagramm; Piper Verlag, München 1994
S. 14	Raum-Dimensionen; Spektrum der Wissenschaft 9/96
S. 17	Wellenfunktion; Spektrum der Wissenschaft 2/92
S. 22	Spaltplatte; Spektrum der Wissenschaft 2/95
S. 25	Angebots-Nachfragediagramm; Wissenschaftliche Buchgesellschaft, Darmstadt
S. 43	Darwin-Finken; Spektrum der Wissenschaft 12/91
S. 47	Galaxien; Spektrum der Wissenschaft 9/93
S. 48	Standardmodell der Teilchenphysik; Spiegel 27/98
S. 51	Milchstraße; Spektrum der Wissenschaft 3/93
S. 53	Universum; Spektrum der Wissenschaft 4/91
S. 57	Stammbaum; Spiegel 42/95
S. 70	„Die Erschaffung der Welt"; Cranach-Werkstatt, AKG
S. 82	Karikatur; Ivan Steiger
S. 111	Karikatur; Spiegel (S. Harris) Ausgabe 30/99
S. 114	Penrose-Diagramm; Piper Verlag, München 1994
S. 118	Die große Verschachtelung des Seins; Wolfgang Krüger Verlag, Frankfurt
S. 121	Einige Details der vier Quadranten; Wolfgang Krüger Verlag, Frankfurt
S. 134	Karikatur; Ivan Steiger
S. 136	Karikatur; Ivan Steiger
S. 138	Technikbewertung; VDI Richtlinie 1991
S. 145	Karikatur; Behrendt CCC
S. 146	Elemente der Verantwortungsrelation; Reclam, Stuttgart 1993